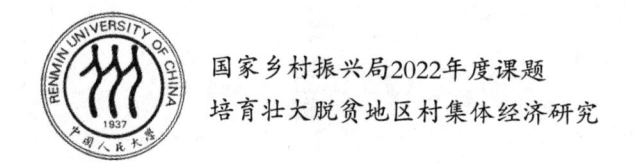

国家乡村振兴局2022年度课题
培育壮大脱贫地区村集体经济研究

培育壮大脱贫地区农村集体经济研究

RESEARCH ON CULTIVATING AND EXPANDING RURAL COLLECTIVE ECONOMY

孔祥智 谢东东 等 著

经济管理出版社

图书在版编目（CIP）数据

培育壮大脱贫地区农村集体经济研究/孔祥智等著.—北京：经济管理出版社，2023.9
ISBN 978-7-5096-9343-8

Ⅰ.①培… Ⅱ.①孔… Ⅲ.①农村经济—集体经济—研究—中国 Ⅳ.①F321.32

中国国家版本馆 CIP 数据核字（2023）第 189231 号

组稿编辑：曹　靖
责任编辑：郭　飞
责任印制：许　艳
责任校对：陈　颖

出版发行：经济管理出版社
　　　　　（北京市海淀区北蜂窝 8 号中雅大厦 A 座 11 层　100038）
网　　址：www.E-mp.com.cn
电　　话：（010）51915602
印　　刷：唐山昊达印刷有限公司
经　　销：新华书店
开　　本：787mm×1092mm/16
印　　张：17.5
字　　数：334 千字
版　　次：2023 年 11 月第 1 版　　2023 年 11 月第 1 次印刷
书　　号：ISBN 978-7-5096-9343-8
定　　价：88.00 元

·版权所有　翻印必究·
凡购本社图书，如有印装错误，由本社发行部负责调换。
联系地址：北京市海淀区北蜂窝 8 号中雅大厦 11 层
电话：（010）68022974　邮编：100038

目 录

第一章 壮大脱贫地区农村集体经济发展背景与现状 ………………… 1
    一、研究背景 …………………………………………………………… 2
    二、脱贫地区集体经济运行基本情况 ………………………………… 9

第二章 脱贫地区农村集体经济发展实践探索 ………………………… 17
    一、脱贫地区农村集体经济发展典型模式 …………………………… 17
    二、培育壮大脱贫地区农村集体经济实践探索 ……………………… 23

第三章 贵州省镇宁县农村集体经济发展调研报告 …………………… 30
    一、镇宁县脱贫攻坚基本情况 ………………………………………… 30
    二、镇宁县农村集体经济发展主要举措 ……………………………… 32
    三、镇宁县农村集体经济发展主要成效 ……………………………… 40
    四、镇宁县农村集体经济发展问题与建议 …………………………… 42

第四章 贵州省关岭县农村集体经济发展调研报告 …………………… 46
    一、关岭县脱贫攻坚基本情况 ………………………………………… 46
    二、关岭县农村集体经济发展主要举措 ……………………………… 49
    三、关岭县农村集体经济发展主要成效 ……………………………… 55
    四、关岭县农村集体经济发展问题与建议 …………………………… 59

第五章 贵州省盘州市农村集体经济发展调研报告 …………………… 62
    一、盘州市农村集体经济与巩固脱贫攻坚 …………………………… 63
    二、盘州市农村集体经济发展现状 …………………………………… 66

三、盘州农村集体经济发展主要举措 …………………………… 68
　　四、盘州市农村集体经济发展的问题与建议 …………………… 73

第六章　云南省富源县农村集体经济发展调研报告 …………………… 78
　　一、富源县农村集体经济与巩固脱贫攻坚 ……………………… 79
　　二、富源县农村集体经济发展现状 ……………………………… 85
　　三、富源县推动农村集体经济发展的主要举措 ………………… 90
　　四、富源县农村集体经济发展问题与建议 ……………………… 94

第七章　云南省楚雄市农村集体经济发展调研报告 …………………… 100
　　一、楚雄市农村集体经济与巩固脱贫攻坚 ……………………… 101
　　二、楚雄市农村集体经济发展现状 ……………………………… 106
　　三、楚雄市农村集体经济发展的主要举措 ……………………… 111
　　四、楚雄市农村集体经济发展的问题与建议 …………………… 117

第八章　云南省禄丰市农村集体经济发展调研报告 …………………… 122
　　一、禄丰市农村集体经济与巩固脱贫攻坚 ……………………… 123
　　二、禄丰市农村集体经济发展现状 ……………………………… 128
　　三、禄丰市农村集体经济发展主要举措 ………………………… 130
　　四、禄丰市农村集体经济发展问题与建议 ……………………… 135

第九章　河北省饶阳县农村集体经济发展调研报告 …………………… 138
　　一、饶阳县农村集体经济与巩固脱贫攻坚 ……………………… 138
　　二、饶阳县农村集体经济发展现状 ……………………………… 140
　　三、饶阳县农村集体经济发展主要举措 ………………………… 144
　　四、饶阳县农村集体经济发展问题与建议 ……………………… 147

第十章　河北省广平县农村集体经济发展调研报告 …………………… 150
　　一、广平县农村集体经济与巩固脱贫攻坚 ……………………… 150
　　二、广平县农村集体经济发展现状 ……………………………… 152
　　三、广平县农村集体经济发展主要举措 ………………………… 155
　　四、广平县农村集体经济发展问题与建议 ……………………… 160

第十一章 四川省巴中市巴州区农村集体经济发展调研报告 …… 162

- 一、巴州区农村集体经济发展现状 …… 162
- 二、巴州区农村集体经济发展存在的问题 …… 163
- 三、巴州区农村集体经济发展主要举措 …… 164
- 四、巴州区农村发展集体经济成效 …… 169
- 五、巴州区农村集体经济发展政策建议 …… 170

第十二章 脱贫地区农村集体经济发展问题与建议 …… 172

- 一、脱贫地区农村集体经济发展问题与挑战 …… 172
- 二、壮大脱贫地区集体经济发展的政策建议 …… 176

附录 脱贫地区集体经济发展村级案例报告 …… 182

- 案例1 贵州省镇宁县桐上村案例报告 …… 182
- 案例2 贵州省镇宁县高荡村案例报告 …… 186
- 案例3 贵州省关岭县马马崖村案例报告 …… 189
- 案例4 贵州省关岭县月亮湾村案例报告 …… 193
- 案例5 贵州省关岭自治县石板井村案例报告 …… 197
- 案例6 贵州省盘州市沙淤村案例报告 …… 200
- 案例7 贵州省盘州市岩博村案例报告 …… 205
- 案例8 贵州省盘州市舍烹村案例报告 …… 210
- 案例9 贵州省盘州市贾西村案例报告 …… 214
- 案例10 云南省富源县外山口社区案例报告 …… 218
- 案例11 云南省富源县小冲村案例报告 …… 221
- 案例12 云南省楚雄市东华镇本东村案例报告 …… 225
- 案例13 云南省楚雄市莲华村案例报告 …… 228
- 案例14 云南省楚雄市挖铜村案例报告 …… 232
- 案例15 云南省禄丰市乌龙潭村案例报告 …… 235
- 案例16 河北省饶阳县张苑村案例报告 …… 239
- 案例17 河北省饶阳县邹村案例报告 …… 242
- 案例18 河北省饶阳县西支沃村案例报告 …… 246
- 案例19 河北省广平市南吴村案例报告 …… 249
- 案例20 河北省广平县后南阳堡村案例报告 …… 253

案例21　甘肃省渭源县千乍村案例报告 ……………………………… 257
案例22　四川省青川县青坪村案例报告 ……………………………… 259
案例23　山东省栖霞市衣家村案例报告 ……………………………… 261
案例24　陕西省合阳县方寨社区案例报告 …………………………… 264
案例25　四川省巴中市枣林镇灵山村案例报告 ……………………… 266
案例26　四川省巴中市天马山镇狮子寨村案例报告 ………………… 268

后　记 ………………………………………………………………………… 271

第一章　壮大脱贫地区农村集体经济发展背景与现状[①]

自党的十八大以来，中央把脱贫攻坚摆在治国理政的突出位置，作为实现第一个百年奋斗目标的重点任务，汇聚全党全国全社会之力消除绝对贫困。2020年底，我国全面打赢脱贫攻坚战，现行标准下9899万农村贫困人口全部脱贫，832个贫困县全部摘帽，12.8万个贫困村全部出列，区域性整体贫困得到解决。脱贫攻坚取得全面胜利，我国实现了全面小康路上一个都不掉队的战略目标，历史性地解决了困扰中华民族几千年的绝对贫困问题，在促进全体人民共同富裕的道路上迈出了坚实一步。

脱贫攻坚成果举世瞩目，这一伟大胜利离不开中央和省市县各级政府对脱贫地区大规模逆向投入包括资金、技术、人才等资源要素，实施开发式扶贫战略。在帮助脱贫地区发展过程中，财政扶贫资金、相关涉农资金和社会帮扶资金等大量投入到农村发展设施农业、养殖、光伏、乡村旅游等项目，为此形成的大量资产已经折股量化到了农村集体经济组织，集体分配资产收益用于优先保障建档立卡户增收，有力地推动了减贫事业发展，这是我们打赢脱贫攻坚战这一伟大实践中积累的重要宝贵经验，充分彰显了中国共产党领导下社会主义制度的独特优势。2020年，习近平总书记在决战决胜脱贫攻坚座谈会上明确提出"接续推进全面脱贫与乡村振兴有效衔接。脱贫摘帽不是终点，而是新生活、新奋斗的起点"。为此，全面建成小康社会后，在巩固拓展脱贫攻坚成果的基础上，如何做好乡村振兴这篇"大文章"，实现接续推进脱贫地区发展和群众生活改善，壮大脱贫地区农村集体经济发展，加强对确权到村的扶贫项目资产等在内的集体资产经营、管理和监督，确保资产收益长期稳定发挥作用至关重要。

受国家乡村振兴局社会帮扶司委托，2022年8月上旬，中国人民大学农业

[①] 执笔人：孔祥智、谢东东。

与农村发展学院课题组一行先后赴贵州省安顺市镇宁县、关岭县及六盘水市盘州市，云南省曲靖市富源县及楚雄自治州楚雄市、禄丰市，河北省衡水市饶阳县和邯郸市广平县8县市开展培育壮大脱贫地区农村集体经济发展专题调研。本次调研具有一定的代表性，调研地点既有我国西南地区云贵高原，也有华北平原的河北省部分脱贫地区。在实地调研和访谈的村庄中，既有全国知名的例如贵州"三变"改革发源的舍烹村、村集体资产超过9000万元的岩博村等，也有不知名的大量云贵山区少数民族如布依族、苗族、彝族村寨；涉及的农村集体经济相关产业包括但不限于光伏项目、特色种植、乡村文旅、畜禽养殖、设施农业等；集体资产经营方式包括但不限于资产租赁、股份合作、自主经营、村企协作、联村整合等；收益分配模式同样也各有不同。现将课题组之前的相关研究成果与本次实地调研掌握的一手资料相结合，对关于培育壮大脱贫地区农村集体经济报告如下。

一、研究背景

（一）壮大脱贫地区农村集体经济发展的重要意义

农村集体经济是集体成员利用集体所有的资源要素，通过合作与联合实现共同发展的一种经济形态，是社会主义公有制经济的重要形式。近年来，我国积极适应社会主义市场经济体制新要求，不断深化农村集体产权制度改革，探索农村集体所有制有效实现形式，大力盘活农村集体资产，旨在形成既体现集体优越性又调动个人积极性的农村集体经济运行新机制，增强集体经济发展活力，引领农民逐步实现共同富裕。对于广大脱贫地区而言，壮大农村集体经济发展重要意义如下：

第一，壮大脱贫地区农村集体经济发展是全面推进乡村振兴的重要内容，更是中国式现代化的重要基础和支撑。

党的二十大提出"中国共产党的中心任务就是团结带领全国各族人民全面建成社会主义现代化强国、实现第二个百年奋斗目标，以中国式现代化全面推进中华民族伟大复兴"。发展壮大农村集体经济，全面推进乡村振兴，是中国式现代化的重要内容。习近平总书记多次强调"农业农村现代化是国家现代化的基础和支撑"①，全面建设社会主义现代化强国，以中国式现代化推进中华民族伟大复兴，最艰巨最繁重的任务依然在农村，最广泛、最深厚的基础依然在农村。坚持农业现代化和农村现代化一体设计、一并推进，实现农业大国向农业强国跨越，离不开发展壮大农村集体经济，扎实推进共同富裕。对于全国层面而言，脱贫地区农村集体经济发展基础较为薄弱，短板突出，较东部发达地区来看，其集体经营性收入水平较低、经营管理水平不高、服务成员能力不足。因此，壮大脱贫地区农村集体经济是全面推进乡村振兴战略的重要内容，这是关系全面建设社会主义现代化强国的全局性、历史性任务，是夯实中国式现代化的应有之义，可以说是推进中国式现代化的重要基础和支撑。

第二，壮大脱贫地区农村集体经济发展，是推动脱贫攻坚与乡村振兴有机衔接的必由之路。

站在全面建成小康社会新的历史起点，要进一步巩固拓展脱贫攻坚成果，接续推动脱贫地区发展和乡村全面振兴，毫无疑问首先要建立巩固脱贫攻坚成果长效机制，这是全面推进乡村振兴的重要基础和保障。一方面，需要保持帮扶政策总体稳定，在过渡期内严格落实"四个不摘"的要求，继续优化产业发展等帮扶政策；另一方面，也要积极培育脱贫地区发展的内生动力，而这不能完全依赖帮扶政策，需要建立健全扶贫项目资产的长效运行管理机制。通过加强扶贫项目资产管理和监督，明晰经营性资产产权关系，资产收益重点用于项目运行管护、帮扶重点群体、农村公益事业等，这些是培育脱贫地区发展内生动力的重要物质基础。确保项目资产稳定良性运转、经营性资产不流失或不被侵占、公益性资产持续发挥作用，农村组织的作用较为关键。根据国家和各有关省市现有政策，扶贫项目资产后续管理要与农村集体产权制度改革相衔接，遵循国有资产和农村集体资产管理及行业管理等有关规定，充分考虑扶贫项目资产受益群众的特殊性，资产权属和收益权尽量下沉，资产明确权属，难以明确到个人的扶贫项目资产，明确到村集体经济组织，纳入农村集体资产管理范围，按照农村集体产权制度改革要求有序推进股份合作制改革。

第三，壮大脱贫地区农村集体经济发展，是巩固党在农村地区执政基础的重要举措。

农村集体经济是社会主义公有制经济的重要形式，农村集体经济组织是集体资产管理的主体，作为特殊的经济组织，其在管理集体资产、开发集体资源、

---

① 资料来源：《习近平：把乡村振兴战略作为新时代"三农"工作总抓手》，求是网，2019年6月1日，http://www.qstheory.cn/dukan/qs/2019-06-01/c_1124561415.htm。

发展农村经济、服务集体成员等方面具有独特功能作用，正是中国特色社会主义制度的优越性体现。站在新的历史起点，我们党奋力开启社会主义事业现代化新征程，需要积极发挥农村集体经济组织的独特作用。培育壮大农村集体经济与推动乡村全面振兴的目标，如着眼于围绕加快推进脱贫地区乡村产业、人才、组织等全面振兴高度契合。壮大脱贫地区农村集体经济，完善农村基层党组织领导的村民自治组织和集体经济组织运行机制，逐步建立职责明晰、稳定协调的基层组织管理体制和产权清晰、管理科学的农村集体资产运营管理机制，让更多的集体收益惠及集体成员。同时，农村集体经济组织需要承担大量农村社会公共服务支出，壮大农村集体经济发展，有助于提升社区福利和公共事业建设水平，推动城乡基本公共服务普惠共享，提升农村居民的获得感和幸福感。

此外，强化集体资产监管和集体财务管理，推动农村集体资产财务管理制度化、规范化、信息化，落实民主理财，切实维护集体成员的监督管理权，是推动全面从严治党向基层延伸，防止和纠正发生在群众身边的腐败行为的重要体现。习近平总书记指出"党的工作最坚实的力量支撑在基层，经济社会发展和民生最突出的矛盾和问题也在基层，必须把抓基层打基础作为长远之计和固本之策，丝毫不能放松"，明确要求"各级都要重视基层、关心基层、支持基层，加大投入力度，加强带头人队伍建设，确保基层党组织有资源、有能力为群众服务"[①]。总体来看，发展壮大脱贫地区农村集体经济，在当下我国迈上全面建设社会主义现代化国家新征程、向第二个百年奋斗目标进军的关键时刻，对于全面贯彻习近平新时代中国特色社会主义思想，体现以人民为中心的执政理念，巩固和夯实党在农村地区的执政基础具有重要意义。

第四，壮大农村集体经济发展，是增强脱贫地区乡村产业发展活力的应有之义。

提高脱贫地区乡村产业发展的质量效益，增强产业发展活力，一方面，需要尊重产业发展规律，立足已有产业培育基础，挖掘已有投资效益潜力，当然需要推动已有集体项目资产稳定良性运转，壮大农村集体经济。另一方面，在脱贫攻坚期间，大量农村集体经济组织利用未承包到户的集体"四荒地"（荒山、荒沟、荒丘、荒滩）、果园、养殖水面等资源，集中开发或者通过公开招投标等方式发展现代农业项目；或利用生态环境和人文历史等资源发展休闲农业和乡村旅游；或在符合规划前提下，探索利用闲置的各类房产设施、集体建设

---

① 资料来源：《在贵州调研时的讲话（2015年6月16日—18日）》，《人民日报》2015年6月19日。

用地等，以自主开发、合资合作等方式发展相应产业，抑或通过资产出租获得收益。上述多种形式发展农村集体经济的实践正是脱贫地区开发农村资源，发展乡村产业的主要内容，因此增强脱贫地区乡村产业发展活力，发展壮大农村集体经济是应有之义。

（二）党的十八大以来农村集体经济发展政策沿革

党中央、国务院高度重视农村集体经济发展，自党的十八大以来不断深化农村集体产权制度改革，积极探索农村集体所有制的有效实现形式，以保护农村集体经济组织和农民合法权益为核心，提高农村集体经营性收入，带动农户增收。

2013年中央一号文件强调建立归属清晰、权能完整、流转顺畅、保护严格的农村集体产权制度，是激发农业农村发展活力的内在要求。必须健全农村集体经济组织资金资产资源管理制度，依法保障农民的土地承包经营权、宅基地使用权、集体收益分配权。同年11月，党的十八届三中全会提出"赋予农民更多财产权利"，中央对全面深化农村改革做出了顶层设计，明确提出"保障农民集体经济组织成员权利，积极发展农民股份合作，赋予农民对集体资产股份占有、收益、有偿退出及抵押、担保、继承权"。可以看出，中央对开展农村集体产权制度改革、发展新型农村集体经济已经描绘出改革的初步蓝图。

2014年中央一号文件提出，推动农村集体产权股份合作制改革，保障农民集体经济组织成员权利，赋予农民对落实到户的集体资产股份占有、收益、有偿退出及抵押、担保、继承权，建立农村产权流转交易市场，加强农村集体资金、资产、资源管理，提高集体经济组织资产运营管理水平，发展壮大农村集体经济。当年年底，国务院办公厅印发《关于引导农村产权流转交易市场健康发展的意见》（国办发〔2014〕71号），明确提出以坚持和完善农村基本经营制度为前提，以保障农民和农村集体经济组织的财产权益为根本，以规范流转交易行为和完善服务功能为重点，扎实做好农村产权流转交易市场建设。

2014年11月，原农业部、中央农办等单位联合发文，在全国29个县（市、区）部署开展积极发展农民股份合作、赋予农民对集体资产股份权能改革试点。改革内容主要按照"归属清晰、权责明确、保护严格、流转顺畅"的现代产权制度要求而展开。试验区开展以清产核资、明确债权债务、资产量化、股权设置、股权管理、收益分配等为主要内容的农村集体产权股份合作制改革。同时强调对于经营性资产，重点是明晰集体产权归属，将资产折股量化到集体经济组织成员，发展农民股份合作，明确集体经济组织的市场主体地位，健全集体资产运营的管理、监督和收益分配机制。2014年，在全国层面探索农村集体产权制度改革的实践正式启动，随着实践探索的不断深入，我们对新型农村集体经济的认识也不断拓展。

2015年中央一号文件强调，推进农村集体产权制度改革，探索农村集体所有制有效实现形式，创新农村集体经济运行机制。对经营性资产，重点是明晰产权归属，将资产折股量化到本集体经济组织成员，发展多种形式的股份合作。开展赋予农民对集体资产股份权能改革试点，试点过程中要防止侵蚀农民利益，试点各项工作应严格限制在本集体经济组织内部。健全农村集体"三资"管理监督和收益分配制度。同年，中共中央办公厅和国务院办公厅联合印发《深化农村改革综合性实施方案》，明确提出以保护农民集体经济组织成员权利为核心，以明晰农村集体产权归属、赋予农民更多财产权利为重点，分类推进农村集体资产确权到户和股份合作制改革，赋予农民对集体资产更多权能，发展多种形式的股份合作。

2016年中央一号文件明确提出深化农村集体产权制度改革，要求到2020年基本完成经营性资产折股量化到本集体经济组织成员，健全非经营性资产集体统一运营管理机制。探索将财政资金投入农业农村形成的经营性资产，通过股权量化到户，让集体组织成员长期分享资产收益。制定促进农村集体产权制度改革的税收优惠政策。开展扶持农村集体经济发展试点。

2016年4月，习近平总书记在安徽小岗村召开的农村改革座谈会上强调"深化农村改革需要多要素联动，要在坚持和完善农村基本经营制度的同时，着力推进农村集体资产确权到户和股份合作制改革，加快构建新型农业经营体系"[①]。同年12月，习近平总书记在中央经济工作会议上明确指出"要深化农村集体产权制度改革，赋予农民更加充分的财产权利，这是党中央推出的一项重要改革，对推动农村改革发展、完善农村治理、保障农民权益，都具有十分重要的意义"[②]。

2016年12月26日，中共中央和国务院联合印发《关于稳步推进农村集体产权制度改革的意见》，对深化农村集体产权制度改革，发展新型农村集体经济做出了重要部署，明确提出"形成既体现集体优越性又调动个人积极性的农村集体经济运行新机制"。中央要求以推进集体经营性资产改革为重点任务，以发

---

① 资料来源：《在农村改革座谈会上的讲话》（2016年4月25日），《论坚持全面深化改革》，中央文献出版社，2018年，第262-264页。

② 资料来源：《在中央经济工作会议上的讲话》（2016年12月14日），《习近平关于社会主义经济建设论述摘编》，中央文献出版社，2017年，第204-205页。

展股份合作等多种形式的合作与联合为导向,坚持农村土地集体所有,坚持家庭承包经营基础性地位。针对产权改革的组织实施情况,中央明确要求各级党委书记特别是县乡党委书记要亲自挂帅,用5年左右的时间基本完成改革。

2017年中央一号文件提出全面开展农村集体资产清产核资。稳妥有序、由点及面推进农村集体经营性资产股份合作制改革,确认成员身份,量化经营性资产,保障农民集体资产权利。从实际出发探索发展集体经济有效途径,鼓励地方开展资源变资产、资金变股金、农民变股东等改革,增强集体经济发展活力和实力。研究制定支持农村集体产权制度改革的税收政策。同年6月,习近平总书记在深度贫困地区脱贫攻坚座谈会上明确提出要"探索资产收益扶贫方式""财政专项扶贫资金和其他涉农资金投入设施农业、养殖、光伏、水电、乡村旅游等项目形成的资产,具备条件的折股量化给贫困村和贫困户。在具备光热条件的地方实施光伏扶贫,建设农村光伏电站,通过收益形成村集体经济,开展公益岗位扶贫、小型公益事业扶贫、奖励补助扶贫,这些都是解决深度贫困的好办法"。针对脱贫攻坚工作作出部署,总书记明确提出"培育壮大集体经济,完善基础设施,打通脱贫攻坚政策落实'最后一公里'"①。

2018年中央一号文件提出,全面开展农村集体资产清产核资、集体成员身份确认,加快推进集体经营性资产股份合作制改革。推动资源变资产、资金变股金、农民变股东,探索农村集体经济新的实现形式和运行机制。坚持农村集体产权制度改革正确方向,发挥村党组织对集体经济组织的领导核心作用,防止内部少数人控制和外部资本侵占集体资产。维护进城落户农民土地承包权、宅基地使用权、集体收益分配权,引导进城落户农民依法自愿有偿转让上述权益。研究制定农村集体经济组织法,充实农村集体产权权能。同年6月,中共中央和国务院联合印发《关于打赢脱贫攻坚战三年行动的指导意见》,明确提出积极推动贫困地区农村资源变资产、资金变股金、农民变股东改革,制定实施贫困地区集体经济薄弱村发展提升计划,通过盘活集体资源、入股或参股、量化资产收益等渠道增加集体经济收入。

2018年9月,习近平总书记在十九届中央政治局第八次集体学习时的讲话中明确提出"发展新型集体经济,走共同富裕道路。要充分发挥好乡村党组织的作用,把乡村党组织建设好,把领导班子建设强,弱的村要靠好的党支部带

---

① 资料来源:《习近平:在深度贫困地区脱贫攻坚座谈会上的讲话》,中国政府网,2017年9月2日,http://www.gov.cn/xinwen/2017-09/02/content_5222125.htm。

领打开局面,富的村要靠好的党支部带领再上一层楼"①。2018年11月,中央组织部同财政部、农业农村部等相关部门联合印发《关于坚持和加强农村基层党组织领导扶持壮大农村集体经济的通知》,针对贫困地区农村集体经济基础薄弱的问题,由中央财政资金扶持十万个行政村发展壮大农村集体经济,旨在示范带动各地发展壮大农村集体经济,基本消除集体经济"空壳村"、薄弱村。

2019年中央一号文件提出,深入推进农村集体产权制度改革。按期完成全国农村集体资产清产核资,加快农村集体资产监督管理平台建设,建立健全集体资产各项管理制度。指导农村集体经济组织在民主协商的基础上,做好成员身份确认,注重保护外嫁女等特殊人群的合法权利,加快推进农村集体经营性资产股份合作制改革,继续扩大试点范围。总结推广资源变资产、资金变股金、农民变股东经验。完善农村集体产权权能,积极探索集体资产股权质押贷款办法。研究制定农村集体经济组织法。健全农村产权流转交易市场,推动农村各类产权流转交易公开规范运行。研究完善适合农村集体经济组织特点的税收优惠政策。同年7月,农业农村部印发《关于进一步做好贫困地区集体经济薄弱村发展提升工作的通知》,对于推动贫困地区农村集体经济提升作出了进一步部署,要求加快推进农村集体产权制度改革,实施薄弱村集体经济发展试点项目。

2020年中央一号文件提出全面推开农村集体产权制度改革试点,有序开展集体成员身份确认、集体资产折股量化、股份合作制改革、集体经济组织登记赋码等工作。探索拓宽农村集体经济发展路径,强化集体资产管理。同年12月,习近平总书记在中央农村工作会议上明确提出"要完成农村集体产权制度改革阶段性任务,用好改革成果,发展壮大新型农村集体经济"②。

2021年中央一号文件要求当年基本完成农村集体产权制度改革阶段性任务,发展壮大新型农村集体经济。保障进城落户农民土地承包权、宅基地使用权、集体收益分配权,研究制定依法自愿有偿转让的具体办法。加强农村产权流转交易和管理信息网络平台建设,提供综合性交易服务。

2022年中央一号文件要求巩固提升农村集体产权制度改革成果,探索建立农村集体资产监督管理服务体系,探索新型农村集体经济发展路径。开展农村产权流转交易市场规范化建设试点。制定新阶段深化农村改革实施方案。同年8

---

① 资料来源:《把乡村振兴战略作为新时代"三农"工作总抓手》,《求是》,2019年第11期,第4-10页。

② 资料来源:《习近平:坚持把解决好"三农"问题作为全党工作重中之重 举全党全社会之力推动乡村振兴》,中国政府网,2022年3月31日,http://www.gov.cn/xinwen/2022-03/31/content_5682705.htm。

月,农业农村部同中央组织部、财政部、国家乡村振兴局等部门联合印发《关于做好农村集体产权制度改革成果巩固提升工作的通知》,对健全农村集体经济组织运行机制做出了工作部署,旨在规范农村集体经济组织运行管理,在巩固农村集体产权制度改革成果基础上探索新型农村集体经济发展路径。

可以看出,以习近平同志为核心的党中央高度关注深化农村集体产权制度改革,发展壮大农村集体经济。自党的十八大以来,我们积极围绕巩固和完善农村基本经营制度,以深化农村集体产权制度改革为动力,以增强集体经济"造血"功能为重点,强化薄弱村党组织战斗堡垒作用,不断加大政策扶持,壮大农村集体经济发展。随着我们在实践中对于农村产权改革探索不断深化,尤其是全国范围内农村集体经营性资产股份合作制改革基本完成,目前各地积极因地制宜,采取多种路径模式探索新型农村集体经济发展,但是对于全面建成小康社会后,如何推动脱贫地区农村集体经济进一步发展壮大,目前探索仍然有待深化。

二、脱贫地区集体经济运行基本情况

结合本课题组之前的研究成果以及从本次调研的云贵冀三省八县市的情况来看,得益于在脱贫攻坚期间的大规模投入以及各类扶持农村集体经济试点项目实施,调研地区的农村集体经济凭借大量资产注入,围绕当地脱贫攻坚期间主导的相关产业进行布局,总体上取得了一定发展。

(一)脱贫地区农村集体经济发展基础条件

首先,随着我国取得了脱贫攻坚的伟大胜利,站在全面建成小康社会新的历史起点,脱贫地区的集体经济总体上有了一定的发展基础。

自改革开放以来,随着以家庭承包经营为基础,统分结合的双层经营体制不断建立和完善,大量集体资产转移至农户手中,农村集体经济组织统一经营的职能不断削弱,农村集体经济总体呈现出弱化和边缘化的趋势。从全国层面来看,农村集体收入微薄,集体经济"空壳村"、薄弱村较为普遍。2012年,在全国58.9万个行政村中,集体经济经营收益为零的行政村占53.14%,集体经济经营收益在5万元及以下的行政村占比为25.64%，两者合计占比为78.78%[1]，考虑到集体经济组织还承担了大量村庄公共服务开支，毫无疑问，这加剧了村庄债务的积累，乡村基层组织债务问题严峻，限制了农村经济发展。相较于全国平均水平，脱贫地区的农村集体经济发展面临问题由于其所处地理区位和当地经济社会发展水平等因素，困难挑战和压力更大。习近平总书记曾明确指出"全国12.8万个建档立卡贫困村中基础设施和公共服务严重滞后，村两委班子能力普遍不强，3/4的村无合作经济组织，2/3的村无集体经济，无人管事、无人干事、无钱办事现象突出"[2]。

自党的十八大以来，中央从全面建成小康社会的要求出发，对扶贫开发工作作出一系列重大部署和安排，全面打响脱贫攻坚战，在实践中，随着上下联动、统一协调、保障投入的政策体系和动员体系不断形成，广大脱贫地区充分把握大量资金项目和人才投入到农村的历史机遇，积极探索在农村基层党组织领导下把党员、群众组织起来发展壮大农村集体经济的各类实践，发展特色富民产业，取得了明显成效。总的来看，脱贫攻坚期间各地实施了大量扶贫项目，形成了较大规模的资产，这些资金项目和驻村工作队伍的人才要素的投入极大地改善了脱贫地区农村集体经济发展局面，为建档立卡户脱贫增收、打赢脱贫攻坚战奠定了重要基础。2018年，中央组织部等部门提出用5年时间扶持10万个左右行政村发展壮大集体经济，示范带动各地加大政策支持力度；截至2019年底，全国村集体经济经营收益超过5万元以上的村达到23.5万个；截至2020年安排扶持资金289亿元[3]。根据《人类减贫的中国实践》白皮书相关数据，2020年底，我国脱贫村村均集体经济收入超过12万元。稳定的集体经济收入改变了很多农村组织过去没钱办事的困境，增强了农村组织自我保障和服务群众的能力。

其次，我们也要清醒地看到，当前脱贫地区的农村集体经济发展基础来之不易，背后是脱贫攻坚期间我国超常规举国动员投入，当前如何稳住农村集体经济发展趋势，仍然面临大量复杂挑战。

脱贫地区的集体经济发展局面得以扭转，离不开大量的人才、项目、资金投入和政策优惠。全国累计选派25.5万个驻村工作队、300多万名第一书记和

---

[1] 资料来源：《中国农业统计资料2012》，北京：中国农业出版社，2013年。
[2] 资料来源：《习近平：在深度贫困地区脱贫攻坚座谈会上的讲话》，新华社，2017年6月23日，http：//www.xinhuanet.com/politics/2017-08/31/c_1121580205.htm。
[3] 资料来源：《对十三届全国人大三次会议第9144号建议的答复》，中华人民共和国农业农村部，2020年10月20日，http：//www.moa.gov.cn/govpublic/zcggs/202011/t20201109_6355957.htm。

驻村干部,同近200万名乡镇干部和数百万村干部一道奋战。中央、省、市县财政专项扶贫资金累计投入近1.6万亿元,其中中央财政累计投入6601亿元;东部9省份共向扶贫协作地区投入财政援助和社会帮扶资金1005多亿元,东部地区企业赴扶贫协作地区累计投资1万多亿元①,上述要素投入是社会主义制度集中力量办大事优势的集中体现。这种超常规"逆向"动员资金、人才资源要素供给的方式,在脱贫攻坚期间,适合当时我国农村贫困发生率高、区域连片集中的特点,也适合产业的初期培育。但是随着我国经济社会的发展,过去动员和分配生产性资源方式的减贫效果和产业发展效果也将日益降低。随着我们开始全面推进乡村振兴,减贫政策体系平稳转型,在常态化社会投入下,脱贫地区的产业发展面临的市场竞争和风险挑战将不断凸显。从市场经济条件下尊重市场规律和产业发展规律的角度来看,推动脱贫地区集体经济发展和产业项目稳定发展,必然要在市场竞争中经受住考验,在市场竞争中强身健体、提质增效。

但是,广大脱贫地区农村集体经济和产业项目天然面临着市场竞争的劣势。一方面,大量地区面临脱贫基础薄弱、巩固拓展脱贫攻坚成果面临巨大压力,我国大量脱贫人口仍处于临界线边缘,2019年全国有200万已脱贫人口存在返贫风险,此外处于贫困标准边缘的农村居民中还有300万人存在致贫风险②,阻止返贫的内生动力尚未完全形成,长效机制尚未完全构建。另一方面,广大脱贫地区的产业发展在市场竞争中又面临着区位劣势造成发展成本较高,随着乡村振兴战略的不断推进,全国东中西部各地涉农产业同质化竞争现象较为严峻。此外,由于脱贫攻坚期间,精准帮扶政策的实施导致一些地区建档立卡户与普通农户之间产生隔阂,原有集体社区内部的利益平衡被打破,集体经济发展面临的内部矛盾因素增多,收益分配挑战不断凸显。而农村集体经济这一经济形态的本质是集体成员利用集体所有的资源要素实施合作与联合,实现共同发展,相较于企业等市场主体,集体社区内部集体动员和行动的能力受到挑战。

(二)农村集体经济在脱贫攻坚中的重要作用

从调研区域来看,各地积极将财政扶贫资金、相关涉农资金和社会帮扶资金等大量投入到农村发展设施农业、养殖、光伏、水电、乡村旅游等项目,脱

---

① 资料来源:《习近平:在全国脱贫攻坚总结表彰大会上的讲话》,中国政府网,2021年2月25日,http://www.gov.cn/xinwen/2021-02/25/content_5588869.htm。

② 资料来源:《习近平出席决战决胜脱贫攻坚座谈会并发表重要讲话》,中国政府网,2020年3月6日,http://www.gov.cn/xinwen/2020-03/06/content_5488151.htm。

贫攻坚期间，由于大量资金投入形成了很多资产已经折股量化到了农村集体经济组织，集体分配资产收益用于优先保障建档立卡户增收，有力地推动了脱贫攻坚走向全面胜利。

第一，通过实施大量产业扶贫项目，壮大农村集体经济发展，能够有效带动建档立卡农户非农就业。

食用菌产业作为各地常见的集体经济项目，作为劳动密集型产业，在拌料、转运物料、装袋、栽种菌棒、采摘等一系列产前、产中、产后环节都需要大量的人力，并且具备劳动技术门槛低的特点，有力地带动了农村就业，非农就业收入对于脱贫而言意义深远。贵州镇宁县的食用菌产业有效地增加了本县1.2万个农村劳动力就业岗位，解决了全县建档立卡户800余户的就业需求，能够有效优先保障建档立卡户就业增收。贵州省盘州市某乡镇，以农村集体经济组织为依托，大力推进扶贫车间（基地）建设，在易地扶贫搬迁集中安置的村，依托发展前景好、效益显著的农村合作社，吸纳脱贫群众向集体经济聚集，推动产业扶贫与就业扶贫深度融合，结合当地茶叶、蔬菜、水果等农业产业的发展，依托农村合作社认定了5家就业扶贫车间（基地），吸纳农村劳动力就业457人。

第二，在集体资产的收益分配上，相关产业项目优先倾斜建档立卡户，资产收益分配助力脱贫。

贵州省关岭县大力实施产业项目收益分配"721"分配模式，资产收益的七成用来保障建档立卡户脱贫工作。当地月亮湾村获得180万元产业肉牛养殖产业项目资金，2021年实际分红18万元左右，加上当年食用菌大棚出租租金9万元，共27万元项目资产收益由村集体统一分配，其中产业收益金的70%共18.9万元由建档立卡户优先受益，由村委会据实对参与农村公益岗位就业的劳动者考核后，以"一卡通"方式兑现到户。

四川省青川县沙洲镇某村大力发展白茶产业，村集体建设白茶基地，不断强化利益联结，建档立卡户通过"土地流转收租金、务工就业挣薪金、入股分红得股金、委托经营拿酬金、村集体分红得现金"的收益分配机制来实现增收。2021年，该村"白叶一号"基地共支出土地流转金36.78万元、务工工资120万元，新增集体经济发展基金4.5万元，同时优先吸纳搬迁群众就业，2021年该镇白茶产业吸纳易地搬迁群众224人次参与茶园管护、采茶，人均年增收1万元。

第三，在农村集体资产的开发上，相关产业项目优先推动建档立卡户群体经营创业。

云南省富源县外山口社区有农贸市场一座，当地积极设置扶贫摊位，鼓励有劳动能力的建档立卡户摆摊经营，享有在一定范围内优先挑选摊位以及免除摊位收费的优惠。云南省楚雄市充分发挥乡村农户和建档立卡户群众的主体作用发展乡村旅游，积极建设一批生态景观好、文化特色浓、扶贫带动强、乡风文明美的宜居宜业宜游的旅游扶贫村，培育800户旅游扶贫示范户，累计带动当地以及附近2万人脱贫致富，充分发挥群众发展旅游的主动性，推进旅游开发建设，提高旅游服务质量和水平，增强脱贫地区和群众的自我发展能力。

陕西省合阳县金峪镇某村抓住获得西北农林科技大学帮扶的机遇，重点发展樱桃产业。由帮扶高校为该村建档立卡户雷某创业提供专家持续跟踪服务，2018年，雷某率先种植12亩新品种樱桃，收入13万元，一举实现脱贫。2022年19亩樱桃再获丰收，收入近40万元，作为创业典范，雷某实现了从穷困潦倒的单身汉到远近闻名的致富能人的转变，创业故事先后被《中国青年报》等宣传报道。

（三）脱贫地区集体经济涉及相关产业情况

总体来看，各地依托脱贫攻坚期间所获得大量政策支持形成了大量涉农相关产业，产业兴旺是乡村振兴的重要基础，更是各地盘活集体资产获得收益的重要条件。

从本次调研区域来看，较为普遍的是食用菌、水果、蔬菜、畜产养殖、电子商务、乡村旅游等产业，这些产业植根县域，以农业农村资源为依托，特色较为鲜明，业态较为丰富活跃，其中关岭县的关岭肉牛养殖、盘州市的刺梨水果等种植、富源县的魔芋种植、河北饶阳县的设施果蔬产业均有了很大程度的发展，产业带动集体增收效果明显，已在全国市场中产生较强影响。

贵州镇宁县农村集体经济发展主要围绕当地脱贫攻坚期间大力发展的食用菌等产业为主，按照"政府引导、企业带动、部门帮扶、农户参与"的原则，灵活探索龙头企业、农村集体经济组织、农户特别是建档立卡户三者之间的利益联结机制，大力发展订单生产，解决好种植户分散经营的问题。此外，镇宁县充分利用现有的环翠街道高荡村千年布依古寨、扁担山镇夜郎洞景区和江龙镇新苑十九孔桥等森林旅游资源，成功打造了54个"省级森林村寨"、103户"省级森林人家"和4个"国家森林乡村"，积极发展少数民族村寨的旅游服务业务。

贵州省关岭县农村集体经济发展围绕的产业布局则按照"宜蔬则蔬、宜果则果"的原则，围绕"蔬果药"调整优化农业产业结构及布局，综合考虑各村自然生态条件、农业结构现状及结构调整潜力和可行性，合理优化种植结构，以关岭肉牛养殖，以及牧草、花椒和水果（例如火龙果、芒果、脐橙等）种植等为主导产业，针对当地部分农村区域石漠化严重，发展种养殖业效果差，为充分挖掘荒山资源，则大力引进光伏发电项目，把清洁能源产业发展作为当地脱贫攻坚和农村集体经济壮大的工作抓手。

贵州省盘州市的农村集体经济在做大做强刺梨、中药材、生态畜牧业等农业主导产业的同时，积极发展烤烟、蔬菜、魔芋等优势特色产业。当地294家农村集体经济组织与龙头企业合作，发展订单协议，对刺梨、软籽石榴等产品进行保底收购，建成了195个小康菜园、保供蔬菜基地、河谷坝区蔬菜基地和高山坡地喜凉蔬菜基地。

云南省富源县的农村集体经济发展则积极围绕辣椒、魔芋等特色经济作物，全县实现特色经济作物种植39.7万亩，蔬菜种植19.68万亩，其中辣椒被列为国家特色蔬菜产业体系昆明综合试验站示范县示范产业，魔芋种植面积达14万亩，培育魔芋专业村15个，魔芋产值从3亿元增至9.6亿元，建成西南三省最大的魔芋专业化交易市场。同时积极发展畜产养殖，全面实施大河乌猪品种选育、基地建设，推动大河乌猪全产业链发展，先后实施了大河乌猪选育提高、"扶百帮千带万"养殖工程、生猪调出大县、良种补贴等20多个项目，累计投入资金3亿元，带动社会资金投入达50亿元壮大生猪产业。

云南省楚雄市的农村集体经济发展则重点利用当地旅游资源丰富的先天优势积极发现乡村文旅。楚雄州已建成国家AAAA级旅游景区9个、AAA级旅游景区18个、国家地质公园1个、国家森林公园2个，为此，楚雄市在美丽乡村建设的基础上发展集体经济，建设的紫溪彝村、东华镇小伍排、马龙河白依河等一批乡村休闲游示范点、示范带初具规模，构成了一条县域内精品乡村旅游线路。截至2021年12月，全市登记纳入管理的农家乐共有139户，省级旅游名镇2个，省级旅游名村3个，省级特色旅游村2个，省级旅游扶贫示范村1个，州级旅游扶贫示范村3个，民族特色旅游村寨4个，其他乡村旅游点4个，乡村旅游从业人员4200余人，接待游客210.76万人次，旅游收入1.06亿元。

云南省禄丰市农村集体经济则是围绕当地特色种养殖，逐步形成了"云岭牛""双丰猪""禄丰云花""高峰苹果"等一大批独具地域特色的扶贫产业品牌，有效促进了产业化经营与扶贫开发有效对接。围绕"稳粮稳烟、增果增绿、扩花扩菜、优畜优禽"的工作思路，构建起"一乡一业、一村一品"的产业扶贫集群，中高海拔地区主要以核桃、冬桃、水蜜桃、苹果、樱桃种植和生态牛羊养殖为重点；低海拔干热河谷地区主要以冬早蔬菜、热区经济林果、软籽石榴、沃柑种植和畜牧业养殖为重点。

平原地区的河北饶阳县和广平县的集体经济则积极围绕特色种植养殖发展。饶阳县积极发展设施农业果蔬种植，重点打造特色果蔬示范村30个以上，在此基础上发展特色采摘、休闲农业等，壮大"饶阳葡萄"这一国家地理标志农产品、河北省名优农产品区域公用品牌产业，引导农村集中连片发展葡萄种植，通过早中晚熟品种混搭栽植、温室和大棚混搭建设壮大产业，带动集体增收。广平县则是以37个重点脱贫村食用菌种植基地为重点，发展双孢菇、平菇、鸡枞菇等食用菌和设施蔬菜种植。

（四）调研区域集体经济收入情况

截至2021年底，云南全省集体经济年收入达5万元以上的村占比为72.31%[①]。以我们调研的云南三县市来看，截至2021年底，在富源县全县160个村（社区）中，159个村集体经济年收入达到了5万元及以上；楚雄市2021年154个村（社区）集体经济年收入均达5万元以上；禄丰市167个村（社区）集体经济年收入达5万元以上的有112个，占比67.06%。三县市中仅禄丰与云南省平均水平相近。

贵州省镇宁县、关岭县、盘州市均是国家扶贫开发重点县，2021年底，辖区内所有村（社区）集体年收入均达5万元以上，农村集体年收入在20万元以上的村占比分别为镇宁82.55%、关岭81.63%、盘州69.13%。总体来看，本次调研的贵州三县在集体经济发展的收入数据上面表现最好，但是这与上述三县作为原深度贫困地区多年来享受大量政策扶持有关。

河北省饶阳县作为国家扶贫开发重点县，2021年村集体年收入5万元以上的村有185个，占比为93.90%；其中收入在10万元以上的村有101个，占比为51.27%；广平县作为河北省级扶贫开发重点县区，2021年有169个村（社区）集体年收入均突破5万元，集体年收入在10万元以上的村占比为54.00%，其中超过20万元的村占比为18.00%。本次调研的八县市及农村集体经济基本情况如表1-1所示。

[①] 资料来源：《截至2021年，云南集体经济收入5万元以上的村占全省行政村的72.31%》，云南网，2022年7月14日，https：//yn.yunnan.cn/system/2022/07/14/032186199.shtml。

表 1-1 调研八县市脱贫攻坚与农村集体经济情况

省	县	脱贫村（个）	建档立卡户（户）	脱贫人口（万人）	集体收入5万元以下村占比（%）	集体收入5万~10万元村占比（%）	集体收入10万~20万元村占比（%）	集体收入20万元以上村占比（%）
云南	富源	130	25584	11.18	0.62	89.38	5.63	4.37
	楚雄	51	9310	3.58	0.00	43.51	42.86	13.64
	禄丰	104	7242	2.64	32.94	37.72	23.95	5.38
贵州	镇宁	114	21361	9.3	0.00	6.67	10.78	82.55
	关岭	88	24676	11.08	0.00	3.40	14.97	81.63
	盘州	281	57562	21.55	0.00	7.83	23.04	69.13
河北	饶阳	83	—	7.10	6.10	42.63	51.27	
	广平	37	9895	2.93	0.00	46.00	36.00	18.00

资料来源：课题组根据访谈资料汇总整理。

第二章 脱贫地区农村集体经济发展实践探索[①]

一、脱贫地区农村集体经济发展典型模式

(一) 资源开发

广大脱贫地区在推进农村集体产权制度改革的过程中,通过清产核资,摸清集体家底,积极集中开发利用村集体所有的耕地、林地、草地、山岭、荒地、滩涂等闲置资源性资产,将这部分资源作为集体增收的重要物质基础加以开发,积极发展现代种植养殖业,或利用生态环境和人文历史等资源发展休闲农业和乡村旅游,多途径开发资源壮大农村集体经济。

云南省富源县大河镇针对某村地理位置偏远,大量年轻劳动力纷纷外出务工,经济发展底子薄弱,后劲不足,大量山林田地荒废,土地利用效率低下的问题,专门组建工作小组,与当地农村两委班子合作协商,在多年来未能开发利用的1000余亩的荒山荒坡上兴建黄桃种植基地,由村集体对农户的山坡地统一流转,助力当地黄桃产业发展,带动集体增收。

贵州省关岭县针对当地石漠化地区自然环境恶劣的实际情况,在多年来未经利用的荒山、荒坡大力发展光伏发电等清洁能源产业,同时规划林业经济,大力推动花椒种植,带动农户增收、集体壮大。关岭县在海拔较低、喀斯特地貌明显、石漠化严重的区域因地制宜种植花椒,当地普利乡流转2088亩石山、

[①] 执笔人:孔祥智、谢东东。

荒山，先后种植十余万株花椒苗，2022年初挂果的1000亩花椒林产了近10万斤鲜花椒，通过烘烤加工后，产值达50万元左右。

河北省广平县某村依托毗邻度假区的区位优势，在支部的带领和群众的共同努力下，因地制宜，将村北一个废弃的坑塘就地改造为一个集休闲娱乐、垂钓于一体的垂钓池塘生态园，开发建设达5000平方米，同时将流转的土地和宅基进行高效开发，着力发展休闲农业与乡村旅游，规划建设了城市农夫耕种园和儿童游乐园，发展壮大农村集体经济，集体年收益增加30万元，更为全村提供38个就业岗位。

贵州镇宁县作为全国唯一完好保留布依族三个土语区的县区，当地积极发扬其文化积淀厚重、自然环境优美、气候环境宜人的优势，充分利用现有的环翠街道高荡村千年布依古寨、扁担山镇夜郎洞景区和江龙镇新苑十九孔桥等森林旅游资源，成功打造54个"省级森林村寨"、103户"省级森林人家"和4个"国家森林乡村"，积极发展少数民族村寨的旅游服务业务带动农村集体经济发展。

云南省禄丰市土官镇积极发挥当地气候环境良好，年均气温16.2℃，空气质量指数优，负氧离子高，水、土壤均未受污染，森林覆盖率较高等资源环境优势，同时立足"彝州东大门""昆明后花园"的地理交通区位优势，积极挖掘乌龙潭村附近的山水环境资源，坚持规划先行，突出桃文化元素，依托寨脚社区乌龙潭一带优质桃园，明确以美丽乡村建设为抓手，建设以乌龙潭村为核心，辐射周边多村发展生态旅游，互动开发当地集体资源。2021年，该镇种桃及乡村文化旅游收入达4800万元，可以说资源开发多年来不断推动农村集体经济发展壮大。

（二）资产盘活

广大脱贫地区积极盘活村集体所有的闲置建筑设施等经营性资产和未能高效利用土地等资源性资产，大力推动农村集体资产租赁经营市场化、公开化，提高集体资产利用效率，增加集体收入，壮大农村集体经济。

云南省禄丰市彩云镇在深化农村集体产权改革之际，积极查实多年来未能够保障集体收益的资产，对村集体资产、资源、债权、债务进行集中清理。由乡镇成立领导小组，对全镇各村委会及村小组的固定资产、集体资源进行全面确权登记，并建立台账。当地共清理出资产2.18亿元，其中经营性资产8488.68万元，非经营性资产1.33亿元，清理出非承包耕地16656块6910.16亩，清理出经济合同188份。针对某村普遍存在的"私挖乱开"集体土地和不规范交易合同的问题,核实12.3亩土地年租金仅为2600元,针对资产收益低、群众意见大的问题,当地召开成员代表大会,同意统一收归集体管理,通过招标方式对外出租,年租金增至1400元/亩,村小组每年多收益14542元。同时当地积极认真推行《彩云镇农村集体资金资产资源管理办法》,进一步强化农村集体资金资产资源监管,在资产盘活的过程中,提高农村集体资金资产资源经营效益,促进农村集体经济发展。

内蒙古阿荣旗作为全国粮食生产先进县,在推动农村集体产权制度改革之际,对农民家庭承包方式承包的土地资源进行确权。当地全旗148个行政村全部完成土地承包经营权确权登记颁证工作,同时全旗农村23万亩基本草场也进行了确权。当地通过建立土地承包管理信息平台,扎实推动"五荒"(荒山、荒地、荒沟、荒滩、荒水)等资源性资产盘活,将全旗境内70万亩"五荒"资源,其中50万亩有偿发包给农户,发展林、果、蚕、草、药等产业,发包收益归村集体所有,给予集体成员按股分红,达到了农民增收与生态环境保护双赢的目的,推动集体资产保值增值。

广大脱贫地区也积极利用"闲置校舍",盘活建筑设施资产带动集体增收。贵州省盘州市通过引入社会资本和引导困难户入股相结合的方式,将村集体土地和撤点并校而闲置的校舍作为发展集体经济的有效路径,当地两河街道岩脚居委会引进社会资金90万元,合作开发辖区内闲置村小学,建成了集农资销售、便民药房、农家超市、电商平台、金融网点等为一体的农村商业便民服务中心,解决困难党员就业5名,并将其第一年部分工资转换为原始股份,实现每人每年务工收入3万元左右。云南省富源县外山口社区积极盘活本村闲置小学校舍等资产,挖掘本村区位优势,将原属集体的废弃村办小学校舍(占地三亩)租赁给食品加工企业用作厂房,2021年租金为4.5万元,带动集体收益提升。

四川省青川县积极盘活分散、闲置的撂荒地资源和原村委会闲置房屋,发展白茶产业,撬动集体经济发展。当地七佛乡某村落实村党组织书记兼任村集体经济组织负责人要求,组建工作专班,明确1名村党支部委员负责项目建设,将分散闲置的撂荒地重新开发整理,新建"幼龄茶园",村集体经济组织出资经营80余亩林下老茶园。由村集体投资购买茶叶加工设备1套,将原村委会闲置房屋改建成集体经济茶叶加工厂厂房。

(三)股份合作

广大脱贫地区在深化农村集体产权制度改革,积极推进集体资产股份合作制改革的基础上，积极整合集体所有的各类资产，依托当地禀赋优势，重点发展现代种植、养殖业，积极引进培育新型农业经营主体，推动农村集体经济组织与龙头企业和农民合作社等主体开展股份合作与联合。

山东省东平县对经营能力不足的村，引入工商资本参股，发展经营主体，当地接山镇某省级脱贫村共317户、1355人，其中脱贫人口146户、500人，村集体原来处于"空壳"状态。当地利用45亩闲置的土地，引进外来投资者建设生态养鸡场，将上级扶持项目资金160万元入股经营，按照集体土地10%、项目资金35%、外来投资者55%的比例组建农业开发公司，饲养草鸡，创立品牌。其中专项扶持资金股份收益归全体建档立卡户共有，按人口平均分红，这部分群众在享受资金入股分红的同时还可以在养鸡场务工取得收入。

贵州省盘州市舍烹村按照"龙头企业+合作社+农户"的合作方式将村内三组土地入股盘州市普古银湖种植养殖农民专业合作社，发展杨梅、核桃、刺梨等产业，村集体获得土地分红和采摘收入。当地贾西村积极与刺梨生产领域的新型农业经营主体联合，形成"龙头企业+合作社+农户"模式，村集体以1500亩荒山地和4726亩耕地的土地经营权入股合作社享受分红。2022年，当地刺梨种植面积6226亩，刺梨园区被评为省级高效农业示范园区和科技示范园区，成为国家级刺梨出口基地。

贵州省盘州市南城居委会通过成立盘州市翰林南城实业发展有限公司，发动169户农户入股，入股资金共计456万元，公司通过盘活居委会集体闲置土地建设南城便民服务站项目、出租临时门面和临时摊位等措施，每年为村集体经济增加收入5万余元，村民年均分红110余万元。盘州市翰林街道某村引导923户农户集资改造废弃垃圾场为农贸市场，年盈利230万元，其中村集体经济年创收11.5万元。盘州市亦资街道某村将集体土地100亩、基础设施使用权折价210万元，现金30万元入股九龙潭森林公园，依托城郊山水风光、田园美景、民俗风情等生态资源优势，以城区人口"周末游"为主，外来人口"假日游"为辅，致力于开发打造集休闲、野炊、运动、娱乐等于一体的城市"后花园"，村集体股占比为28.6%，覆盖农户1571户5499人，带动就业700余人，其中村集体已实现分红30余万元。

贵州省关岭县通过发展花椒产业带动农村集体经济，由县政府招商引资，与重庆商会共同组建花椒产业发展公司，谋划建设"关岭花椒智慧种植示范基地"，全产业链发展花椒产业，使之从传统种植延伸至精深加工和多元产品开发、多渠道销售，提高花椒产业竞争力。当地某村2022年挂果的花椒有1700余亩，总产量达30万斤，产值上百万元。由企业和村集体合作开发建设占地

780平方米的花椒体验园即将投入运营，其中包含产品展示区、餐饮区、网络直播区、疗养区等区域，体验园建成后能够实现创品牌、增业态、提价值、拓渠道的产业发展目标，进一步推动全村花椒产业的长足发展。在企业的带动下，当地在产业基地开发、技术推广服务、一二产融合等多个方面发力，成功打造了花椒全产业链"闭环式"生态圈。截至2021年底，关岭县花椒产业投产面积达2万亩，年总产量约5000吨，年产值约1.2亿元，预计在2024年将实现11万亩全部投产，预计总产量达2.75万吨，年产值达6.6亿元。

（四）联村推进

广大脱贫地区积极推动地域相邻、资源相近、产业相似的村（社区）跨地域联动发展产业，整合多村力量连片开发打造区域产业品牌，发挥规模经济优势。

贵州省镇宁县通过引进农业企业，连片发展瓜蒌产业，在桐上村种植带动下，当地接续在周围9个乡17个村范围内进行瓜蒌的种植，截至目前，全县瓜蒌种植面积已达5000余亩。贵州盘州积极推进联村党委建设，将产业相近、地域相邻、资源互补的村联合起来，累计组建联村党委29个，覆盖13个乡（镇、街道）113个村，有效推动区域内资源共享、抱团发展，当地贾西村通过建立联村党委带动周边村共同发展，目前通过联村连片开发、规模化种植将刺梨产业拓展到3.1万亩，累计投资达1.2亿元；自2021年以来，已带动周边4个村集体经济增收5万元。

广西贵港市桥圩镇整合8个偏远或受规划限制、村内资源匮乏、发展空间较小的村，设立了"八村抱团"白鸽养殖基地。当地积极发挥养殖白鸽技术较为成熟，地理位置优越，市场潜力大，容易形成稳定增收的产业链的客观实际优势，由各村的集体经济组织选定专人专职对接基地日常工作，最后按照各村养殖白鸽的数量进行分红。其中大垌心村是脱贫村，产业扶持力度大，扶持资金充足，因此当地整合其余7个村的资金，在大垌心村养殖基地基础上，进一步扩大产业规模，获取更高效益，8个村庄共同发展养殖项目壮大农村集体经济。"空壳村"青塘村通过养殖白鸽，农村集体经济六个月内实现集体经济效益突破3万元。"八村抱团"的模式发展壮大了农村集体经济，提高了各村的整体效益，每个村根据各自所得纯利润适当提取30%用于下一年生产规划，60%收益资金归各村村集体所有，10%收益资金对基地相关工作人员进行奖励。

云南省楚雄市新村镇在确定以核桃生产加工作为本镇特色产业后，大力推动核桃初加工、精深加工生产设备及厂房提升改造建设项目。当地采取"集中、连片、规模"等方式培育产业示范基地,通过7500亩东大线、新鄂线核桃示范带建设,持续打造下村和密者村两个村委会万亩核桃示范基地,提质增效,全面辐射带动全镇8个村委会12.9万亩核桃产业健康快速发展。

贵州省关岭县在石漠化地区大力发展花椒产业,推动能人流转大规模种植,同时当地围绕花椒种植、除草、施肥、修枝、采收、运输、加工等环节积极为建档立卡农户提供就业岗位,带动集体增收、群众脱贫。在实践中,花椒产业作为当地"拳头产业"逐渐形成了"三个统一"的发展方向。即统一产业管理,让种、管、养标准化,保障花椒产量和品质;统一技术培训,减少病虫害,降低群众的产业风险;统一产品价格,强化市场主体对接,避免恶性的价格竞争。在示范村庄的带动之下,周边村庄逐渐都加入发展花椒产业,共同参与"三个统一"。

(五) 飞地经济

广大脱贫地区针对广大山区农村资源要素匮乏、发展地理空间狭小、内生动力薄弱的实际,打破行政区划限制,通过跨空间在资源密集经济繁荣地区投资管理开发,异地置业,实现两地资源互补、协调发展。这种集体经济发展模式是通过综合统筹,以入股的形式,将部分区域内闲置或低效利用的土地或资金集中到区位优势较大、投资效益高的区域,旨在走集约化规模化的农村集体经济发展道路。

湖南花垣县十八洞村因地制宜,针对人多地少问题,采取"跳出十八洞发展十八洞产业"的思路,利用上级帮扶资金探索成立花垣县十八洞村苗汉子果业公司,在县农业园区流转1000亩土地建设精品猕猴桃基地。当地积极发展生态农业、特色种养,猕猴桃获得了有机产品认证并被授予"出口示范基地",带动农村集体增收。

云南省楚雄市推动6个山区村庄利用项目资金入股参与投资县城加油站建设,由石化公司负责经营管理,按合同协议每年每村获得3.5万元的分红收入。楚雄西舍路镇选择交通便捷、土地资源广、自然条件好的中心村谋划村集体经济发展项目,将全镇共11个行政村现有的村集体经济预留资金、项目整合在一起,投资628万元在集镇新大街建设1幢4层共1675平方米的酒店,房屋产权属11个村集体共同所有,其产生的经营性收益按照产权占比分配作为村集体经济收入,探索村集体资金保值增值、异地合作抱团发展的村集体经济发展新路子。项目从建成到营业仅用了两年多的时间,实现年收益150多万元,成为了西舍路镇富民强村的重要渠道,带动全镇11个村集体年均稳定增收3万元以上,"空壳村"消除率达100%。

云南禄丰利用十几个村的财政专项产业扶贫项目资金,在彩云镇某村建造云南彩云鲜花谷项目,建设100亩的花卉种植基地以及控温节水等配套设施,合计投入1500万元,通过规划、建设、管理和利益分配等合作协调机制的构建,禄丰实现区域内互利共赢合作开发模式,在优势地块抱团发展项目,发挥区位优势,跨村发展,鲜花谷项目每年按照不低于总投入7%的收益进行分配,按比例返还上述出资村庄。

河北广平县积极抓住集体产权和集体经营性建设用地入市改革机遇,推动碎片化土地集中高效利用,打造"飞地",收益多村共享。当地东张孟镇对4个村的闲散土地坑塘进行清理,腾挪出建设用地指标4亩,由4个村集体联合选址在交通干线附近建设服装工厂,与服饰企业签订协议出租厂房,带动村民就业,壮大农村集体经济。

二、培育壮大脱贫地区农村集体经济实践探索

本次调研的八县市脱贫地区在探索农村集体经济发展的实践上面已经形成了一批可总结、可复制、可推广的经验做法,各地把扶贫开发项目、涉农支持项目以及其他当地项目资金投入形成的资产量化作为农村集体资产,致力于消除"空壳村"、提升薄弱村,积极强化集体经济发展,提升基层组织服务能力,推动脱贫攻坚与乡村振兴有机衔接。总体来看,各地围绕提高农村集体收入这一核心工作,以完善集体资产管理为基础,积极推动清产核资和确定产权归属;以农村集体资产、资源、资金等生产要素有效利用为动力,多种形式开发集体资源;以完善农村集体经济经营管理机制为纽带,强化农村集体资产监管工作。

(一)以完善产权管理为基础,确定项目资产权益归属

各地积极完善集体资产产权管理体系,开展集体资产和扶贫项目资产清产核资和确权登记工作。农村集体资产是发展农村集体经济的重要物质基础和基本前提,根据中央要求,2017年开始全国层面推开农村集体资产清产核资工作,2019年底完成。通过清产核资摸清家底,明晰农村集体经济组织成员集体所有的土地等资源性资产,用于生产经营的建筑厂房、设施设备、货币资产、债权股权等经营性资产,用于公益事业的非经营性资产。总的来看,调研区域

均采取如鼓励和引导财政扶贫资金、相关涉农资金和社会帮扶资金投入设施农业、养殖、光伏、水电、乡村旅游等项目形成的资产，折股量化到农村集体经济组织用来优先保障建档立卡户增收。因此，相较于其他地区，脱贫地区的农村集体资产产权管理体系构建中，扶贫资产清产核资工作是重中之重，通过摸清扶贫资金投入形成的资产底数，理顺资产所有权属关系，以确保相关扶贫资产持续发挥作用，为集体经济发展提供支撑。

云南省楚雄市2021年开展扶贫项目资产清产核资工作，严格按照公益类、经营类、到户类三类别，全面梳理2016~2020年形成的各类资产。资产主要包括使用各级各类财政扶贫资金（财政专项扶贫资金、彩票公益金、地方政府债务用于支持脱贫攻坚资金等）、易地扶贫搬迁资金、社会扶贫资金、行业扶贫资金、金融扶贫资金、集团帮扶资金投入实施扶贫项目形成的扶贫资产和在建项目（包括接受捐赠的实物资产和捐赠项目）。对于各级实施单独到村的公益类项目资产，例如本村道路交通、农田水利、教育文化场所等，产权归属村集体，纳入农村"三资"管理。而针对农林牧渔业产业基地、生产加工设施、光伏电站等经营性基础设施以及实施资产收益扶贫等形式形成的权益类资产等，产权归属以签订合同（协议）的条款为依据。经开展清产核资和确权登记，楚雄市共清产核资投入扶贫项目资金20.09亿元，形成资产规模19.87亿元，其中经营性资产0.31亿元，公益性资产15.15亿元，到户类资产4.42亿元；完成确权资产19.87亿元，其中确权到户资产4.42亿元，到小组资产6.93亿元，到村资产2.57亿元，到乡镇资产1.18亿元，到市级部门资产4.76亿元。在此基础上，楚雄市将扶贫项目资产移交给对应产权归属单位管理；签订"扶贫资产委托管理协议"，权属归村集体的扶贫资产档案由乡镇统一保管。

贵州三县市全面摸清自党的十八大以来扶贫项目资产底数，采取将扶贫项目资产合理纳入村集体资产管理体系实施分类管理的方针，对各级财政资金（主要为财政专项扶贫资金、脱贫县涉农整合资金、易地扶贫搬迁资金、"组组通"等财政贴息资金、农村饮水安全资金、教育扶贫资金、医疗扶贫资金等）、地方政府债券资金、世界银行贷款扶贫项目资金、东西部协作资金、社会捐赠资金和定点帮扶资金等投入形成的扶贫项目资产纳入管理范围，同样按照资产类别进行分类管理，其中明确要求经营性资产，根据资金来源、受益范围、管理需要等明确权属，尽可能明确到获得收益的个人、村集体经济组织等。难以明确到个人的扶贫项目资产，原则上应明确到村集体经济组织，纳入农村集体资产管理范围，并按照农村集体产权制度改革要求有序推进股份合作制改革。

河北两县则是针对实施的单独到村项目形成的经营性资产，产权归属村集体经济组织，针对县乡两级跨乡村组织实施的项目形成的经营性资产以及产权不明晰的经营性资产，由县级政府按项目实际情况，确定产权归属，原则上权属确认到村集体经济组织，确权扶贫项目资产纳入农村"三资"管理，并按照农村集体产权制度改革要求有序推进股份合作制改革。对于实施资产收益扶贫、入股分红等项目形成的权益性资产，根据签订合同（协议）的条款确定产权归属，并且协议到期后，再由县级政府出台具体操作办法，由乡镇政府层面跟踪督导，确保相关资产用于脱贫攻坚与乡村振兴有机衔接。

（二）以盘活集体"三资"为动力，提高资源要素配置效率

各地积极开发盘活各类集体资产资源，多种形式发展农村集体经济。总体来看，调研区域积极从实际出发探索发展集体经济有效途径，例如利用未承包到户的集体"四荒地"（荒山、荒沟、荒丘、荒滩）或者机动地等资源，集中开发或者通过公开招投标等方式发展现代农业项目；挖掘生态环境和人文历史等资源发展休闲农业和乡村旅游；探索利用闲置的各类房产设施、集体建设用地等自主开发、合资合作等方式发展相应产业。

作为全国"三遍"改革的发源地，贵州盘州在盘活集体资产资源上面的实践较为具有典型性。盘州积极盘活"农村闲置土地"，采取自主开发、合作经营、引导居民入股分红等方式，并将村集体闲置的厂房、仓库、门店等资源盘活，将资产变为资本，拓宽集体经济增收渠道。当地舍烹村按照"龙头企业+合作社+农户"的合作方式将村内三组土地入股盘州市普古银湖种植养殖农民专业合作社，发展杨梅、核桃、刺梨等产业484.54亩，土地保底分红262万元，采摘收入300余万元。将本村五组土地入股本村集体股份合作社，种植蜜橘252.99亩，刺梨293.03亩，优质水稻800余亩，产值900多万元。依托在娘娘山景区核心区的优势，村"两委"积极向上级有关部门争取资金，广泛动员村民发展农家旅馆、农家乐等，共发展包括农家乐、农家旅馆在内的经营主体、小微企业113家。上述工作由村"两委"负责为园区做好土地流转服务，宣传、发动群众参与种植刺梨、猕猴桃等，协调农民专业合作社和旅游公司用工问题。

对于集体经济发展的资金要素投入，除依靠上级项目扶持外，盘州也积极挖掘村内投资潜力，当地红果街道挪湾居委会按照"村村可参股、人人可投资"的思路，采取"贴息入股+借资参股+普惠分红+劳务入股"的方式，让周边群众、村集体参与到矸石堆放场、乡旅农家乐等项目中来，实现共同致富增收。南城居委会成立盘州市翰林南城实业发展有限公司，发动169户村民入股，入股资金共计456万元，公司通过盘活居委会集体闲置土地建设南城便民服务站

项目、出租临时门面和临时摊位等措施，每年为村集体经济增加收入5万余元，村民年均分红110余万元。两河街道岩脚村积极盘活农村闲置校舍，通过引入社会资本90万元和引导困难户入股相结合的方式，将村集体土地和撤点并校而闲置的校舍作为发展集体经济的有效路径，合作开发辖区内闲置村小学，建成集农资销售、便民药房、农家超市、电商平台、金融网点等于一体的农村商业便民服务中心，解决困难党员就业5名，并将其第一年部分工资转换为原始股份，实现每人每年务工收入3万元左右，实现闲置资源合理利用和集体经济增收。

在调研的云贵其他县市，尤其是针对原连片深度贫困地区生态环境脆弱和大量荒山未能开发的问题，积极立足实际挖掘开发集体资源。贵州关岭县地处滇桂黔石漠化集中连片特困地区，属典型的喀斯特岩溶地貌，土地较为破碎，规模化生产程度不高，难以连片开发土地资源。为此，当地围绕脱贫攻坚期县委、县政府产业发展定位，以"关岭牛"和花椒两大产业为抓手，以发展清洁能源为补充，构建山地农业产业体系，将石漠化荒山出租利用实施分带轮牧养殖"关岭牛"、种植"板贵花椒"和光伏发电等清洁能源项目，使全县石漠化资源得到很好利用，推动经济效益和生态效益同步提升，促进农村集体经济增收。云南省富源县利用村集体未承包到户的闲置资源，通过集中开发或租赁等方式获取集体经济收益。当地大河镇起铺村村集体的荒山荒坡面积高达1000余亩，多年来没有发挥其应有价值，大河镇成立工作小组挖掘沉睡资源，组建专班人员带领起铺村"两委"班子积极研究，经专业评估，1000余亩荒山评估价值为200万元，以土地入股黄桃种植基地，闲置资源变为集体资产。同时，为进一步激发群众增收的内生动力，参与起铺黄桃基地产业发展，起铺村委会成立农民专业合作社，吸纳595户农户群众成为合作社社员，变成起铺黄桃基地股东，参与分红。

作为华北平原地区的河北两县，饶阳和广平则是充分挖掘集体土地资产潜力。饶阳县以推进空心村治理和农村宅基地改革为抓手，盘活农村闲置宅基地和存量建设用地，建立健全"同权同价、流转顺畅、收益共享"的农村集体经营性建设用地入市制度；利用路旁、渠旁、沟旁、房前屋后、闲置农宅和坑塘，探索"四旁植树"模式，建设"绿色生态"型集体经济。该县王同岳镇积极对废旧宅基地和闲置坑塘进行整理，对100个坑塘，占地面积共1100亩，以及400处闲置宅基地和"空心房"进行平整整治。在平整后的土地上，种植经济林和景观林，改善了村内人居环境，打造了杨口、张口、王同岳等10个花园村庄，张口村被评为国家森林乡村；创建了王同岳村桃李小院、刘苑村荷花小院等一批特色庭院，雕琢了杨口福禄公园、王同岳村荷花塘等一批乡愁憩园，王同岳村被评为中国休闲美丽乡村，上述工作能够为当地发展乡村旅游产业提供良好支撑，更推动了农村集体经济壮大，使村集体累计增收逾100万元。

河北省广平县则是对全县所有行政村资产资源逐一核实登记，共清理登记2907宗机动地、坑塘、学校、砖瓦窑等资产资源，总面积为7391亩，进行充分挖掘盘活。广平镇将城区内闲置广源广场地皮以280万元估值、126平方米，办公用房、14间364平方米的门面房整体打包入股财富广场成立商贸综合体；南阳堡镇后南阳堡村利用旧村改造契机，开发建设居民小区，实现村民集中搬迁安置，由此腾挪出建设用地指标，建设厂房，发展集体经济项目；平固店镇周庄村利用村北闲置坑塘建设占地约5亩的垂钓园，利用村内7片空闲宅基建成2400平方米的食用油加工厂，将村东废弃砖厂建成养牛场，形成特色产业发展格局。对于资金盘活方面，该县积极整合各部门涉农资金，量化入股集体项目，吸纳财政扶贫到户资金入股，实现村集体和农户共同增收。全县37个脱贫村全部成立菌菇专业合作社，每户脱贫户以1.2万元的补贴标准带资入社入股，东张孟镇整合500万元扶贫资金，在司庄村实施全菌菇产业链项目，建设培训学校、冷库、大棚等设施，实现菌菇培育、生产、培训、展览一体化。

（三）以完善经管机制为纽带，强化集体资产监管水平

在完成清产核资，摸清扶贫项目资产底数并确定集体产权归属之后，各地还积极设计、完善各类资产的经营管理体系，不断强化集体资产的监管水平。

云南省楚雄市积极开展各类权益登记，例如关于经营权，当地规定扶贫资产的经营权由产权所有者集体决策，属于村集体的由村委会（社区）征求村民代表大会意见后研究决定，并明确绩效目标，报乡镇政府备案，属于乡镇一级的报上级主管部门审核批准。关于收益权，经营性扶贫资产收益分配由产权所有者集体决策，属于村集体的，所产生收益的分配，按照优先巩固拓展脱贫难度大、优先返贫致贫风险人口集中、优先村集体经济薄弱的"三优先"原则进行分配，分配方案需经村民代表大会集体讨论通过。关于处置权，扶贫资产的处置，参照集体资产、国有资产管理办法有关规定执行，任何单位和个人不得随意转让处置扶贫资产。到户类资产在巩固期间效益良好的，原则上不得处置，如需处置严格按照相关部门出台的规定执行，由农户提交申请至村居委会，获得审批后方可处置。扶贫资产拍卖、转让应进行资产评估，评估结果须在市人民政府网站、公开栏等予以公开，群众无异议后，方可处置，处置情况报行业主管部门备案。

各地在实践中也积极探索出了多元化的集体资产的异地置业经营模式，应对部分村集体因区位劣势发展先天不足的问题。针对一些山区农村资源匮乏、发展空间局促、造血功能弱化的现实问题，通过跨空间在资源密集经济繁荣地区投资管理开发，异地置业，实现集体项目资产保值增值。云南省富源县针对当地资产基础较为薄弱、资源匮乏的村集体，由县委组织部积极争取上级扶持资金，通过抱团发展、异地置业的形式先后在中安街道寨子口社区、富源县工业园区、富源县鸣凤路与东门河交界处建设了千亩魔芋种植基地、富源县人才公寓、鸣凤立体停车场3个项目，累计投入资金3600万元，帮扶覆盖74个村（社区），此举能够将财政投入资金或扶持资金形成的资产折股量化为农村集体经济发展资本，通过强村带弱村、抱团异地置业等方式，增加收入来源。千亩魔芋种植基地已连续3年向22个村（社区）每年分红5万元，其余两个项目预计于2022年内完成验收，届时将带动52个村（社区）的集体经济得到发展。与之相似，云南省楚雄市则是整合辖区内6个地处偏远、交通不便、发展受限的村庄项目资金，在城关镇入股参与投资加油站建设，加油站由楚雄鑫杰石化有限公司负责经营管理，按合同协议每年每村获得3.5万元的分红收入。

针对单个农村集体经济组织实力较弱的问题，各地在集体资产的经营上面积极鼓励抱团发展，合作共生的资产经营模式。河北省广平县东张孟镇的张洞一、张洞三、张洞四、张洞五共4个村对闲散土地坑塘进行清理，获得占地约4亩建设用地指标，四个村集体联合在张洞村东309国道北侧建设微工厂，占地2400平方米，其中钢、砖混结构厂房面积共计1738平方米。该联建项目与冀超服饰有限公司签订了协议，以"租赁+分红"的模式合作发展，既有效利用各村的闲置资源，也带动了区域内的劳动力就业。贵州省镇宁县部分村庄发展瓜蒌种植产业，但是受限于各村集体经济发展平台狭窄、规模小的现状，当地募役镇按照"乡镇党委—联合党委—村党组织"的三级组织架构成立片区联合产业发展小组，实现片区成员村联合办公、联合决策、联合发展，在乡镇内广泛开展瓜蒌种植。通过各村资源整合，瓜蒌产业已达到6000余亩的种植面积，甚至覆盖了周边的5个乡镇。得益于产业规模提升，瓜蒌深加工公司还在镇宁县投资设厂，统筹包装、加工、销售全产业链服务，实现多样化产业路径，真正实现抱团发展"1+1>2"的效果。

在集体资产管护和监督工作中，各地将监管责任和管护义务明确到市、乡、村、组，使用主体承担管理维护责任。随着大量扶贫项目资产折股量化至农村集体经济中，河北省两县是明确管护经费按照属地管理原则解决，经营性资产管护经费原则上从经营收益中列支，公益性资产要完善管护标准和规范，由相应的产权主体落实管护责任人和管护经费，属于村集体的公益性资产管护经费，可由村集体经营收益、县级财政资金统筹解决，到户类资产由农户自行管理，管护经费由农户自行解决。

贵州三县市则是按照"县级统管、乡镇监管、农村直管、群众监督"的原则，加强集体资产监管工作。根据相关制度构建，由县级政府对本县域扶贫项目资产后续管理履行主体责任，明确相关部门、乡镇政府管理责任清单，乡镇政府要加强集体资产后续运营的日常监管，但是确权到村的扶贫项目资产直接监管责任由村集体承担。河北两县则是在此基础上，积极发挥行业监管作用，积极组织县域内如乡村振兴、农业农村、住房建设、文化旅游等各个部门按照职业分工，履行行业监管职责，加强政策支持，统筹协调推进扶贫项目资产管理，组织研究解决扶贫项目资产管理中的具体问题。

在强化集体资产的群众监督方面，各地在积极制定出台扶贫资产后续管理制度方案，加强对集体扶贫资产管理全过程的监督，将扶贫资产管理情况作为乡镇领导干部、村干部实施经济责任审计的重要内容。对管理不善，造成扶贫公共基础设施资产和设备流失、损坏或长期被占用等情况，按照相关规定，对相关责任人追责问责，涉嫌构成犯罪的，移交司法机关依法追究刑事责任。同时，把扶贫资产管理纳入行业部门、乡镇党委和政府巩固拓展脱贫攻坚成果考核和绩效考评内容。例如河北两县在此规定基础上，积极发挥驻村工作队、村务监督委员会和集体经济组织监事会等组织的重要监督作用，严格落实公示公告制度，及时公布集体资产项目运营、收益分配和资产处置情况。

第三章 贵州省镇宁县农村集体经济发展调研报告[①]

贵州省镇宁布依族苗族自治县（以下简称镇宁县）在探索发展壮大贫困地区集体经济方面取得了诸多值得借鉴的举措。依托调整农业产业结构、整镇推进精品水果产业、东西部教育扶贫、"一推广两模式"消费扶贫四方面举措，镇宁县成功实现了全部脱贫的重要任务，同时也为发展壮大集体经济奠定了坚实的产业基础。在发展壮大集体经济方面，镇宁县通过制定规划、金融支持、保险保障、增强利益联结、健全激励机制等方面的举措，在建设基层党组织、吸纳社会资本、整合财政资金、发展特色产业等方面取得了显著成效，探索出了产业发展引领型、特色资源利用型、抱团发展型三种典型模式。通过调研，课题组总结出镇宁县集体经济目前还存在着带动能力不足、资产经营管理不规范、发展思路局限、缺乏人才支撑、缺乏政策支持五方面问题，并提出有针对性的对策建议。

一、镇宁县脱贫攻坚基本情况

镇宁县是全省新阶段50个扶贫开发工作重点县之一，属滇桂黔石漠化特困连片地区，共有16个乡镇（街道），204个行政村，其中贫困村114个，深度贫困村61个。2014年农村户籍人口354136人，现有建档立卡贫困人口21398户92951人，有贫困村114个，深度贫困村61个，贫困发生率为21.76%。截至2019年12月，镇宁县按照脱贫退出程序已在国办系统标注脱贫人口2067户

[①] 执笔人：魏广成。

6182人（标注脱贫数为自然变更后人口，实际减贫数2086户6291人），标注贫困村出列24个。所有建档立卡人口21398户92951人已全部标注脱贫，完成了剩余贫困人口全部脱贫、剩余贫困村全部出列的目标任务，贫困发生率从2014年的21.76%下降到零，2019年农村居民人均可支配收入达9704元，比上年8822元同期增长10%，各项指标均超额完成，圆满完成了年度目标任务。镇宁自治县探索了一些可借鉴、可复制的经验，为发展壮大集体经济奠定了坚实的基础。

第一，抓好农业结构调整"九字算法"。通过"准"字算好地缘特点账、"优"字算好产品效益账、"特"字算好产业差异账、"广"字算好规模发展账、"强"字算好品牌品质账、"链"字算好产业升级账、"技"字算好科技支撑账、"统"字算好资金要素账、"销"字算好产销对接账，农业产业实现"接二连三"发展，先后引进了柳江、德康农牧、粤旺科技、黔棠姜科技、红星山海生物等一批优强企业，培育出金瀑、山和水、牛来香、大季节米业等一批本土优强龙头企业。建成国家火龙果资源圃、贵州省蛋鸡工程技术中心、贵州省农科院果树研究所镇宁博士工作站，培育了"黔宁购""黔优品"等本土电商企业，优势农业科技含量和市场竞争力进一步增强。

第二，发展精品水果助推脱贫攻坚。镇宁县脱贫攻坚紧扣产业发展"八要素"，根据独特的地形地貌，因地制宜地进行产业结构调整，大力发展精品水果产业，走出了一条以蜂糖李为代表的精品水果特色产业发展致富道路，镇宁蜂糖李已成为人们食之不忘的"黄金果"。截至目前，全县蜂糖李种植总面积达15.66万亩，可采收6.6万亩，产量3万吨，产值9亿元，覆盖贫困户5166户20444人。

第三，整镇推进打造产业扶贫大攻势。扁担山镇以500亩以上坝区产业结构调整为抓手，以农民增收为立足点，聚力打造蔬菜、精品水果产业特色，不断优化农业产业结构。以5家龙头企业为引领带动，流转1.5万亩土地统筹推进蔬菜、精品水果规模化、标准化、产业化发展，种植辣椒、黄瓜、茄子、西红柿等蔬菜0.5万余亩，种植葡萄、猕猴桃、樱桃、黄桃、脆红李等精品水果12万余亩，通过"三举措""三方式"带动9个村0.18万户农户参与农业产业结构调整增收致富，整镇推进农村产业革命取得实效。

第四，打造东西部教育扶贫帮扶"组团式"样板。借助青岛对口帮扶安顺的良好契机，镇宁教科局与胶州教体局结成友好帮扶对子，胶州市从2016年3月起，每年专门派出了一支由9名支教老师组成的教师团队，固定一年时间为周期扎根山区学校支教，进行胶州教育"组团式"帮扶，教育成绩取得了显著的效果，得到了社会各界的广泛认可和一致好评。2017年9月14日，《安顺日报》整第三版报道了胶州市支教教师的先进事迹。2018年3月28日，在贵州省委、省政府举办的第六届贵州省人才博览会上，胶州支教教师王世学做了典型发言。2018年9月20日《贵州日报》第二版，报道了山东青岛胶州的支教团队事迹。

第五，"一推广两模式"开展消费扶贫。镇宁县牢牢抓住产销对接这个"牛鼻子"，以东西部扶贫协作工作为契机，紧紧围绕农业产业革命八要素，将两者有机结合，积极探索创新，走出了镇宁县"一推广、两模式"的消费扶贫新路子。"一推广"打响品牌效应，通过搭建帮扶协作、消费扶贫的交流平台，进一步推动了"安货入青""黔货出山"。打响了镇宁县优质特色农产品在胶州地区的知名度，拓宽了销售渠道，"夜郎无闲草，黔地山货好"已成为胶州当地一句名言。"两模式"拓宽销售渠道，一是"企业+公司+合作社+农户"的产业模式。实现"公司得利润，农户得实惠"的良性循环。二是以点带面、"1+N"电商扶贫模式。即1个县级电商公共服务运营中心，N个农村电商服务站，覆盖31个贫困村，打通县乡村三级物流"最后一公里"。截至目前镇宁县通过电商平台销往东部地区特色农产品销售额达3903.81万元，其中，仅蜂糖李销售就达55600单，线下落地配送达180吨，销售额2686.84万元。

二、镇宁县农村集体经济发展主要举措

（一）镇宁县发展壮大集体经济的基本情况

镇宁县农村集体经济发展的主要业态是以简单的出租集体土地、资源及发展种植、养殖等获得收益。截至2021年底，在镇宁县195个行政村（农村社区）中，村集体经济总收入10682.654万元，其中5万元以下的行政村（农村社区）有0个，5万~10万元的行政村（农村社区）有13个，10万~20万元的行政村（农村社区）有21个，20万~50万元的行政村（农村社区）有75个，50万~100万元的行政村（农村社区）有65个，100万元以上的行政村（农村社区）有21个，如表3-1所示。此外，发展壮大集体经济项目补贴方面，经镇宁县15个乡镇（街道）申请、县级综合研究申报、省市两级集中会审，2019年度、2022年度镇宁县分别获得扶持壮大农村集体经济项目各20个，

其中参股经营类项目26个、产业类项目10个、固定资产建设类项目4个。2019年度实施的20个扶持壮大农村集体经济项目形成的农村资产1945.15万元，获得收益89.56万元，年平均净收益29.85万元，收益率4.48%，总净收益最高的项目获得收益12.5万元；2022年度实施的20个扶持壮大农村集体经济项目资金已全部拨付，项目正在有序推进中，暂未取得收益。

表3-1　2017~2021年镇宁县各农村集体经济组织收入情况统计

年份	5万元以下	5万~10万元	10万~20万元	20万~50万元	50万~100万元	100万元以上
2017	9	77	28	47	25	9
2018	6	64	24	55	38	8
2019	4	42	32	61	47	9
2020	0	32	30	67	53	13
2021	0	13	21	75	65	21

资料来源：根据访谈资料整理。

（二）镇宁县发展壮大集体经济的典型举措

第一，精准研判，制定可操作性方案。对照产业革命"八要素"，围绕镇宁县"一县一业"强推的蔬菜、中药材、食用菌、精品水果、生态养殖等加快形成"专业化、精细化、特色化"产业发展目标，对各村申报项目的可行性、可操作性进行综合分析研判，突出"镇宁蜂糖李"等特色产业结构，指导乡村两级按照"一村一方案"制定实施方案。

第二，加强金融支持，提高金融服务保障。综合运用税收、财政奖补、金融等政策，鼓励县域内金融系统积极为申报扶持壮大村集体经济重点村开展金融服务，适当提高涉农贷款不良容忍度，加大对龙头企业、合作社和农户的信贷支持，提高信用贷款占比，切实解决"融资难"问题。同时，依托龙头企业引领，与入驻镇宁的柳江集体、汇景纸业、德康公司等合作，抱团发展，申请绿色产业发展资金，严格按规范申请和使用，建立健全绿色产业基金管理制度，确保基金安全、高效、透明、专款专用。

第三，扩大保险支持，拓宽农业服务范围。大力推进农业保险支持力度，全面落实生态家禽、蔬菜等政策性保险，结合镇宁具体情况和自然灾害风险，因地制宜开发覆盖精品水果、中药材、食用菌等不同产品的农业保险险种。细化农业保险的险种、缴费方式和补贴办法等，提供不同档次的农业保险产品。

针对贫困人口,根据相关规定实施优惠费率并探索提高农业保险的最高赔付额度,吸引农民参与进来。

第四,做实利益联结,激发农村内生动力。深入总结和研究"塘约经验",采取"支部+合作社+农户""公司+基地+农户"等形式,通过支部领办、党员带头、合作社组织、群众参与,建立利益联结机制,抱团发展。深化"三变"改革,进一步盘活农村土地、劳动力、资本、技术等资源要素,引导群众以土地入股分红。鼓励和引导国有平台公司和供销社转型发展,推动更多国有资产进入农业产业领域,建基地、搞加工、活流通,发展农业产业化经营。发展壮大龙头企业,带动农产品基地订单化生产,发挥好"村社合一"合作社"一头连农户、一头连龙头"的桥梁纽带作用,支持合作社把农民组织起来,按照龙头企业的订单要求,统一标准、技术、管理,进行标准化种植,形成"联产联业""联产联心",共同发展,激发农村内生动力,发展壮大农村集体经济。

第五,加强教育培训,提升产业发展能力。围绕全县特色优势产业,成立技术服务专班,建立农村产业革命结构调整及500亩以上坝区技术服务工作联系制度,确保每个村、每个合作社技术服务全覆盖。同时,大力开展素质能力提升工程,大规模举办培训班,采取请进来"教"、送出去"学"、派出去"炼"、集中来"训"、送下去"讲"等方式,提升干部群众发展产业能力。围绕技能所需,打好专业人才服务"牌",组建服务团队,定期深入田间地头,进行传帮带,形成专业服务团队围绕合作社服务,合作社组织种植大户、贫困户学的服务"三农"良好态势,切实解决合作社和群众产业发展的技术难题。加强"乡土人才"队伍建设,大力开展"把农村能人培养成党员、把党员培养成农村能人、把党员农村能人培养成村干部、把村干部培养成产业示范户"的"四培养"工程,建立农村实用人才信息库。

第六,健全激励机制,激励干部担当作为。建立集体组织成员报酬联结机制,开展绩效评估、成效考核,挖掘村集体组织先进典型,学习借鉴优秀模式,正向激励和追责问责相结合,层层传导压力,落实责任,进一步激发村干部的积极性和创造性,不断增强农村集体组织的凝聚力和战斗力。

(三) 省市县关于发展壮大集体经济的政策沿革

集体经济组织是推进组织振兴的重要力量。实践证明,坚持发展壮大集体经济,推动新型农业经营主体助农增收,是实现小农户与现代农业发展有机衔接的重要举措,也是实现贫困地区集体经济发展壮大的重要途径。近年来,贵州省委、省政府高度重视贫困地区集体经济发展工作,对农村集体产权制度改革与发展壮大集体经济作出多项重要部署。

2014年，贵州省人民政府印发《关于培育发展壮大农村集体经济若干政策措施的意见》，指出要突出示范引领的作用，培育一批人均纯收入超万元、集体经济收入超百万元的示范村。2020年，中共贵州省委、贵州省人民政府印发的《关于抓好"三农"领域重点工作　确保如期实现全面小康的意见》中明确指出，要深化农村集体产权制度改革，推进"三变"改革向纵深拓展，以土地流转、务工收入、股份分红等形式拓宽农民增收渠道。同年，贵州省印发《农村集体经济组织登记赋码工作实施方案》，要求各级各部门要做好农村集体经济组织登记赋码工作，确保农村集体经济组织开展经营管理活动，为集体经济组织运营提供制度基础。同年，贵州省印发《农村集体经济组织示范章程》，为集体经济组织的运营提供基本的制度规范。2021年，中共贵州省委、贵州省人民政府印发的《关于全面推进乡村振兴加快农业农村现代化的实施意见》中指出，要拓宽盘活农村集体资源资产路径，创新集体资产运营机制和模式，发展壮大新型农村集体经济，提高集体经济经营水平和资产价值。2022年，中共贵州省委、贵州省人民政府印发的《关于做好2022年全面推进乡村振兴重点工作的实施意见》指出，要推进经营性资产股份合作制改革，将农村集体经营性资产以股份或者份额形式量化到本集体成员。如表3-2所示。

表3-2　近年来贵州省委、省政府关于推动贫困地区集体经济发展的相关政策

年份	文件名称	主要内容
2014	贵州省人民政府关于培育发展壮大农村集体经济若干政策措施的意见	激活农村各类生产要素潜能，努力培育一批人均纯收入超万元、集体经济收入超百万元的示范村，壮大农村集体经济实力，增加农民收入，实现民富村强
2020	贵州省农村集体经济组织登记赋码工作实施方案	做好农村集体经济组织登记赋码工作，确保农村集体经济组织开展经营管理活动
2020	贵州省农村集体经济组织示范章程	指导全省农民专业合作经济组织建设，规范农民专业合作经济组织的管理
2020	中共贵州省委　贵州省人民政府关于抓好"三农"领域重点工作　确保如期实现全面小康的意见	深化农村集体产权制度改革，推进"三变"改革向纵深拓展，以土地流转、务工收入、股份分红等形式拓宽农民增收渠道
2021	中共贵州省委　贵州省人民政府关于全面推进乡村振兴加快农业农村现代化的实施意见	依法确定农村集体经济组织的特殊法人地位，通过推动集体股份经济合作社与企业合作，使其成为农村产业革命的主力军。拓宽盘活农村集体资源资产路径，创新集体资产运营机制和模式，发展壮大新型农村集体经济，提高集体经济经营水平和资产价值

续表

年份	文件名称	主要内容
2022	中共贵州省委 贵州省人民政府关于做好2022年全面推进乡村振兴重点工作的实施意见	推进经营性资产股份合作制改革,将农村集体经营性资产以股份或者份额形式量化到本集体成员。对财政资金投入农业农村形成的经营性资产,鼓励各地探索将其折股量化到集体经济组织成员

资料来源:根据相关文件整理。

安顺市也高度重视贫困地区发展壮大集体经济的相关工作。自脱贫攻坚任务结束以来,各部门的工作重点转移到乡村振兴工作中来。为了推动集体经济在助农增收与乡村振兴中发挥更充分的作用,安顺市颁布了多项政策文件旨在推进贫困地区集体经济发展。2021年,安顺市人民政府印发的《关于安顺市"十四五"巩固拓展脱贫攻坚成果同乡村振兴有效衔接规划的批复》中明确指出,要扎实做好农村集体经济发展这一项重点工作。2021年,安顺市人民政府办公室转发的《市乡村振兴局市委农村工作领导小组办公室市财政局关于加强扶贫项目资产后续管理的工作方案的通知》中明确要求,要全面摸清扶贫项目资产底数,将扶贫项目资产合理纳入村集体资产管理体系或国有资产管理体系实施分类管理。同年,安顺市乡村振兴局印发的《关于加强扶贫项目资产后续管理的工作方案》指出,加强对各级财政资金投入形成的扶贫项目资产后续管理,持续发挥扶贫项目资产效益,巩固拓展脱贫攻坚成果,全面推进乡村振兴。2022年,安顺市人民政府办公室印发的《安顺市创新财政涉农产业资金投入推动农业产业高质量发展实施方案(试行)》中明确强调要保障集体经济组织与农户的利益,指出地方农投公司获得的收益以"4411"比例再分配,40%用于项目区农户分红,40%用于地方农投公司资本收益,10%用于村集体经济(村集体合作社),10%用于防返贫监测对象。如表3-3所示。

表3-3 近年来安顺市关于推动贫困地区集体经济发展的相关政策

年份	文件名称	主要内容
2021	安顺市人民政府关于安顺市"十四五"巩固拓展脱贫攻坚成果同乡村振兴有效衔接规划的批复	扎实做好农村集体经济发展等重点工作
2021	安顺市人民政府办公室转发市乡村振兴局市委农村工作领导小组办公室市财政局关于加强扶贫项目资产后续管理的工作方案的通知	全面摸清扶贫项目资产底数,将扶贫项目资产合理纳入村集体资产管理体系或国有资产管理体系实施分类管理。

续表

年份	文件名称	主要内容
2021	安顺市乡村振兴局关于加强扶贫项目资产后续管理的工作方案	加强对党的十八大以来使用各级财政资金投入形成的扶贫项目资产后续管理，持续发挥扶贫项目资产效益，巩固拓展脱贫攻坚成果，全面推进乡村振兴
2022	安顺市人民政府办公室关于印发《安顺市创新财政涉农产业资金投入推动农业产业高质量发展实施方案（试行）》的通知	地方农投公司获得的收益以"4411"比例再分配，40%用于项目区农户分红，40%用于地方农投公司资本收益，10%用于村集体经济（村集体合作社），10%用于防返贫监测对象

资料来源：根据相关文件整理。

镇宁县同样非常重视贫困地区发展壮大集体经济的相关工作。为了推动集体经济发展，镇宁县颁布了多项政策文件旨在推进贫困地区集体经济发展。2018年，中共镇宁自治县委员会与人民政府印发的《镇宁自治县农村集体产权制度改革实施方案》中明确指出，要创新农村集体经济组织管理体制运行机制，保护农村集体经济组织和成员的合法权益，促进农民增收，维护农村社会稳定。同年，中共镇宁自治县委、镇宁自治县人民政府还印发了《镇宁自治县2018年脱贫攻坚春风行动实施方案》（以下简称《方案》）。《方案》中指出积极壮大农村集体经济，每个村、每个主导产业都要成立农民专业合作社，每个贫困户都要加入农民专业合作社，大力推进"村社合一"。

2020年是全面建成小康社会的关键之年。镇宁县针对脱贫攻坚与发展壮大集体经济颁布了多项政策文件。《镇宁自治县2019年脱贫攻坚工作总结》中指出，聚焦壮大农村集体经济，大力发展农村集体经济，全面巩固脱贫成效。镇宁县扶贫开发领导小组印发的《镇宁自治县关于决战四个月确保高质量打赢收官战坚决夺取脱贫攻坚全面胜利工作方案》中指出，向建档立卡户宣传集体经济发展政策与基本情况。同年，镇宁县扶贫开发领导小组印发的《镇宁自治县关于建立防贫监测保障机制巩固脱贫攻坚成果方案》中指出，集体资产形成的收益应向有返贫风险的脱贫监测户与有致贫风险的边缘户倾斜。此外，中共镇宁自治县委办公室印发的《脱贫攻坚"四个不摘"工作落实情况》中指出，应以特色产业为引领，大力发展村集体经济、产业扶贫等项目，增强建档立卡户自我"造血"能力，确保所帮扶的每户建档立卡户都享受到帮扶措施，保证建档立卡户政策的延续性。

脱贫攻坚工作完成后，工作重点逐步转移到乡村振兴上来。其中，发展壮大集体经济是推进乡村振兴的重要任务。2021年，镇宁县人民政府印发的

《2022年贵州省镇宁县扶持壮大农村集体经济实施方案》中指出，要根据县委、县政府的安排和部署确定试点项目，实行县级指导，乡镇（街道）主抓落实，村为主体运营项目，统筹推进集体经济发展壮大。同年，中共镇宁自治县委、镇宁自治县人民政府印发的《关于全面推进乡村振兴加快农业农村现代化的实施方案》中指出，要积极拓宽路径盘活农村集体资源资产，创新集体资产运营机制和模式，统筹整合各类资产、资源、资金投向农村集体经济组织，发展壮大新型农村集体经济，提高集体经济经营水平和资产价值。中共镇宁自治县委、镇宁自治县人民政府印发的《关于实现巩固拓展脱贫攻坚成果同乡村振兴有效衔接的实施方案》指出，对确权到村集体经济组织的扶贫资产项目，村集体切实肩负起直接管理责任，并引导收益主体参与管护。同年，中共镇宁自治县委办公室、镇宁自治县人民政府办公室印发的《镇宁自治县关于加快山地农业现代化推进农业高质量发展的实施方案》指出，引导和鼓励农民、村集体将土地经营权、集体荒山、经营性建设用地等资源资产入股新型经营主体，广泛开展资金、技术、劳动力等股份合作。2022年，中共镇宁自治县委党的建设工作领导小组印发的《镇宁自治县扶持壮大农村集体经济资金及项目管理办法（试行）》指出，要加强扶持壮大农村集体经济资金及项目管理，切实提高扶持资金使用效益，避免资金无效流失，保障扶持资金安全。同年发布的《镇宁自治县乡村振兴重点帮扶县巩固拓展脱贫攻坚成果同乡村振兴有效衔接实施方案（2022—2025）》提出实施新型农村集体经济振兴计划。深入推进农村集体产权制度改革，推动资源变资产、资金变股金、农民变股东，发展多种形式的股份合作，如表3-4所示。

表3-4　近年来镇宁县关于推动贫困地区集体经济发展的相关政策

年份	文件名称	主要内容
2018	中共镇宁自治县委 镇宁自治县人民政府关于印发《镇宁自治县农村集体产权制度改革实施方案》的通知	创新农村集体经济组织管理体制运行机制，保护农村集体经济组织和成员的合法权益，促进农民增收，维护农村社会稳定
2018	中共镇宁自治县委 镇宁自治县人民政府关于印发《镇宁自治县2018年脱贫攻坚春风行动实施方案》的通知	积极壮大农村集体经济，每个村、每个主导产业都要成立农民专业合作社，每个贫困户都要加入农民专业合作社，大力推进"村社合一"
2020	镇宁自治县2019年脱贫攻坚工作总结	聚焦壮大农村集体经济，把党支部建在产业链上，把责任压在党员干部肩上，让基层党组织带领贫困群众脱贫致富。继续逐村逐户找准发展思路，大力发展农村集体经济，全面巩固脱贫成效

续表

年份	文件名称	主要内容
2020	镇宁自治县扶贫开发领导小组关于印发《镇宁自治县关于决战四个月确保高质量打赢收官战坚决夺取脱贫攻坚全面胜利工作方案》的通知	向建档立卡户宣传集体经济发展政策与基本情况
2020	镇宁自治县扶贫开发领导小组关于印发《镇宁自治县关于建立防贫监测保障机制巩固脱贫攻坚成果方案》的通知	各乡镇（街道）、村凡使用扶贫项目资金形成的农村集体资产，有资产运营收益的，其收益分成向有返贫风险的脱贫监测户倾斜；运用其他资金形成的农村集体资产，其资产运营收益应注重向有致贫风险的边缘户倾斜
2020	脱贫攻坚"四个不摘"工作落实情况	以特色产业为引领，大力发展村集体经济、产业扶贫等项目，增强建档立卡户自我"造血"能力，确保所帮扶的每户建档立卡户都享受到帮扶措施，保证建档立卡户政策的延续性
2021	中共镇宁自治县委 镇宁自治县人民政府关于印发《镇宁自治县全面推进乡村振兴五年行动方案》的通知	大力培养农村致富带头人，鼓励引导村党组织领办集体合作社，建立健全村集体收入稳定增长机制，发展壮大农村集体经济，促进农民持续增收致富
2021	2022年贵州省镇宁县扶持壮大农村集体经济实施方案	根据县委、县政府的安排和部署确定试点项目，实行县级指导，乡镇（街道）主抓落实，村为主体运营项目，统筹推进集体经济发展壮大
2021	中共镇宁自治县委 镇宁自治县人民政府关于全面推进乡村振兴加快农业农村现代化的实施方案	积极拓宽路径盘活农村集体资源资产，创新集体资产运营机制和模式，统筹整合各类资产、资源、资金投向农村集体经济组织，发展壮大新型农村集体经济，提高集体经济经营水平和资产价值
2021	中共镇宁自治县委 镇宁自治县人民政府关于实现巩固拓展脱贫攻坚成果同乡村振兴有效衔接的实施方案	对确权到村集体经济组织的扶贫资产项目，村集体切实肩负起直接管理责任，并引导收益主体参与管护
2021	中共镇宁自治县委办公室 镇宁自治县人民政府办公室关于印发《镇宁自治县关于加快山地农业现代化推进农业高质量发展的实施方案》的通知	引导和鼓励农民、村集体将土地经营权、集体荒山、经营性建设用地等资源资产入股新型经营主体，广泛开展资金、技术、劳动力等股份合作
2022	中共镇宁自治县委党的建设工作领导小组关于印发《镇宁自治县扶持壮大农村集体经济资金及项目管理办法（试行）》的通知	加强扶持壮大农村集体经济资金及项目管理，切实提高扶持资金使用效益，避免资金无效流失，保障扶持资金安全
2022	镇宁自治县乡村振兴重点帮扶县巩固拓展脱贫攻坚成果同乡村振兴有效衔接实施方案（2022—2025）	实施新型农村集体经济振兴计划。深入推进农村集体产权制度改革，推动资源变资产、资金变股金、农民变股东，发展多种形式的股份合作

资料来源：根据相关文件整理。

三、镇宁县农村集体经济发展主要成效

经过数年的探索,镇宁县发展壮大集体经济在基层党组织建设、招商引资、整合财政资金、发展特色产业等方面取得了显著的成效,同时还探索出产业发展引领型、特色资源利用型、抱团发展型三种典型模式。

(一)取得的成效

近年来,镇宁县以村集体经济组织为抓手,统筹推进集体经济发展,在基层党组织建设、招商引资、整合财政资金、发展特色产业等方面取得了显著的成效。

第一,加强农村基层党组织建设,推动村集体经济发展。一是选好配强村支"两委"班子,培养一支永远不走的工作队。二是要优化村支"两委"班子,选优配强村党组织书记,打破行业、身份、地域限制,从致富带头人、科技致富能手、返乡创业人员、退伍军人、大学生村官、国家正式干部等人群中,大胆选用思想解放、事业心强、思路清晰、懂经营、善管理的"能人"担任村支"两委"领导,不拘一格用人才。三是充分利用驻村第一书记的资源优势,大力发展产业,不断壮大村集体经济。如马厂镇凡旗村在航空工业集团派出驻村第一书记的帮助下,申请航空工业集团帮扶400万元,建设智能玻璃温室大棚3500平方米,种植高端水果小番茄,同时发展大棚种植凤梨、樱桃、蔬菜等特色产业,并通过航空工业集团强大的消费能力开展农产业定点销售帮扶,解决农产品卖难的问题。2021年就实现了18万元村集体经济收入,村集体的经营管理能力也得到了提升。

第二,创新发展模式,招商引资带动村集体发展。镇宁县依托土地资源和气候优势,引进有实力的企业入驻引领产业发展,增加村集体经济收入。镇宁县募役镇桐上村原本就是一个贫困村,通过积极引进贵州优作惠农科技有限公司采用"公司+合作社+农户"的模式发展瓜蒌产业,现已在桐上坝区发展瓜蒌种植1200余亩,建成2400余平方米的库房一座。项目涉及桐上村、斗糯村农户171户,解决劳动力务工13800余人次,务工收入约120万元,土地流转收入30余万元,桐上村壮大村集体经济17万元。在桐上坝区瓜蒌种植带动下,镇宁县接续在募役镇周围9个乡17个村范围内进行瓜蒌的种植,截至目前,全县瓜蒌种植面积已达 5000 余亩，公司也在镇宁县建设了瓜蒌加工厂，推进了一二三产业的融合发展。

第三，整合资金，强化村集体经济发展。镇宁县通过安排专项资金、以奖代补、项目资助等方式扶持农村集体经济发展。自 2015 年以来，共整合财政专项扶贫资金、农业综合改革资金、村集体经济试点项目资金等各类涉农资金 9200 万元，结合各村的区位、资源、人文等优势，有针对性地发展"一乡一业""一村一品"特色集体经济，不断增加集体经济收入，有效消灭了"空壳村"。同时对各村集体资产（扶贫资产）进行全面清理、造册登记、确权颁证，采取承包、租赁、参股分红等方式盘活资源，提高存量资产利用率，增加村集体资本经营收益。

第四，发展特色产业，不断壮大村集体经济收入。村集体经济的发展，靠的是产业支撑，镇宁县紧紧围绕精品水果、中药材、茶叶等主导产业，不断提质增效扩面，推动产业发展。尤其是镇宁县的精品水果蜂糖李、樱桃、芒果、火龙果、百香果"五朵金花"并蒂争艳，种植面积达 35.43 万亩，其中蜂糖李种植面积达 22.01 万亩，六马镇获评 2021 年全省唯一的"全国乡村特色产业十亿元镇"；小黄姜种植面积 14.72 万亩，中药材瓜蒌种植面积 0.5 万亩，茶叶种植面积 7.41 万亩，脱贫人口生产经营性收入占总收入比例达 14.58%，全市排第一，产业的发展也带动了村集体经济收入不断增加。镇宁县宁西街道高荡村也充分利用"千年布依古寨"的资源优势，大力发展少数民族文化特色旅游产业，带动当地老百姓增加收入，同时也壮大了村集体经济。

(二) 典型模式

近年来，镇宁县通过不断探索发展壮大集体经济的有效实现形式，现已总结出产业发展引领型、特色资源利用型、抱团发展型三种典型模式。

第一，产业发展引领型。合理配置土地、资金、技术、信息、劳动力等资源，培优做强主导产业，培植壮大经济增长点。以镇宁县双龙山街道新发村为例，该村坚持将党建、合作社、村民作为发展的三大动力，把干部群众凝聚在一起，党员带头，以"党支部+合作社+群众"的形式，抓住优质土地多、自然环境好的优势，发展无公害农产品种植，创造就近务工岗位、多种形式入股创收等，同时大力打造宜居乡村建设、加强环境治理，组织带领群众巩固脱贫攻坚成果，以集体经济发展带动群众增收致富，实现党建强村、产业富村的目标。为了更好带动群众发展产业，新发村积极推进"村社合一"工作，新发村新发组、鸡场寨组的数十户建档立卡贫困户也加入了合作社组织，发展无公害蔬菜产业。他们中有劳动能力的，由来顺合作社无偿提供种植技术和管理经验，还可以到合作社务工，在提供就业岗位的同时还帮助他们发展蔬菜种植产业。没有劳动能力的，则按照一定费用标准将土地流转到合作社。目前，合作社与20多家经销商建立良好的合作关系，蔬菜主要销往安顺、贵阳、六盘水等周边地区及四川、重庆等省外地区。

第二，特色资源利用型。依托良好的生态优势、资源优势、区位优势，探索一条由村集体主导，走"规模化、产业化、生态化"的产业发展之路，"靠山吃山"，让昔日的荒山变成名副其实的金山银山。镇宁县乌拉村毗邻黄果树瀑布，位于黄果树大瀑布西北约3公里，东邻大坪地村，南接断桥镇，西接关索镇，北与坡贡镇相连接，由原乌拉村、蛮寨村合并而成。依托滴水潭瀑布、坝陵河大桥和峡谷风光，积极推进对丫山宜居乡村创建示范建设，发展和引进民宿5家（已营业3家，在建2家），进一步促进农旅不断融合，集旅游、观光和特色水果采摘为一体，以点扩面推进全村乡村振兴。

第三，抱团发展型。过去几年，镇宁县少数几个村开始发展瓜蒌种植产业，但由于各村集体经济发展平台狭窄、规模小，县内瓜蒌种植产业始终没有形成规模。基于这一现状，募役镇按照"乡镇党委—联合党委—村党组织"的三级组织架构成立片区联合产业发展小组，实现片区成员村联合办公、联合决策、联合发展，力求画出最大同心圆，在乡镇内广泛开展瓜蒌种植。通过整合，瓜蒌产业现已达到6000余亩的种植面积，覆盖了周边的5个乡镇。此外，瓜蒌深加工公司还在镇宁县投资设厂，统筹包装、加工、销售全产业链服务，实现多样化产业路径，真正实现产业发展"1+1>2"的效果。

四、镇宁县农村集体经济发展问题与建议

（一）镇宁县发展壮大农村集体经济的现存问题

尽管镇宁县在发展壮大贫困地区集体经济的过程中做出了诸多探索，取得了显著的成效，但是存在着一些亟待解决的问题，需要在将来的工作中进一步完善与改进。

第一，优势特色产业带动能力不足。镇宁县地理位置相对偏僻，自然资源相对匮乏，可供开发利用的资源较少，缺少带动强的优势特色产业，因此农村

集体经济比较薄弱。比如,安顺石头寨景区立足旅游资源优势,开展美丽乡村建设,走旅游文创发展之路,近年村集体年收入达15.5万元,村民人均收入达2.76万元,做活了特色产业,盘活了村集体资源,实现村集体和村民共同增收。但全县大多数乡村镇建设用地面积少,可开发利用资源有限,经济发展空间很小,主要依赖上级转移支付资金来维持农村组织正常运转,又因农村债务历史包袱,缺乏资金投入,农村集体经济缺少产业支撑。

第二,村集体资产经营管理不规范。虽然镇宁县一直在倡导推行"三资"管理制度,但"三资"管理没能彻底地运用于实际工作中,导致农村资产流失的风险仍然存在。由于管理制度不够严格,存在无人监管的混乱情况,账目管理水平落后,使得有些村对集体资产记账不清楚,现有的集体资产与账面记录存在出入。有关惠民利民的政策和项目建设信息公开不充分,村务公开只侧重于财务方面的信息,村集体资产的投资决策不够公开透明,群众对此大多一知半解,使得村集体资产的经营管理不能很好地为村民所监督,制约着村集体经济发展后劲。

第三,农村集体经济发展思路不宽。对发展集体经济重点和方向不够明确,未能依据实际来确定具有本县与本村特色的发展方案。"以地生财"这一传统发展思路,在目前仍是镇宁县农村集体经济快速增收的主要来源,但仅靠土地租赁流转与开发或国家项目的土地征用来增加收入,则缺乏"造血"功能。另外,镇宁县绝大多数村集体的建设用地指标也非常缺乏,导致乡村产业无法落地。因此,由于很多村集体没有多少土地,因此"以地生财"的发展思路已经逐渐暴露出弊端,不适应新农村的发展。此外,还有些村集体尚未摸索出符合现代化、标准化、组织化、市场化要求的发展形式,农村集体经济发展思路不宽。

第四,乡村人才智力支撑后劲不足。近年来,镇宁县农村组织和干部队伍得到了调整和优化,但与发展农村市场经济的新形势、新要求相比,村干部能力差距还比较大。2021年换届新当选的村"两委"干部,中专(含高中、中技)、初中及以下学历仍接近65.0%。换届前,村主干平均年龄为51.5岁,村"两委"干部平均年龄为48.0岁,村"两委"干部中36~59岁占比近68%,大部分村干部的年龄结构趋于老龄化,且学历低,虽然他们中的大多数凭借多年的基层工作实践积累了丰富的农村工作经验,但在如何发展壮大集体经济方面,缺少开阔的眼界、专业管理能力和经验,特别是在发展农村经济、增加农民收入上思路不清、办法不多。许多村集体的"能人"都在外从事这些行业,大部分干部的开拓创新意识不强。另外,农村缺乏发展前景,对人才的吸引力低,许多年轻有能力的人不愿意回到农村,出现严重的人才流失,缺乏发展壮大集体经济所需的人才。

第五，缺乏集体经济扶持政策。近年来，国家出台了财政、金融、人才等惠农政策，主要针对大区域、大项目。此外，采取了取消农业税，推行粮食直补、农资综合直补、良种补贴、农机购置补贴、技能培训等微观政策，这些政策往往是针对家庭经营的农户，而在农村集体经济的扶持方面则有所欠缺。此外，镇宁有关部门帮扶的力度不够，有部门挂钩的村，往往只是单纯的人员挂钩，资金、项目和政策等相关帮扶政策没有完全配套落实到位。从镇宁县目前帮扶资金的情况看，各个村集体现有的财政支持主要是扶贫资金与组织部扶持壮大集体经济的帮扶资金，其他扶持资金较少。

（二）镇宁县发展壮大农村集体经济的政策建议

发展壮大镇宁县农村集体经济，必须立足各村实际，因地制宜、循序渐进，积极探索新时代农村集体经济有效实现形式，大力培育新的经济增长点，为实施乡村振兴战略奠定良好的物质基础。

第一，因地制宜发展特色产业。依托黄果树瀑布景区的旅游资源，由村集体出资或联合兴办特色小吃、特产专卖、民宿、渔家乐等配套第三产业，增加村财和群众收入。例如石头寨景区充分利用资源优势，开展美丽乡村建设，走旅游文创发展之路，盘活了村集体资源，实现村集体和村民共同增收。在选择何种发展模式时，要充分考虑所在村的地理位置、资源优势、市场需求等因素，因地制宜，科学制定农村集体经济发展规划，摸索出适合本村的科学的、合理的、有前景的发展模式。

第二，规范农村集体资产管理。在注重发展壮大集体经济的同时，村集体资产的管理水平也要相应提高，通过高水平的管理，杜绝资产流失，让集体资产实现增收，使村集体经济又好又快发展。一是项目决策要充分民主。"四议两公开"制度要严格落实到集体资产有关的项目决策的每一个环节中，充分发挥群众智慧，避免出现决策"一言堂"，做到科学决策，从根本上保护村集体资产。二是财务审批制度要规范。对于村集体的支出金额，无论数量多少，都应严格执行联审联签机制，对于大金额的支出，还必须上村民代表大会讨论。在上会之前，首先由村"两委"班子讨论研究，再提交村民代表会集体研究，会上讨论同意支付后，再授权村支部书记和村主任联合审批，才可交予出纳支出。三是严格执行会计制度。注重会计档案管理，对于相关的会计资料，如账簿、凭证、单据等，必须严格归档，方便统一管理，并安排专门人员管理会计档案，充分保证村集体经济的账目规范化。四是严格执行村财公开。农村的财务支出情况必须每季度公开一次，让财务支出更加透明公开，提高村民参与度，提升其主人翁意识。

第三，提升资本运营能力及其资产增值效率。提倡村党组织书记担任村经济合作社负责人，负责谋划和推动发展农村集体经济。积极推进扶持、发展、壮大农村集体经济试点工作。改变一次性分发补偿款的方式，利用预留地补偿款，采取以资金入股参与企业分红或购置店面等可持续发展的固定资产等办法，壮大集体经济。实行委托经营，将集体闲置资源及从村民手中流转出来的土地以租赁的方式，委托给企业集约经营，同时由企业出资改善村民的生产生活条件，实现三方共赢。参与房地产开发，采取投资、合作、入股等方式在企业较为集中的地方建设厂房、商铺等，收取租金，拓宽收入来源。

第四，加大农村集体经济发展政策扶持力度。围绕新阶段的新目标，要不断创新村集体经济发展模式，积极探索村集体经济多种实现形式，鼓励村集体经济组织将闲置的资金用于购买商业店面或通过委托贷款等方式，与有关国有企业及社会资本合作经营，增加收益，切实增强农村集体经济发展的"造血"功能和综合实力。要调整、提高农村组织年运转经费；着力培育基层"党建示范点"，发挥辐射带动作用。要实施农民再就业培训工程。依托县、乡（镇）、村三级培训阵地对农村党员进行再就业培训，帮助农民掌握再就业技能，引导扶持就业创业，并与来岚企业建立双向对接，为企业输送员工。

第五，加强农村集体经济发展人才队伍建设。在促进集体经济发展中，要坚持"输血"型扶持与"造血"型帮扶相结合，强化内生动力的激活和发展潜力的挖掘。关键是打造一个好的"火车头"，提高村干部人才的素质能力。要抓好农村组织带头人的选拔，注重选出能力强、群众基础好、责任感高、威信高的人选，充当发展农村集体经济的"火车头"。选好"火车头"的同时，也要配套选出战斗力十足的农村"两委"班子，发挥基层组织的战斗堡垒作用，提升基层组织的战斗力。加大培训力度，不断提高基层干部的业务工作能力，不断拓宽基层干部的事业视野，丰富其专业知识水平，团结一切力量，广泛发动群众，共同推动村集体经济快速发展。

第四章 贵州省关岭县农村集体经济发展调研报告[①]

贵州省关岭县在探索发展壮大贫困地区集体经济方面取得了诸多值得借鉴的举措。依托发展生产脱贫一批、易地搬迁脱贫就业一批、社会力量帮扶脱贫"三大攻坚战",关岭县成功实现了全部脱贫的重要任务,同时也为发展壮大集体经济奠定了坚实的产业基础。在发展壮大集体经济方面,关岭县通过政策扶持、人才带动、特色产业、盘活资产等方面的举措,在农业特色产业、精准推进就业等方面取得了显著成效,探索出了资产资源盘活型、产业发展引领型、区域品牌推进型三种典型模式。通过调研,课题组总结出关岭县集体经济目前还存在着资产缺乏管理、缺乏带头人、意识薄弱、激励机制不健全四方面问题,并提出针对性的对策建议。

一、关岭县脱贫攻坚基本情况

关岭地处滇桂黔石漠化集中连片特困地区,属于典型的喀斯特岩溶地貌,国土面积1468平方公里,石漠化面积曾占42.5%,自然条件恶劣,土地破碎贫瘠,海拔落差1500多米。全县辖13个乡镇(街道)147个行政村,总人口40.42万人,少数民族占63.78%,民族村寨多位于深山区石山区,脱贫攻坚任务艰巨。2014年末,农村户籍人口349870人,建档立卡贫困人口24676户110802人,在88个贫困村中有35个深度贫困村。在党中央国务院和省市党委政府的坚强领导下,全县聚焦"一达标两不愁三保障",尽锐出战、精准扶贫、

---

① 执笔人:魏广成。

精准攻坚,自 2014 年以来,地区生产总值从 60.9 亿元增长到 94.67 亿元 (2018 年),农民人均可支配收入从 5986 元升到 9749 元,累计减少贫困人口 23156 户 105581 人,88 个贫困村全部出列,贫困发生率从 31.67% 下降到 1.49%。自脱贫攻坚工作开展以来,关岭县深入推进脱贫攻坚工作取得了显著的成效。通过打好发展农业产业、易地搬迁就业与社会力量帮扶"三大脱贫"攻坚战,为集体经济的发展奠定了坚实的基础。

(一) 全力打好"发展生产脱贫一批"持久战

把发展产业作为长效脱贫根本之策,抓牢"八要素",用好"五步工作法",纵深推进农村产业革命,实现"村村有产业、户户有增收门路",投入 8.5 亿元发展产业,覆盖带动贫困农户 23465 户。

第一,围绕优势特色,纵深推进产业革命。统筹使用涉农资金、专项扶贫资金、对口帮扶资金、产业发展基金和小额扶贫信贷等,实行"按图作战",深入推进结构调整和坝区建设。坚持"牛猪鹅菜果药+花椒+食用菌"为主导,突出"关岭牛+牧草"做大"一县一业",2019 年 9 月,全省肉牛产业发展现场会在关岭召开,围绕生猪养殖发展饲料构树,围绕低热河谷发展精品水果、蔬菜,围绕搬迁群众就业发展食用菌,以花椒和皇竹草为主,推进石漠化治理与产业发展"双赢",优势单品规模不断壮大,"一乡一特、一村一品"产业布局趋于合理。目前,关岭牛存栏 19.01 万头,年出栏 4.52 万头,牧草种植 10.5 万亩,生猪存栏 22.02 万头,家禽存栏 120 万羽,生态鱼 37 万尾,年轮种蔬菜 31 万亩,年培植食用菌 3300 万棒,精品水果面积 15.02 万亩、生姜 2.5 万亩、花椒 3.5 万亩,提质改造 1 万亩火龙果。

第二,围绕技术支撑,强化农民培训。坚持培训跟着产业走,围绕群众所需、产业所需提高技术服务的针对性,确保培训内容实用、技术方法管用。围绕主导产业,从高校引进专业技术人才 28 名,与安顺学院联合举办培训班,与贵州省农业科学院签订战略协议,聘请省内科研院校 16 名专家教授为产业问诊把脉。深入实施"万名农业专家服务三农行动",省市县专家团队深入一线,农民培训、技术服务落实到村、到合作社、到项目、到地块,累计培训农民 150 期 1.3 万人次,实地技术指导 8.2 万人次。

第三,围绕群众受益,强化党建引领。充分发挥基层党组织政治优势,选优配强以"能人强人"为核心的班子,把支部建在产业上,以"三变"改革为统揽,深化"塘约经验""大坝模式",创新"五户联保"模式,突出党建引领、合作社带动。村"两委"干部带资入股并领办"村社合一"合作社,入股资金 1700 万元，注入合作社的扶贫资金按 "721" 量化为股权联结贫困户，鼓励田秀才、土专家以技术入股，明确不同利益主体在产业链、利益链中的份额，推动 "抱团" 发展，产业用工、土地流转、收益分红等拓宽贫困户增收渠道。坚持 "强龙头、创品牌、带农户"，27 家省、市级龙头企业按 "公司+合作社+农户" 模式与合作社深度合作，大力培训县域市场主体，村集体经济实体化进程加快，全面消除 "空壳村"。

第四，围绕市场需求，打通产销渠道。校农结合全面推开，配送公司紧密衔接县内 97 所中小学、县外 9 所高职院校和 83 个农民专业合作社，配送县内蛋禽、肉产品占比 100%，蔬菜占比 61%。加大农超农企对接，拓展消费市场，在青岛、城阳设中心或专柜，贵阳设体验店或专区，订单规模不断扩大，农产品销量快速上升。与 "盒马鲜生" 合作，电子商务进农村培育经济新动力，2019 年电商销售同比增长 327.79%。

（二）全力打好 "易地搬迁脱贫就业一批" 持久战

按照 "应搬尽搬" 原则，彻底解决 "一方水土养不起一方人" 问题。

第一，精准确定搬迁对象。重点围绕贫困户和生产生活环境恶劣、有地质灾害隐患、50 户以下未通路的农户确定搬迁对象。

第二，全部实行集中安置。结合城镇化建设合理确定安置点选址，建成生态移民搬迁安置点 2 个，安置库区移民 620 户 2600 人，建成易地搬迁集中安置项目 14 个（县城 4 个、城镇 6 个、中心村 4 个），住房 5291 套，全面完成 4691 户 22140 人（贫困户 4165 户 19771 人）搬迁入住任务。

第三，完善 "五个体系" 提升管理服务水平。配套建设安置点中小学、幼儿园、卫生服务站和扶贫车间，满足搬迁群众就近入学、就医、就业需求。以党建为引领、以就业为重点加快 "五个体系" 建设，推进管理服务能力提升，确保搬迁群众 "搬得出、稳得住、能脱贫"。培训群众 10897 人次，实现就业创业 8826 人，有劳动力搬迁家庭实现至少一人稳定就业。

第四，强化平台建设，提升就业服务水平。与城阳区、观山湖区建立协作关系，贫困劳动力输出和转移就业 38027 人。整合资金建成 22 个扶贫车间，吸纳就业 750 人，让群众就近就业和居家就业。整合资源开发公益性岗位、机关单位扶贫专岗、就业扶贫援助岗位等 3148 个，推进贫困户就业增收与公共服务管理 "双赢"。累计发放创业担保贷款 6592.68 万元，一次性创业补贴 171.9 万元，培训补贴 118.16 万元，金融支持社会创业带动就业 2977 人（贫困户 1217 人）。

(三) 全力打响"社会力量帮扶脱贫"大会战

充分利用帮扶城市和帮扶单位优势资源补齐自身短板，社会帮扶出实招、见实效。青岛城阳与关岭携手共进，推动扶贫协作向深层次、多领域、全方位发展。在互访交流方面，2019年，党政主要领导互访、召开联席会议4次，率队洽谈协作事宜20次，互派副县级干部挂职2人，分工聚焦扶贫协作。在人才支援方面，派往关岭支医、支教、科技骨干25人，开展技术技能、师生心理健康和党政干部培训37期2637人。在资金投入方面，2019年投入帮扶资金1.06亿元，城阳区所辖街道援助资金240万元，社会各界捐赠596万元，安排实施教育、产业、残疾人帮扶等项目52个，消费扶贫金额1344万元。在产业合作方面，新签约青岛铜扣冠等3家企业，往年项目完成投资4.44亿元，项目带动脱贫610人，与青岛安之源公司合作4000亩构树产业，"3+2"模式见成效，年产构树饲料500余吨，农户分红27.7万元，7个村集体有进账。在劳动协作方面，援建6个扶贫车间提供130个就业岗位，带动居家就业300人，帮助贫困人口稳定就业1257人。在结对帮扶方面，城阳区街道、社区、企业、社会组织，与关岭乡镇（街道）、村、医疗机构、学校签订108份帮扶协议。省人社厅、航空工业集团、贵州磷化集团等社会帮扶力量共同发力，在政策、资金、项目上给予了大力支持，共投入帮扶资金1.87亿元，分批选派副处级以上干部挂职，派出60名驻村帮扶干部和支教老师。

二、关岭县农村集体经济发展主要举措

(一) 关岭县发展壮大集体经济的基本情况

农村合作社是关岭县村集体经济发展的主要载体。截至2022年6月底，关岭县经市场监管局注册登记的合作社775家，"村社合一"合作社143个。从2021年集体经济的发展情况来看，关岭县村集体经济收入在5万元以下的有0个，5万~10万元的农村有5个，10万~20万元的农村有22个，20万~50万元的农村有48个，50万~100万元的农村有22个，100万元以上的农村有46个，如表4-1所示。

表4-1 2017~2021年关岭县各农村集体经济组织收入情况统计　　单位：个

年份	5万元以下	5万~10万元	10万~20万元	20万~50万元	50万~100万元	100万~500万元	500万~1000万元
2017	3	65	24	25	9	17	0
2018	3	46	25	30	13	26	0
2019	2	10	34	37	15	33	0
2020	0	13	30	43	18	39	0
2021	0	5	22	48	22	45	1

资料来源：根据访谈资料整理。

（二）关岭县发展壮大集体经济的主要举措

第一，加强政府引导，完善政策扶持。关岭县在脱贫攻坚期间，紧紧围绕特色产业和资源禀赋，因地制宜发展主导产业，印发《关岭自治县发展壮大农民专业合作社助推脱贫攻坚三年行动方案》和《关岭自治县壮大发展农民专业合作社工作方案》，提出了发展壮大合作社的总体目标、行动计划及保障措施。为消除"空壳村"，从2017年起由县财政拨付专款向全县50个深度贫困村各注入壮大村集体资金100万元，共注入财政资金7000万元，为发展壮大农村集体经济提供了资金保障。

第二，坚持党建引领，实施人才带动战略。在农村组织配备中，各乡镇（街道）将懂农业、爱农村、善经营的农村致富带头人选拔到村"两委"中来，既最大限度地发挥了基层党组织的战斗堡垒作用，又建立起系列议事决策工作机制，推选农村致富带头人参与农村合作社经营管理，保证了合作社与村集体组织的同向同力、互促共进，壮大发展农村集体经济。如普利乡马马崖村选聘退伍军人、安顺市十佳农民卢长勇担任支书带领全村发展关岭牛养殖、花椒种植等产业；断桥镇戈尧村选聘致富能手杨文海担任村支书，带领村集体合作社大力发展精品水果（五星枇杷），壮大村集体经济；上关镇宜所村选聘退伍军人杨兵担任支书，依靠坝区优势发展蔬菜种植，壮大集体经济；等等。

第三，突出优势产业，扎实推动村集体经济高质量发展。关岭县在产业发展中，紧扣农产品精深加工、产业链延伸、附加值提高、农产品加工转化率提升，着力推进一二三产业融合发展。首先，加快构建山地农业产业体系。严防死守耕地红线，杜绝耕地"非粮化"，遏制土地"非农化"，推进山地特色种植业规模不断发展壮大，依托"关岭牛"品牌全力打造生态畜牧业强县，林业经济和生态效益同步提升。花椒种植面积11万亩、精品水果16.4万亩、商品化蔬菜种植18.08万亩、食用菌种植1470万棒、茶叶1.95万亩、中药材1.3万亩，牛存栏15.39万头、出栏1.74万头，生猪存栏14.45万头、出栏7.34万头，羊存栏3.16万只、出栏2.63万只，生态家禽存栏86.5万羽、出栏38.3万羽。其次，林业产业和林下经济提质扩面。用好地方公益林、国储林和商品林地，加大林业资源开发利用力度。调整优化林业结构，大力发展花椒、干（坚）果、花卉苗木、木本中药材等特色林业产业，林下经济利用林地面积达12.82万亩，林下经济全产业总产值1.72亿元。花椒种植从2020年的5万亩增加到2021年的11万亩，花椒种植面积三年增加了266.7%，2021年投入550万元实施花椒产业提质增效1.2万亩。最后，实施科技赋能强农工程。加强现代农业产业技术体系建设，围绕全县九大农业特色优势产业，组织实施现代山地特色高效农业科技支撑项目。成立13个巩固拓展脱贫攻坚成果同乡村振兴有效衔接农业产业技术服务指导组开展技术服务指导与培训。2021年全县选派科技特派员14名服务88个村，2022年围绕肉牛、食用菌、大豆、大宗蔬菜、柑橘、肉羊及牧草产业，国家选派科技特派团26人服务关岭，通过科技服务支撑不断壮大村集体经济。

第四，盘活"三资"助力村集体经济持续稳定发展。首先，加强扶贫资产清理排查，充分发挥扶贫资产在助力村集体经济发展中的作用。在脱贫攻坚期间，各级各部门投入大量资金实施扶贫产业项目，为确保扶贫资产进一步发挥好作用助力村集体经济持续增长，关岭县在中央和省、市的统一安排部署下，不断加强扶贫资产排查、登记和管理，纵向以扶贫资金项目走向为主线，成立"三级摸排、两级审核"机制。县、乡、村三级全面铺开，分类分年度建立经营性资产、公益性资产、到户类资产台账。截至目前，关岭县共排查扶贫项目1302个，已摸排项目资金总规模20.89亿元，形成扶贫资产1841项，形成资产原值合计18.26亿元。对经营性资产加大管护和运营力度，助力村集体经济持续稳定增长。其次，盘活村集体资源助力村集体经济持续发展。关岭县地处滇桂黔石漠化集中连片特困地区，属于典型的喀斯特岩溶地貌，土地较为破碎，规模化生产程度不高。为此，关岭县充分挖掘现有资源，围绕脱贫攻坚期县委政府产业发展定位，以"关岭牛"和花椒两大产业为抓手，大力发展清洁能源为补充，将石漠化荒山出租利用实施分带轮牧养殖"关岭牛"、种植"板贵花椒"和光伏发电等清洁能源项目，使全县石漠化资源得到很好利用，村集体经济收入持续稳定。最后，变群众资金为股金，充分调动群众参与产业发展的积极性。利用中央、省和市县财政衔接资金补助政策，吸引能人、群众积极参与产业发展,将群众的资金作为产业发展的股金,财政衔接资金给予适当补助,在产业发展中建立好利益联结机制,确保脱贫人口分红收入的同时确保村集体经济也有一定的收益,促使村集体经济发展后劲更足,群众增收渠道更广。

(三)省市县关于发展壮大集体经济的政策沿革

集体经济组织是推进组织振兴的重要力量。实践证明,坚持发展壮大集体经济,推动新型农业经营主体助农增收,是实现小农户与现代农业发展有机衔接的重要举措,也是实现贫困地区集体经济发展壮大的重要途径。近年来,贵州省委、省政府高度重视贫困地区集体经济发展工作,对农村集体产权制度改革与发展壮大集体经济作出多项重要部署。

2014年,贵州省人民政府印发《关于培育发展壮大农村集体经济若干政策措施的意见》,指出要突出示范引领的作用,培育一批人均纯收入超万元、集体经济收入超百万元的示范村。2020年,中共贵州省委、贵州省人民政府印发的《关于抓好"三农"领域重点工作 确保如期实现全面小康的意见》中明确指出,要深化农村集体产权制度改革,推进"三变"改革向纵深拓展,以土地流转、务工收入、股份分红等形式拓宽农民增收渠道。同年,贵州省印发《农村集体经济组织登记赋码工作实施方案》,要求各级各部门要做好农村集体经济组织登记赋码工作,确保农村集体经济组织开展经营管理活动,为集体经济组织运营提供制度基础。同年,贵州省印发《农村集体经济组织示范章程》,为集体经济组织的运营提供基本的制度规范。2021年,中共贵州省委、贵州省人民政府印发的《关于全面推进乡村振兴加快农业农村现代化的实施意见》中指出,要拓宽盘活农村集体资源资产路径,创新集体资产运营机制和模式,发展壮大新型农村集体经济,提高集体经济经营水平和资产价值。2022年,中共贵州省委、贵州省人民政府印发的《关于做好2022年全面推进乡村振兴重点工作的实施意见》指出,要推进经营性资产股份合作制改革,将农村集体经营性资产以股份或者份额形式量化到本集体成员。如表4-2所示。

表4-2 近年来贵州省委、省政府关于推动贫困地区集体经济发展的相关政策

年份	文件名称	主要内容
2014	贵州省人民政府关于培育发展壮大农村集体经济若干政策措施的意见	激活农村各类生产要素潜能,努力培育一批人均纯收入超万元、集体经济收入超百万元的示范村,壮大农村集体经济实力,增加农民收入,实现民富村强

续表

年份	文件名称	主要内容
2020	贵州省农村集体经济组织登记赋码工作实施方案	做好农村集体经济组织登记赋码工作，确保农村集体经济组织开展经营管理活动
2020	贵州省农村集体经济组织示范章程	指导全省农民专业合作经济组织建设，规范农民专业合作经济组织的管理
2020	中共贵州省委 贵州省人民政府关于抓好"三农"领域重点工作 确保如期实现全面小康的意见	深化农村集体产权制度改革，推进"三变"改革向纵深拓展，以土地流转、务工收入、股份分红等形式拓宽农民增收渠道
2021	中共贵州省委 贵州省人民政府关于全面推进乡村振兴加快农业农村现代化的实施意见	依法确定农村集体经济组织的特殊法人地位，通过推动集体股份经济合作社与企业合作，使其成为农村产业革命的主力军。拓宽盘活农村集体资源资产路径，创新集体资产运营机制和模式，发展壮大新型农村集体经济，提高集体经济经营水平和资产价值
2022	中共贵州省委 贵州省人民政府关于做好2022年全面推进乡村振兴重点工作的实施意见	推进经营性资产股份合作制改革，将农村集体经营性资产以股份或者份额形式量化到本集体成员。对财政资金投入农业农村形成的经营性资产，鼓励各地探索将其折股量化到集体经济组织成员

资料来源：根据相关文件整理。

安顺市也高度重视贫困地区发展壮大集体经济的相关工作。脱贫攻坚任务结束以来，各部门的工作重点转移到乡村振兴工作中来。为了推动集体经济在助农增收与乡村振兴中发挥更充分的作用，安顺市颁布了多项政策文件旨在推进贫困地区集体经济发展。2021年，安顺市人民政府印发的《关于安顺市"十四五"巩固拓展脱贫攻坚成果同乡村振兴有效衔接规划的批复》中明确指出，要扎实做好农村集体经济发展这一项重点工作。2021年，安顺市人民政府办公室转发的《市乡村振兴局市委农村工作领导小组办公室市财政局关于加强扶贫项目资产后续管理的工作方案的通知》中明确要求，要全面摸清扶贫项目资产底数，将扶贫项目资产合理纳入村集体资产管理体系或国有资产管理体系实施分类管理。同年，安顺市乡村振兴局印发的《关于加强扶贫项目资产后续管理的工作方案》指出，加强对各级财政资金投入形成的扶贫项目资产后续管理，持续发挥扶贫项目资产效益，巩固拓展脱贫攻坚成果，全面推进乡村振兴。2022年，安顺市人民政府办公室印发的《安顺市创新财政涉农产业资金投入推动农业产业高质量发展实施方案（试行）》中明确强调，要保障集体经济组织与农户的利益，指出地方农投公司获得的收益以"4411"比例再分配，40%用于项目区农户分红，40%用于地方农投公司资本收益，10%用于村集体经济（村集体合作社），10%用于防返贫监测对象。如表4-3所示。

表 4-3　近年来安顺市关于推动贫困地区集体经济发展的相关政策

年份	文件名称	主要内容
2021	安顺市人民政府关于安顺市"十四五"巩固拓展脱贫攻坚成果同乡村振兴有效衔接规划的批复	扎实做好农村集体经济发展等重点工作
2021	安顺市人民政府办公室转发市乡村振兴局市委农村工作领导小组办公室市财政局关于加强扶贫项目资产后续管理的工作方案的通知	全面摸清扶贫项目资产底数，将扶贫项目资产合理纳入村集体资产管理体系或国有资产管理体系实施分类管理
2021	安顺市乡村振兴局关于加强扶贫项目资产后续管理的工作方案	加强对党的十八大以来使用各级财政资金投入形成的扶贫项目资产后续管理，持续发挥扶贫项目资产效益，巩固拓展脱贫攻坚成果，全面推进乡村振兴
2022	安顺市人民政府办公室关于印发《安顺市创新财政涉农产业资金投入推动农业产业高质量发展实施方案（试行）》的通知	地方农投公司获得的收益以"4411"比例再分配，40%用于项目区农户分红，40%用于地方农投公司资本收益，10%用于村集体经济（村集体合作社），10%用于防返贫监测对象

资料来源：根据相关文件整理。

关岭县同样非常重视贫困地区发展壮大集体经济的相关工作。为了推动集体经济发展，关岭县颁布了多项政策文件旨在推进贫困地区集体经济发展。2018年，关岭自治县人民政府办公室印发的《关岭自治县壮大发展农民专业合作社工作方案》中明确指出，要构建全覆盖的"村社一体"合作社体系。2021年，关岭自治县扶贫开发领导小组印发的《关岭自治县扶贫资产管理办法（试行）》指出，全面加强扶贫资金投入形成资产的管理，防止资产流失，切实管好用活扶贫项目资产，巩固和拓展脱贫攻坚成果，推动脱贫攻坚与乡村振兴有效衔接。同年，关岭自治县人民政府印发的《高质量推进易地扶贫搬迁后续扶持工作实施方案》中指出，要鼓励和支持安置区成立集体经济组织，促进集体经济组织标准化建设、规范化管理、高效化运营，扶持安置区发展社区集体经济。如表4-4所示。

表 4-4　近年来关岭县关于推动贫困地区集体经济发展的相关政策

年份	文件名称	主要内容
2018	关岭自治县人民政府办公室关于印发关岭自治县壮大发展农民专业合作社工作方案的通知	加强对合作社的管理与引导，构建全覆盖的"村社一体"合作社体系
2021	关岭自治县扶贫开发领导小组关于印发《关岭自治县扶贫资产管理办法（试行）》的通知	全面加强扶贫资金投入形成资产的管理，防止资产流失，切实管好用活扶贫项目资产，巩固和拓展脱贫攻坚成果，推动脱贫攻坚与乡村振兴有效衔接

续表

年份	文件名称	主要内容
2021	关岭自治县高质量推进易地扶贫搬迁后续扶持工作实施方案	鼓励和支持安置区成立集体经济组织，促进集体经济组织标准化建设、规范化管理、高效化运营，扶持安置区发展社区集体经济

资料来源：根据相关文件整理。

三、关岭县农村集体经济发展主要成效

（一）关岭县发展壮大集体经济的主要成效

近年来，关岭县以村集体经济组织为抓手，统筹推进集体经济发展，在农业特色产业、精准推进就业、强化资金监管、推进对口帮扶、构建示范村制度、人才内生动力六个方面取得了显著成效。同时还探索出资产资源盘活型、产业发展引领型、区域品牌推进型等典型发展模式。

第一，集体经济发展农业特色产业。以村集体经济为载体，紧扣精深加工、产业链延伸、附加值提高、农产品加工转化率提升，着力推进一二三产业融合发展，推动集体经济发展壮大。首先，加快构建山区农业特色产业体系。严防死守耕地红线，杜绝耕地"非粮化"，遏制土地"非农化"，推进山地特色种植业规模不断发展壮大，依托"关岭牛"品牌全力打造生态畜牧业强县，林业经济和生态效益同步提升。花椒种植面积11万亩、精品水果16.4万亩、商品化蔬菜种植18.08万亩、食用菌种植1470万棒、茶叶1.95万亩、中药材1.3万亩，牛存栏15.39万头、出栏1.74万头，生猪存栏14.45万头、出栏7.34万头，羊存栏3.16万只、出栏2.63万只，生态家禽存栏86.5万羽、出栏38.3万羽。其次，支持村集体发展林业产业和林下经济。调整优化林业结构，以集体经济组织为载体，大力发展花椒、干（坚）果、花卉苗木、木本中药材等特色林业产业，林下经济利用林地面积达12.82万亩，林下经济全产业总产值1.72亿元。花椒种植从2020年的5万亩增加到2021年的11万亩，花椒种植面积三年增加了166.7%，2021年投入550万元实施花椒产业提质增效1.2万亩，2022年以来已完成花椒提质增效3000亩。最后，实施科技赋能强农工程。加强现代农业产业技术体系建设，围绕全县九大农业特色优势产业，组织实施现代山地特色高效农业科技支撑项目。成立13个巩固拓展脱贫攻坚成果同乡村振兴有效衔接农业产业技术服务指导组开展技术服务指导与培训。2021年全县选派科技特派员14名服务88个村集体，2022年围绕肉牛、食用菌、大豆、大宗蔬菜、柑橘、肉羊及牧草产业，国家选派科技特派团26人服务关岭。

第二，村集体精准推进农户就业。关岭县全力推动集体经济发展壮大，同时做好脱贫不稳定人口和易地搬迁人口等稳岗就业工作，确保家庭收入稳定、持续。首先，实施职业技能培训。围绕市场用工需求，各个乡镇政府统筹各个村集体组织开展电焊工、电工、挖机、关岭中药材营销培训。截至2022年7月底，该项目已经培训2324人，包含脱贫农民591人、易地搬迁农民195人。其次，推动构建就业创业服务平台。全县劳动力18.61万人，截至目前实现就业创业16.86万人，其中，县内6.12万人、县外省内1.82万人、省外8.92万人。全县农村劳动力17.23万人中，实现就业创业的有15.55万人，包括县内5.42万人、县外省内1.52万人、省外8.61万人，依托劳务公司、村（社区）就业服务站等平台，村"两委"、驻村工作队加大线上线下宣传力度，劳务输出组织化程度达70%以上。最后，帮扶车间带动就业。加大就业帮扶车间吸纳就业力度，促进群众实现家门口就业，目前就业帮扶车间12个，带动就业711人，其中245个脱贫户。此外，乡镇政府2022年还通过整合扶贫资金、就业专项资金等方式，通过清退、保留、新增等保持乡村公岗稳定。截至目前，已经提供乡村公岗人员5612人，兑现补贴1052.04万元。

第三，强化集体资金监管力度。一方面，提高资金使用效率。2022年以直接发展产业、量化入股、发展村集体经济等方式，紧紧抓住"关岭牛"和中药材两大特色优势产业培育壮大，延伸到茶叶、精品水果等优势产业做强，完善产业配套设施，推动产业发展，强化产业带动就业，确保低收入群体稳定增收。另一方面，全面盘活集体资产。对财政资金、对口帮扶和定点帮扶资金、社会捐赠资金等形成的资产进行全面清查，全力盘活闲置资产，确保集体资产实现保值增值，严防损失浪费。截至2022年6月底，共排查前期积累的扶贫项目1302个，已摸排项目资金208912.32万元，其中形成资产的项目资金总规模188299.20万元。

第四，全面推进对口协作帮扶制度。积极与广州市花都区对接，建立新型对口帮扶协作关系，两地党政代表团和教育、医疗、人社等领域积极行动，快速建立了紧密协作关系。一方面，与广州花都深入对接。两地互派党政挂职干部7人，互派教育、医疗专业技术人才20人开展交流学习。花都区下辖街道、村、企业、学校、医院分别与关岭乡村振兴重点乡镇、51个行政村、40个学校、15个医疗机构"结对子"。另一方面，确保项目谋划精准。围绕东西协作考核指标内容，结合关岭"三县一中心"建设实际，谋划2022年东西部协作资金项目20个，资金共计5000万元，其中产业帮扶项目安排6个，投入2780万元，占55.6%；围绕考核指标安排项目14个，投入2220万元，占44.4%。

第五，积极构建示范村集体制度。首先，着力推进示范村镇建设。根据全县行政村自然条件、经济基础、区位优势、资源禀赋、产业发展、基层组织等情况，确定乡村振兴引领示范村31个、重点推进村68个、重点帮扶村47个，乡村振兴引领示范乡镇3个、重点推进乡镇6个、重点帮扶乡镇4个。其次，重点以规划引领集体经济发展。制定《全面推进乡村振兴五年行动方案》《盘活乡村振兴领域"三资"化解债务专项行动方案》等六个专项行动方案，全力实施巩固拓展脱贫攻坚成果、发展乡村产业、农村人居环境整治提升、推进乡风文明建设、加强乡村治理"五大行动"和"六个专项行动"，为实现集体经济发展打下坚实基础。最后，建立示范试点建设工作联席会议制度。明确5个市级示范点和5个县级示范点包保县领导、包保企业、包干单位、驻村规划师和产业指导员等，整合各方面资源要素打造特色田园乡村·乡村振兴集成示范点。

第六，以人才推进集体经济发展。坚持发展集体经济关键在人的理念，聚焦"引、育、用"三大环节，不断做大人才队伍总量、促进变量、盘活存量。首先，引导各类人才到村集体就业创业。做大农村人才总量。紧盯基层一线，鼓励支持急需人才流向农村扎根农村服务农村，通过人才补贴、专项招考等方式，鼓励引导76名本土大学毕业生和优秀人才到集体经济组织任职，村干部队伍学历、年龄实现"一升一降"。紧盯关岭牛产业实用技术人才不足问题，以培养养牛大村专职副主任或村合作社负责人为目的，动员17名关岭籍高职在校生到各大养牛场进行实训锻炼。其次，充分挖掘村集体的人才优势。向基层"问需"、向部门"问意"、向结果"问效"，精准选派驻村工作队，形成能人强人与村干部"互补"之势。从致富能人、退休干部、离任村干部、退伍军人、老党员中推选898人，按照"一村至少一团"原则组建乡村振兴"智囊团"，加大政策宣传和矛盾纠纷化解力度。7名企事业单位专业技术人才离岗到村创办企业或领办合作社，带动就业5000人。最后，提升村集体的人才内生动力。"订单式"培养，有效提升人才队伍能力素质。办好领头雁"提升班"，与安顺职业技术学院联合办班，对217名村支书、村主任进行乡村振兴专题培训，定制畜牧兽医中技班培养"养殖能手"31名、农村医学班培养村医57名。

(二) 关岭县发展壮大集体经济的典型模式

近年来，关岭县通过不断探索发展壮大集体经济的有效实现形式，现已总结出资产资源盘活型、产业发展引领型、区域品牌推进型三种典型模式。

第一，资产资源盘活型。整合农村各类资源，采取集体单独或吸收其他资金参股联合的方式，合理开发集体山林、鱼塘、滩涂、"四荒地"等，将自然资源转化为发展优势；利用存量资产，采取承包、租赁、联营、股份合作等方式进行要素重组，盘活现有经营性资产，促进集体资产保值增值，增加集体经济收入。关岭自治县普利乡以全县大力推动新能源行业快速发展为契机，依托自身山区特点、区位优势和气候条件，境内一个又一个的"水电站、风能发电场、光伏发电场"电力项目落地建设，为当地经济发展注入强劲动力。关岭马马崖一级水电站位于北盘江中游，是贵州省"西电东送"重点建设项目之一，该项目于2009年落地建设，2012年投入使用，年平均发电量达15亿千瓦时。新能源项目的落地建设不仅带动了全县的税收，更提供了众多就业岗位，为不能外出或不愿外出务工的群众提供增收渠道和就业保障。

第二，产业发展引领型。合理配置土地、资金、技术、信息、劳动力等资源，培优做强主导产业，培植壮大经济增长点；依托农业示范区、工业发展区、商贸服务区和集中居住区等，由集体投资兴建厂房、商铺、库房等，通过自主经营、发包经营、联合经营等形式，促进产业转型升级，推动集体经济发展。以关岭自治县上关镇落哨村的"芭蕉+蔬菜"套种产业扶贫示范园为例，该园区是关岭全县产业脱贫攻坚战主推项目之一，总投资70万元，其中财政扶贫资金50万元，村集体资金10万元，农户芭蕉林折资40万元，种植面积共400亩。园区以"村社一体"为引领，以贫困户为主体，采用"村集体+合作社+园区+贫困户"的组织形式，农户将芭蕉林入股合作社参与发展，实行公司化经营，走"党建引领、合股联营、抱团发展、长短结合"的产业发展之路。2017年按"以短养长、以矮养高"种植模式，集中连片种植400亩生态芭蕉长产业，套种300亩蔬菜短产业，其中莲花白、大白菜、青菜各种植了100亩。现都已进入采摘期，平均亩产3000斤，预计总产量能达90万斤，按目前市场价销售，300亩蔬菜预算能收益72万元。

第三，区域品牌推进型。通过党建引领、干部带动、群众参与等，培强地方特色品牌，发挥品牌效应，集聚各类要素，激发集体经济发展内生动力。关岭县大力发展"关岭牛"品牌，以关岭县牛产业投资有限公司为引领，以"龙头企业+品牌+合作社+基地+农户"经营模式，带动集体经济组织与农户经营关岭牛特色产业，现已辐射5个乡镇的49个村、6500户农户，年可增加集体收入5000多万元、户均增收1.1万元。以石板井村为例，石板井村充分利用当地气候优势，调结构，谋发展，着力发展关岭牛、提子等优势产业。在村"两委"的带领下，结合该办事处扶贫产业发展规划，成立关岭自治县民富种植农民专业合作社，采取"村集体经济+合作社+农户（精准扶贫建档立卡贫困农户）"的运作模式，建成生态农业观光园、164.1亩的温克提子种植园、民富种植养殖合作社"关岭牛"养殖基地，贫困农户（精准扶贫建档立卡贫困农户）。同时建立一个养牛场，鼓励村民参与合作社发展养殖业，目前已购入195头能繁母牛。2016年实现村集体经济经营性所有收入，合作社明确"村集体经济+合作社+农户（精准扶贫建档立卡贫困农户）"利益分配机制，实现资源变资产。壮大村集体经济的同时贫困户通过入股分红形式实现增收，脱贫攻坚成效明显。

四、关岭县农村集体经济发展问题与建议

（一）关岭县发展壮大农村集体经济现存问题

尽管关岭县在发展壮大贫困地区集体经济的过程中做出了诸多探索，取得了显著的成效，但是存在着一些亟待解决的问题，需要在将来的工作中进一步完善与改进。

第一，农村集体资产缺乏有效监督管理。关岭县集体经济相对较为薄弱，各方面制度都有待完善，监督管理机制尚不健全，内部监管和外部监管仍然有待进一步加强。农村集体经济较为薄弱，农村地区的资产监管机制也不成熟。农村集体经济发展过程中必须建立内部和外部监督管理机制，否则人民群众的集体利益无法得到保障。从关岭县的情况来看，目前关岭县仅仅对扶贫资金与发展壮大集体经济帮扶资金进行了严格的管理，但对于村集体原有的资产，管理力度仍然较低。另外，关岭县村集体经济组织的法人大多由村干部担任，由于村"两委"承担的公共服务过多，很难有更多精力投入到村集体产业发展，造成农村集体资产台账管理、经济合同管理不规范。有的村集体经营性资产运营管理能力不强，经营性收入还需加强。

第二，农村集体经济组织缺乏产业领头人。大量农村能人外出务工，难以选出乐于奉献、致富能力强、市场化思维强，有志于造福村集体经济的产业领头人。例如，当前关岭县经济与沿海城市相比仍然存在差距，大量青壮年和有

文化有能力的大学生都外出务工，剩余在村的多为老人、妇女、儿童，很难选出合适的集体经济组织带头人，发展农村产业。农村经济发展人才匮乏的原因有很多：一是农村地区发展前景不如城市地区；二是农村地区人才待遇不如城市地区；三是农村地区人才晋升通道堵塞。因此，农村地区人才不断流失，虽然农村地区也能够源源不断产生人才，但是农村地区的人才基本都会留在城市地区生活。关岭县外出就业的农民工比例高达60%，适龄劳动力外出就业的比例较高，难以找到合适的农村集体经济组织产业领头人。

第三，集体经济发展意识薄弱。乡村振兴战略是近十几年的工作重点，但是很多基层党组织工作成员经济发展意识薄弱，认识不到农村集体经济的发展潜力，不具备发展农村集体经济的能力。农村选拔上来的基层党组织成员文化素养参差不齐，很多农民文化素养达不到城市地区基层党组织成员的平均水平，导致这些党组织成员对新生事物的接受能力比较差，很多农民对农村集体经济发展也抱有质疑态度。村基层党组织干部的致富能力不足，在发展农村集体经济过程中无法起到领军带头作用。尽管关岭县对扶持壮大集体经济给予了大量支持，但从成效来看，收入主要以出租收入为主。换言之，关岭县集体经济的产业化发展水平依旧较为滞后。

第四，发展集体经济激励机制不健全。目前，镇宁县农村集体经济管理激励机制不完善，普通村民的参与主动程度不高；部分集体经济经营管理人员在工作中往往缺乏更具有效性的集体激励，对农村基本资源的利用综合管理开发、资本的管理综合利用与农村财政资金的经济管理综合运行等工作缺乏较强社会主体责任感与管理主动性，限制了集体经济管理发展的潜力。目前，关岭县集体经济产业仍然较为缺乏，以资产租赁收入为主，缺乏多元化的产业。

（二）关岭县发展壮大农村集体经济的政策建议

根据关岭县发展壮大集体经济过程中存在的问题，本章提出针对性的对策建议以供参考。

第一，完善集体资产监管机制。首先，要建立完善的组织架构，对于集体经济发展过程中有关项目需要制定方案，避免出现较多的问题。在项目开始前需要对项目开展的风险进行分析，并能够制定合适的风险控制措施，科学合理地控制潜在风险。明确各个部门乡村要明确各组织岗位职责，政府人员以及村委会干部成员能够肩负起相关责任，避免出现推诿扯皮的现象，提高农村集体经济的信誉度。其次，建立完善的规章管理制度与监管体系，为决策工作奠定基础，加快农村经济发展。村委会要保证农村财务公开化、透明化，加强对农村资源以及财产的监管力度，保证农民群众正常权益，接受所有人员的监督。最后，可以制定奖惩机制，根据对集体经济发展做出的贡献，实行积分制，贡献较大的可以颁发奖金，对于怠政懒政的个人或干部也要进行一定的处罚。

第二，建立集体经济组织人才培养制度。在乡村振兴战略背景下，想要农村集体经济发展，就需要纳入大量的优秀人才，结合当前先进的科学技术，为农村集体经济发展开辟创新路径。在实际工作中，相关部门的工作人员必须要熟练掌握各种类型的机械操作，同时对国家颁发的有关优惠政策有着正确的认知，将更多的劳动力吸引到新技术的投入使用中，从而保证集体经济发展的良好效益。对于当地农民群众文化素质普遍较低的现状，政府相关部门要加强培训力度，让农民群众了解到更多的精准扶贫政策，将落后的思想观念及时摒弃，树立良好的致富意识。在人才培养方面，可以结合"引进来"的方式，具体指的就是吸引走出农村的人才回乡发展。乡村振兴战略的实施离不开人才的作用，这就需要改变传统人才单向流动的趋势，强化回乡创业扶持力度，制定一系列惠农政策，从而吸引素质高、懂经营、会技术的人才回乡发挥自身价值，在青年人才的带领下发展农村集体经济。

第三，转变集体经济组织带头人的思想意识。想要提升农村集体经济的发展质量，就必须要强化广大农民群众对农村集体经济的认知，政府相关部门有必要加强这方面工作的重视程度，定期组织专业的人员步入基层开展培训教育活动，让农民群众能够真正了解集体经济的内涵和重要性，了解农村集体经济未来的发展构想，提高农民群众对农村集体经济发展的重视度。也可以把一些地区农村集体经济发展的成功事例引入其中，带领当地带头人员进入实地进行考察和学习，构建"先富带后富"的发展模式。农村集体经济发展策略需要依照农村发展需求，遵循因地制宜的发展原则，结合自身的发展规律，而不是盲目地模仿某一地区，这样才能够创新出科学合理的集体经济发展道路。

第四，建立健全发展集体经济激励机制。建立健全村财增收工作机制，充分发挥机制导向和激励作用，全方位支持和推动农村集体经济发展壮大。一是建立挂钩联系机制。继续实行县处级领导和县直部门挂钩、县乡驻村干部联系制度，各乡镇也建立挂钩联系制度，明确工作职责和具体分工，形成县、乡、村三级联动工作格局。二是坚持"一村一策"机制。对不同区位条件、资源优势、基础设施、主导产业的村进行分门别类的梳理，并建立工作台账，明确增收措施、完成时限和责任人员。三是完善考核奖惩机制。将村财增收工作摆上党委政府议事日程，主要领导亲自抓，纳入乡镇、村两级干部年终考核体系，并作为乡镇、村两级党组织书记抓基层党建述职评议考核的重要内容。

第五章　贵州省盘州市农村集体经济发展调研报告[①]

盘州市是由贵州省直辖、六盘水市代管的县级市，地处云贵两省交界，是贵州的西大门，被誉为滇黔锁钥、川黔要塞。盘州面积4056平方公里，境内有2个省级开发区，1个市级产业园区，下辖14镇6街道7乡，530个村（居），聚居着汉、彝、苗、白、回等29个民族，户籍总人口133.85万人，根据第七次人口普查数据，盘州常住人口107万人。盘州市历史文化悠久，交通区位优势突出，矿产资源富集，作为一座以煤炭资源闻名全国的工业城市，盘州是"西电东送"和"黔电送粤"的重要电源点，更是中国南方能源战略基地，素有"煤电之都""金三角下的一颗明珠"之称。同时当地旅游资源丰富；气候舒适宜人，生态环境优美，是世界古银杏之乡；是贵州面向云南和东南亚开放的桥头堡；是中国南方能源战略基地；是云贵交通、能源、商贸、物流、旅游的重要节点。

自2019年以来，贵州省人民政府正式批准盘州退出贫困县序列脱贫摘帽后，盘州先后荣获全国最美生态旅游示范县、美丽中国示范县称号，入选首批国家全域旅游示范区，被评为2019年度全国综合实力百强县市，入选2019年度全国投资潜力百强县市，被评为2019年度全国绿色发展百强县市、2019年度全国新型城镇化质量百强县市、2019中国西部百强县市，2022年入围2022年全国县域旅游综合实力百强县。2021年，全市全年地区生产总值639.39亿元，同比增长10.1%。第一产业增加值74.85亿元，同比增长7.2%；第二产业增加值335.07亿元，同比增长13.2%，其中，工业增加值291.29亿元，同比增长15.2%，第三产业增加值229.46亿元，同比增长6.9%。人均地区生产总值59645元，同比增长10.2%。全国县域经济基本竞争力百强县（市）连续8年

---

① 执笔人：谢东东。

进位，排名第 61 位，综合实力持续提升。

盘州作为我国农村"三变"改革的发源地，近年来，积极深化农村集体产权制度改革，不断推动农村集体经济发展壮大。该县深入贯彻落实习近平总书记关于"三农"工作重要论述，认真贯彻落实中央和省、市安排部署，守底线、抓衔接、促振兴，推动脱贫攻坚与乡村振兴有机衔接，积极探索多元化农村集体经济新模式，打造"三遍改革"升级版，有效促进了农村集体增收，现对盘州的农村集体经济发展情况报告如下：

一、盘州市农村集体经济与巩固脱贫攻坚

（一）积极推动脱贫攻坚与乡村振兴有机衔接

脱贫攻坚期间，盘州市深入贯彻落实"六个精准""五个一批"，紧扣"两不愁三保障"，层层抓好精准扶贫工作，开辟精准扶贫新路径，举全市之力打赢打好脱贫攻坚战，2018 年度盘州实现"脱贫摘帽"，2019 年实现所有贫困人口和贫困村"双清零"，贫困发生率从 2014 年的 22.6% 降至 0.0%，全市广大农村面貌发生了翻天覆地的变化，人民生产生活条件得到了极大改善，人民群众获得感、幸福感和安全感显著提升。自 2021 年上半年以来，盘州市深入贯彻落实中央和省、市关于巩固拓展脱贫攻坚成果同乡村振兴有效衔接的安排部署，把巩固脱贫攻坚成果、防止规模性返贫、推进同乡村振兴有机衔接作为最紧迫的任务，坚决防止发生规模性返贫，持续推动区域发展和群众生活改善，在 2021 年贵州省对市县两级党委和政府巩固拓展脱贫攻坚成果考核评估中，盘州市在 36 个引领示范县获得第二名的好成绩。

1. 全面巩固拓展脱贫攻坚成果

按照"四个不摘"工作要求，盘州市全面落实五级书记抓乡村振兴工作机制，以"十四五"规划为引领，围绕巩固拓展脱贫攻坚成果，先后研究出台了《关于实现巩固拓展脱贫攻坚成果同乡村振兴有效衔接的实施意见》《盘州市分类分级推进乡村振兴实施方案》《盘州市全面推进乡村振兴五年行动方案（1+5）方案》《关于印发〈盘州市盘活乡村振兴领域"三资"化解债务专项行动方案〉等方案的通知》及《盘州市 2022 年防止返贫监测帮扶集中排查工作方案》等系列政策措施，全力抓好巩固拓展脱贫攻坚同乡村振兴重点工作的有效衔接。

第一，抓实防止返贫动态监测。全面落实易返贫致贫人口常态化排查工作机制，实行"一月一调度、一月一分析、一月一报告"返贫监测预警机制，通过"数据比对+农村摸排+线索核实处置"三条路径，用好"防贫保""民生保"等政策措施，今年新增监测对象58户213人，截至2022年夏季，盘州市已标注录入系统的"三类人员"共计1536户4529人，已消除风险1312户4012人。

第二，持续巩固"三保障"成果。对脱贫人口义务教育、基本医疗、住房安全、饮水安全、兜底保障等政策措施调整优化，保持总体稳定和有效衔接，保持各项帮扶政策总体稳定。2021年资助学生71.15万人次，补助资金3.32亿元；2021年，资助26.24万人参加本地城乡居民医保参保金3986.69万元，脱贫人口住院47001人次，医疗总费用2.55亿元，保内医疗费用2.37亿元；2022年共计发放各类资助及营养改善计划资金1.15亿元，受益学生23.61万人次。医疗保障资助脱贫人口20.41万人，资助金额3053.94万元，参加本地城乡居民医保参保金3477.26万元，脱贫人口和边缘易致贫人口住院11908人次，医疗总费用6976.59万元，保内医疗费用6076.39万元，共计报销5925.99万元，合规费用补偿比97.52%，实际补偿比84.94%，三重医疗保障全覆盖，实现应报尽报；共计组织对302个行政村，168329栋农村房屋进行排查，未发现住房安全问题；实现农村饮水安全100%全覆盖工作目标。

第三，持续抓好易地扶贫搬迁后续扶持。始终坚持以搬迁群众为中心，整合资金资源，推动"公共服务、便民利民服务、民生保障服务"三个共抓，全力完善基本公共服务体系。在易地安置点配套建设幼儿园、小学、中学15所，解决搬迁群众子女就学5482人，配套建设卫生室26个，落实搬迁群众低保2028户6986人，参加养老保险22057人。成立物管中心5个，老年服务中心9个，四点半学校4个，打造便民利民"六个一"综合服务中心9个。

2. 积极发展推动乡村产业振兴

盘州市按照生态产业化、产业生态化的理念，围绕"平台公司+合作社+农户"模式，找准"六个抓手"，因地制宜、科学规划、精准定位，充分利用相关产业政策，大力发展刺梨、元宝枫、油用牡丹、茶叶、小黄姜等特色产业，全力打好产业脱贫攻坚战，奋力加速奔小康。

第一，深入推进东西部协作和定点帮扶发展乡村产业。仅2022年上半年，获东西部协作财政援助资金4386万元，重点实施盘州市刺梨加工生产线、农产品初加工厂、农产品产地冷藏保鲜、小榄组团与盘州市共建工业园基础设施完善、农村标准化卫生室建设、转移脱贫人口就业等12个项目建设，目前项目正在启动建设。获定点帮扶资金1156万元，全部用于刘官街道三角田村精品蔬菜种植园建设、花甲山村食用菌种植园建设、花甲山片区种植园配套建设、花甲山村党群文化服务站改造提升、旧普片区蔬菜基地灌溉系统建设、旧普片区引水灌溉工程等6个项目建设。

第二，因地制宜，突出品牌，推动产业质量提升。盘州积极围绕品牌促市场、市场促生产、生产促规模、规模促效应的理念，强化品牌效应，扩大蔬菜、食用菌、茶叶、中药材、猕猴桃、刺梨等经济作物种植规模，大力培育特色农产品品牌，用品牌赢得市场，充分利用交通、通信、物流、电商优势条件，在盘州市各旅游景区景点精心制作了"盘州旅物"商标，设计了统一标识、礼品袋等，通过线上线下立体式进行产品销售，把盘州绿色农产品推向广阔市场。脱贫以来，盘州因地制宜，围绕山地特色，突出现代高效，更加注重抓经济作物、抓单产价值。以高海拔、无污染、高品质、高标准打造民主、保基、坪地、石桥等基地优质茶产业，着力推进茶旅一体化规划发展，打造有机茶，目前，种植茶叶产业7.25万亩，积极打造元宝枫生态产业链，种植元宝枫11万亩，减少低效传统种植占比，提高高效经济作物种植比例，并将特色产业充分融入旅游项目，实现产旅一体、农旅一体化全面发展。

（二）盘州农村集体经济在推动和巩固脱贫攻坚中的作用

不论是脱贫攻坚期间还是当下巩固拓展脱贫攻坚成果阶段，盘州市农村集体经济发展都扮演了重要的角色，具体而言，可将农村集体经济发挥的作用概述为如下三方面：

1. 挖掘集体资源，发展乡村产业

产业兴旺不仅仅是巩固拓展脱贫攻坚成果同乡村振兴有机衔接的重要基础，更可以说是解决农村一切问题的前提。乡村产业是实现脱贫致富的内生动力，构建现代化农业体系、建立兴旺发达的农村产业，首先要由村集体进行统筹规划，因地制宜，但是其关键就在于要充分利用挖掘乡村资源发展潜力。盘州市积极立足实际，建强支部，积极推动政策落地发展乡村产业。加大培训力度，组织村"两委"干部分批次进行培训，实现对村"两委"培训全覆盖，推动干部群众转变思想观念，彻底摒弃陈旧的、不符合新时代发展要求的思想观念，将思想观念转变到深化改革上来、转变到开拓市场上来、转变到农村一二三产业融合发展上来。截至2022年7月，种植刺梨、元宝枫、茶叶、油用牡丹、中药材等主导产业132万亩，27个乡镇（街道）全覆盖。

2. 盘活集体资产，收益推动脱贫

随着实践中农村集体经济不断挖掘乡村资源，发展相关产业，集体所有的相关资源资产都得到了开发,资产收益有力地推动了盘州脱贫攻坚工作开展。从2013年开始,盘州市舍烹村、水坝村、新寨村、播秋村等8村共21800亩土地入股到合作社,入股期限30年,涉及土地入股农户2950户5545人。分红方式为:在产生效益的前5年,合作社按750元、520元、450元、300元进行保底分红。水坝村发展的蓝莓、枇杷、石榴、樱桃等精品水果共300亩,土地入股保底分红750元每亩,每5年上调10%。猕猴桃产业4200亩,土地入股保底分红每亩520元,每5年上调10%。刺梨产业12200亩,土地入股保底分红300元每亩,每5年上调10%。蓝莓产业1080亩,土地入股分红450元每亩,每5年上调10%。入股土地发展的产业有效益后,在利润里面拿出20%分给土地入股的农户。整合村集体资源入股娘娘山旅游公司发展旅游产业分红,壮大农村集体经济。自2013年以来,娘娘山旅游公司根据景区发展规划,通过合作方式共吸纳舍烹等8村生态林、水域、湿地等集体资源共85000亩入股娘娘山旅游公司发展旅游产业,村集体每年固定分红22.59万元,覆盖8个村共3105户8875人受益。

3. 改进乡村治理,规范基层服务

随着集体资产资源不断开发,集体经济组织这一管理集体资产的主体也同步得到了发展壮大。盘州市积极探索"村社合一"模式,由农村合作社来作为集体资产管理运营的主体,并在制度上积极建立与股份量化产权管理相适应的法人主体,制定相应的章程,完善股东(成员)大会、理事会、监事会等法人治理结构,解决农村集体产权虚置问题。在实践中,随着集体发展,不断健全制定资产经营、民主管理、议事规则、股权权利等制度,农村集体资产经营管理相关重大事项须提交农村集体经济组织成员大会或成员代表会议讨论通过,保障农村集体经济组织成员行使民主管理、民主决策、民主监督权利。建立财务管理制度,实行财务公开,强化审计监督,确保农村集体资产经营运行安全高效。严格股权管理。严格实行增人不增股、减人不减股、大稳定、小调整的原则,一次核定、五年不变,改革后集体经济组织成员家庭的新增人口,可通过集体经济组织章程获得集体资产份额和集体成员身份。

二、盘州市农村集体经济发展现状

截至2022年6月,盘州全市447个行政村(含村改居)集体经济总量达

2.54亿元，平均52.03万元，其中：集体经济积累10万元以下的行政村（含村改居）有0个；10万~20万元的行政村（含村改居）有102个，占比为22.82%；20万~50万元的行政村（含村改居）有213个，占比为47.43%；50万~100万元的行政村（含村改居）有70个，占比为15.44%；100万元以上的行政村（含村改居）有62个，占比为13.87%；1000万元以上的行政村（含村改居）有1个，占比为0.22%。经营性收入总额4922.16万元，5万元以下的行政村（含村改居）有0个；5万~10万元的行政村（含村改居）有346个，占比为77.4%；10万~20万元的行政村（含村改居）有61个，占比为13.65%；20万~50万元的行政村（含村改居）有34个，占比为7.6%；50万元以上的行政村（含村改居）有6个，占比为1.34%。

2019~2021年盘州农村集体经济经营性收入情况如表5-1所示。总体来看，这三年来变化巨大，集体经济经营性年度收入小于或等于5万元的村庄数量由2019年的342个降低至2020年的190个，2021年所有村庄年度经营性收入均高于5万元。同时，年度收入20万元及以上的村庄由8个迅速增至309个。

表5-1　2019~2021年盘州农村集体经济经营性收入情况　　　单位：个

年份	5万元及以下	5万~10万元	10万~20万元	20万元及以上	村庄总数
2019	342	64	35	8	449
2020	190	118	76	26	448
2021	0	35	103	309	447

资料来源：根据盘州市访谈资料统计。

2019~2021年盘州的农村集体经济积累情况如表5-2所示，可以看出村集体积累同样取得了迅速发展，集体积累10万元及以下的村庄数量由2019年的37个降低至2020年的34个，2021年所有村集体积累均超过10万元。集体积累50万元以上的村庄由91个迅速增至132个。

表5-2　2019~2021年盘州农村集体经济积累情况　　　单位：个

年份	10万元及以下	10万~20万元	20万~30万元	30万~50万元	50万元以上	村庄总数
2019	37	259	41	21	91	449
2020	34	246	43	41	83	448
2021	0	102	142	70	132	447

资料来源：根据盘州市访谈资料统计。

自脱贫摘帽之后，盘州继续积极争取各类农村集体经济发展项目，2019年获得贵州省扶持壮大村集体经济项目30个，2020年获得贵州省扶持壮大村集体经济项目15个，2021年获得贵州省扶持壮大村集体经济项目25个，2022年获得贵州省扶持壮大村集体经济项目20个。

三、盘州农村集体经济发展主要举措

在农村集体经济的发展模式上，经过多年的探索实践，盘州市的集体经济发展总体来看是依托于"三变"改革，充分挖掘农村资产资源，积聚整合可发展利用的各类资金，由此来推动农村产业发展和集体经济发展壮大，形成了资产经营、产业开发等多样化农村集体经济发展模式。从集体经济发展模式来看，与其他地区相差不大，但是从当地主要措施亮点来看，盘州积极围绕深化"三变"改革，传导发展责任，细化结对帮扶；深化挖掘资源，创新经营模式；坚持产业带动，拓宽发展路径。

（一）坚持责任传导，细化结对帮扶

第一，压实统筹责任。坚持"县级统筹、部门指导、乡镇主抓、农村落实"的工作机制，围绕壮大村集体经济，紧盯省级扶持村，制定《盘州市全面加快农村集体经济发展实施方案》，组织乡（镇、街道）"一乡一方案、一村一计划"抓实村集体经济发展，逐步提高农村集体经济发展在考核中的权重，并纳入村（居）购买服务考核，进一步树立好导向、压实好责任。随着责任的传导，在乡镇层面形成了明确的发展目标，例如，当地两河街道2021年4月提出充分发挥基层党组织政治功能和组织优势，有效利用各类资源、资产、资金，因地制宜发展壮大农村集体经济，计划培育壮大冯家庄居委会、旧铺居委会、鄢官居委会、扯扎居委会、岩脚居委会等集体经济发展先进村，到2021年底，村集体经济收入达50万元以上，其中经营性收入达10万元以上，建成1个以上可持续发展、持续增收的特色产业或经济实体，示范带动其他村集体经济经营性收入达5万元以上。

第二，压细帮带责任。深化运用"五联五共"工作机制，组织8家县级平台公司结对帮扶21个村，将72个村明确为市直部门、企事业单位党建联系示范打造点，组织125个先进村结对帮扶135个脱贫村。从行业部门、乡镇选派农业专家316名，组建"三农"服务队到村开展服务指导。结对帮带的21家国有企业，累计到村开展调研69次，帮助发展项目27个，争取资金2437.45万元。在帮带的同时，盘州积极督导压实整改责任，根据省委巡视反馈问题，出台市级制度整改措施5条，乡镇制度整改方案1个，并报市委组织部审核备案，与市委办联合对整改进度进行跟踪调度。强化举一反三，深入开展专项排查整治，全面排查村集体经济积累和经营性收入不达标的村，并由乡镇班子成员实行责任包干，制定整改计划，确保全面达标，全面提质。

（二）深化挖掘资源，创新经营模式

第一，推动组织联建。积极推进联村党委建设，将产业相近、地域相邻、资源互补的村联合起来，累计组建联村党委29个，覆盖13个乡（镇、街道）113个村，有效推动区域内资源共享、抱团发展。健全完善村集体与合作社利益联结机制，让307个村实现村社合一，积极探索片区联村党总支、合作联社等有效做法，多渠道提高区域发展能力。在组织联建的工作中，积极发挥示范效应，坚持把群众利益和带动周边村共同发展联结起来，通过连片开发、结对帮扶等模式，形成抱团发展的工作格局。如盘关镇贾西村通过建立联村党委带动周边村共同发展，目前通过联村连片开发、规模化种植将刺梨产业拓展到3.1万亩，累计投资达1.2亿元；已带动周边4个村集体经济增收5万元。

第二，盘活集体资源。盘州积极组织农村基层继续摸清家底，盘活闲置资产增收。首先针对村委改居委小学闲置房屋进行集中清理，指导村委改居委通过出租集体房屋承包等方式盘活变现，为村集体增收。相较于原来改革模式中，旨在将现行经济环境中未得到充分、合理、有效利用的农地盘活，新时期盘州则是拓展到推动农村土地要素市场化配置改革，建立"同权同价、流转顺畅、收益共享"的城乡统一建设用地市场，以"三变"为抓手，盘活农村闲置宅基地、农民房屋、农村集体经营性建设用地，助推乡村振兴。由盘州市人民政府印发《盘州市集体经营性建设用地入市指导意见》，确立农村集体经济组织作为入市主体，在符合政策和规划的条件下，产权明晰、界址清楚、面积准确、权属无争议，并且明确要求集体经营性建设用地入市的入市条件包括本村集体经济组织2/3以上成员或2/3以上户代表表决同意。入市统一进入农村产权市场公开交易，村集体经营性建设用地使用权的最高年限不得超过同类用途国有建设用地，但是出租年限不得超过20年。在入市之后的收益分配也明确提出了相关要求和监管要求，农村集体经营性建设用地入市取得的土地收益金，农村收益占比80%，按照规定纳入农村集体资产及收益进行统一管理，接受有关部门以及审计监督和监管。2022年7月，柏果镇竹烟屯、石桥镇威箐村、胜境街道平关居委会和普古乡新寨村4个农村集体经济组织出让农村集体经营性建设用地，在盘州市农村产权交易中心公开完成交易，共计成交26745平方米，总成交价格为462.86万元，受让方分别为贵州天和堂矿业有限公司、盘州市德胜煤业有限公司、贵州志浩刺梨有限责任公司和贵州飞瀑山泉饮用水有限公司，土地使用年限分别为20年、50年。同时对各村集体资源、资产、资金再摸底，明确产权归属，分级建立台账；对已发包的村集体土地、水面等资源要进行一次清理，对发包程序不规范、合同价款低或合同时间过长的要进行整改；对失管或被占用的村集体资产，要依法及时收回村集体进行管理和经营。

第三，盘活项目资金。首先盘州市积极向上争取财政扶持资金用于发展壮大农村集体经济，在促进村集体增收创收、辐射带动周边村发展等方面发挥了积极作用的同时，当地为进一步激发农村集体经济发展内生动力、增强"造血"功能、提升扶持成效，制定了《关于坚持"五个必须"用活用好财政扶持资金推动农村集体经济发展壮大的通知》，从"必须建立项目支撑、必须创新发展方式、必须强化资金监管、必须严明工作责任、必须确保扶持成效"五个方面着手，督促乡（镇、街道）用好用活70个省级壮大村集体经济扶持村资金项目。针对2021年扶持的村，资金应全部用于发展相关经营性实体或产业项目，不能单纯入股，必须见项目、见实体。对扶持资金单纯用于入股且年分红低于7万元的，以及分红未能按时兑现的，要在不违反相关规定的前提下，适时、有序退出入股，并及时将资金转移到发展农村经营性实体或产业项目上来。为此，当地积极排查经济效益低的项目，把脉症结，寻找提质增效可能性，积极探索区域内资金、技术、市场、项目的联享联用，充分盘活闲置的资产资源，以合作经营、股份合作等方式，推动农村抱团发展。例如盘州市柏果镇以"政府统筹管理+农村资金入股"的方式，联合辖区内14个村出资组建盘州市卓捷文化用品有限公司，通过面向辖区内学校、工矿企业、企事业单位销售文化用品获利，各村按股比分红，现该公司2021年以来半年利润已近15万元。

第四，盘活人才资源。盘州以"三变"改革为抓手，广泛动员群众以资源、资金、资产入股合作社和村集体企业，实现了能人在产业链上聚集、群众在产业链上致富、经济在产业链上发展。当地积极加强致富带头人的排查、管理、培养和使用，提高致富带头人指导农村集体经济发展的能力。按照有志于家乡建设，文化水平高，能力素质高，群众口碑好，服务意识强，发展潜力大的培养原则，加强后备力量培养储备。注重从退休机关干部、致富能人、产业大户、优秀民营企业家、退役军人、外出务工经商人员中选拔优秀人才担任村党组织书记。注重把有一定文化素质、懂经营管理、有专业技术的合作社管理人员、致富能人等吸纳进入居"两委"班子，鼓励农村党组织、居委会、农村集体经济组织主要负责人实行交叉任职。鼓励外出务工人员、经商人员、致富能人积极领办集体经济发展项目。大力实施村干部素质提升工程，整合各类培训资源，努力把村干部培育成推进集体经济发展的专家能手。

（三）坚持产业带动，拓宽集体发展路径

第一，积极拓宽本地特色产业发展路径。盘州以市场为导向，积极做大经营主体，探索党建引领下"自主经营、混合经营、股份合作"等多形式共存的模式，利用"返租倒包""项目转接"等方式，鼓励平台公司和龙头企业将产业项目，在符合规定的前提下，转接给农村经营，带动全面发展。

盘州打造了四格乌洋芋、保田生姜、淤泥红米、民主茶叶、贾西刺梨等现代化农业产业基地14个，建成刺梨产研中心、沁心茶厂等集"种植+加工+销售"为一体的实体企业8家，形成了现代农业产业"多引擎"发展的格局。例如，当地羊场乡张家寨村通过"返租倒包"的形式，将引进的云南鸿丰果业发展有限公司布置的1400余亩软籽石榴倒包给农户和村集体，每年可带动农户增收2000元，村集体经济增收3.6万元。当地舍烹村按照"龙头企业+合作社+农户"的合作方式将村内三组土地入股盘州市普古银湖种植养殖农民专业合作社，发展杨梅、核桃、刺梨等产业484.54亩，土地保底分红262万元，采摘收入300余万元。将本村五组土地入股本村集体股份合作社，种植蜜橘252.99亩，刺梨293.03亩，优质水稻800余亩，产值900多万元。当地贾西村积极与本村盘江天富刺梨合作社联合，依托国有宏财聚农公司，形成"龙头企业+合作社+农户"模式。村集体以500亩荒山地（加上其他小组的荒山，共计1500亩），4726亩耕地的土地经营权入股天富农民种植专业合作社。2014年开始，2016年流转土地完成，其间不断做村民工作，解决村民实际问题。流转价格为荒山100元/亩，耕地400元/亩/年。2022年，刺梨种植面积6226亩，成立天富刺梨园区，被评为省级高效农业示范园区和科技示范园区，成为国家级刺梨出口基地，辐射带动盘关镇7个村5.6万亩。盘州的本地特色刺梨产业获得很大发展，全市累计种植刺梨面积达61.04万亩（占全省总种植面积210万亩的29%，六盘水市种植面积117万亩的52.17%），覆盖27个乡（镇、街道）352个村，涉及农户12.69万户38.52万人，刺梨已成为全市涉及区域最广、涉及农户最多、面积最大、长势最好的农业特色产业，在打赢脱贫攻坚战、巩固拓展脱贫攻坚成果同乡村振兴有效衔接中发挥了积极作用。2021年全市采摘刺梨鲜果

23954.23吨，产值约9000余万元。站在新的历史起点，盘州加速刺梨精深加工产业，全市已建成刺梨加工销售企业4家（其中1家无榨汁生产线）、在建企业2家，年加工刺梨鲜果能力18.1万吨，推出了"刺力王""天刺力"等系列品牌，覆盖刺梨原汁、饮料、口服液、含片、果脯等48个产品。2021年至今，4家加工企业共收购刺梨鲜果23181.8吨，加工刺梨原汁14212.27吨，生产刺梨产品11946.7吨，实现产品销售总额36562.39万元，产品销售以省内市场为主，省外主要销往云南、重庆、四川、广西、辽宁、吉林、黑龙江等省份。

第二，在强化农旅联动上持续发力。盘州以4个国家AAAA级景区、5个AAA级旅游景区为重点，按照"区域组建、跨区域联建"模式，推动"门票经济"向"产业经济"转变，全面延伸旅游产业链条。

当地依托4个旅游景区景点，带动建设农家乐、民宿酒馆、游乐场等集"食+宿+玩"为一体的乡村旅游实体100余家，打造新民梯田、妥乐银杏、"两田"油菜花等农旅观光点，逐步形成"农旅结合、以农促旅、以旅兴农"的产业模式。例如当地岩博村不断拓展发展路径，依托岩博独特的自然资源优势，围绕"生态优先、绿色发展"的理念，按"以农促旅、以旅促农"的目标建设山地特色农业，开发打造养生、度假休闲旅游产业，计划投资2.2亿元，由贵州岩博酒业有限公司全资子公司贵州彝人谷生态旅游管理有限公司，打造占地300亩的贵州盘州岩博彝人谷景区。目前，已建成贵州岩博党性教育基地，贵州岩博人民小酒文化博览园已完成选址、用地规划及主体设计，完成岩博彝人谷旅游设施山地摩托车赛道、露营基地、烧烤区等设施的建设。未来，岩博村还将依托教育基地，打造独具特色的研学课程体系，创建适合大学、中小学学生的研学基地；引入旅行社，大力发展旅游业，切实推进乡村振兴，打造出一个更加富饶的美丽岩博。当地舍烹村依托在娘娘山景区核心区的优势，村"两委"积极向上级有关部门争取资金，广泛动员村民发展农家旅馆等，共发展包括农家乐、农家旅馆在内的经营主体、小微企业113家。上述工作由村"两委"负责为园区做好土地流转服务，宣传、发动群众参与种植刺梨、猕猴桃等，协调农民专业合作社和旅游公司用工问题。

第三，积极完善利益联结机制。为实现乡村振兴，增加村集体经济组织收入，盘州积极开展农村集体经济组织、新型农业经营主体和农户三方合作，实现利润共享，在产业发展中，盘州积极整合各类项目资金，以农民为主体、股权为纽带、合作社为载体，构建科学、合理的产业发展利益联结机制。

自2016年以来，市属平台公司按照农村"三变"改革总体布局，采取"平台公司+产业+合作社+农户"的模式，大力发展茶叶、元宝枫、油用牡丹产业。

由合作社整合农户"特惠贷""惠农易贷"资金,与公司共同发展农业产业,贫困户每年可增加收入3000元。村民将土地入股合作社,公司与合作社、乡镇(街道)签订"三方协议",村民土地入股进行保底分红,产业产生效益后,公司以投入成本享有70%收益权;合作社以入股农户土地作价与平台公司进行合作,享有30%收益权。当地根据茶叶、元宝枫、油用牡丹产业习性,因地制宜,在产业基地实施林下套种,与主导产业进行搭配种植,推行"以短养长"。在林下经济发展中,由公司提供种子,合作社组织社员种植,收益后全部归合作社所有,公司负责保底收购。农户实现"土地入股、林下种植、产业分成、劳动务工"四笔收入。贾西村三方构建了"保底收益+二次分红"的利润分配机制。在二次分红时采取公司和合作社共占85%(国有宏财聚农公司占51%、合作社占49%),参股农户占10%(按户均分)、村集体占5%的利益联结机制。2021年实现销售收入720万元,2022年预计生产刺梨2500吨,实现销售收入1000万元。截至2021年底,园区累计发放资金3400万元,其中,发放土地流转费2250万元,种植、除草等务工费1150万元,带动村集体经济发展的同时促进农户增收。当地普雁子村积极探索股权新模式,示范带动提效益。为破解全乡软籽石榴发展难题,雁子村积极争上级政策和资金,引进民营企业重点推进541亩软籽石榴提质增效项目,以市场为导向,科学探索了"5311"股权合作模式。软籽石榴提质增效项目总投资546万元,其中,引进盘州市亿亩思田农业开发有限公司以资金156万元、经营及技术折价120万元入股,占股50%;农村以中央财政衔接推进乡村振兴补助资金270万元入股,由雁子村股份经济合作社代持股30%;盘州市农林开发投资有限公司以原基地资产入股,占股10%;公益股10%。盛果期预估年产值达1000万元左右,农村股份经济合作社每年能实现分红50万元,户均年增收0.27万元。软籽石榴提质增效项目的创新推进,在全乡软籽石榴发展中具有很好的示范带动作用,加快推进产业巩固提升,通过土地入股、就业务工、产业效益分成等利益联结实现产业带动农户增收目的。

四、盘州市农村集体经济发展的问题与建议

(一)盘州市发展壮大农村集体经济的现存问题

第一,集体经济发展渠道单一,平均体量较小,集体经济组织力量薄弱。

2019~2022年，盘州市争取的90个扶持壮大村集体经济项目，从发展类型来看，主要为种养殖和入股分红类，而且种植产业均是发展水果种植产业，其他经营类型较少，与周边弱村联合发展的很少，带动能力还不够强。盘州市村集体经济积累达50万元以上的村有127个，从发展类型来看，均是发展本村特色产业、主导产业，与周边弱村联合发展的很少，未能实现强带弱，发挥强村辐射效应。盘州市2020年的15个扶持村项目，其中有11个为入股经营类，对周边弱村发展没有带动作用。以刘官街道为例，当地花甲山村集体经济积累为337.14万元，但因未通过建立抱团发展的工作机制将本村的发展利益与周边村联结起来，周边尚有经营性收入连续2年为零的村。

与六盘水市其他县区相比，盘州市行政村数量多，村集体经济总量虽然达到了1.994亿元，在4个市（区、特区）中靠前，但平均下来每村仅44.6万元，在市（区、特区）中靠后。且盘州市集体经济普遍存在"北强南弱"的不均衡现象，集体经济积累50万元以上的村中，南部乡镇仅占24.2%。示范村、中心村、城郊村以及有经营性实体的村集体经济发展实力普遍高于其他村，强村发展快，弱村发展速度较缓。根据访谈资料现实，当地组织部门透露，盘州市现有的农村合作社中，真正发挥资产经营、产业发展作用的不足200个。

第二，缺乏专业人员经营管理，收益分配制度不能贯彻落实。一方面，从对于农村集体经济的经营管理来看，盘州的乡镇和村两级工作人员中，缺乏专业化经营人才队伍。但是，作为农村集体经济组织的领头人，恰恰是集体经济发展的关键，"村庄富不富，全看党支部；支部强不强，要看领头羊"，对于盘州来看，总体上村干部岗位待遇较低、保障机制不健全，难以吸引优质人才加入，大量优质劳动力和各类乡村精英流出，村庄老龄化现象更为突出，农村基层干部队伍素质能力偏低，市场化、专业化开发管理经营集体资产的能力较为缺乏。部分乡镇干部、村干部对集体经济指标的理解不到位，对于哪些收入可以作为村集体经济积累资金，哪些可以作为经营性收入把握不准，导致在统计时，出现漏统、错统的现象。部分乡镇财政所的财务管理系统中，未要求将村集体经济积累资金、经营性收入单独列支，加之会计人员对村集体经济的范围认识不够，导致在入账、出账、报账时，部分资金未纳入集体经济管理，没有做到应纳尽纳。

另一方面，盘州针对乡村机器缺乏经营管理性人才这一问题虽然制定了收益分配激励制度，但是尚未能够贯彻，总体来看，盘州在吸引乡村人才、培育能人上面有待继续创新施策。尽管盘州在政策文件中都提出了对于农村集体经济的发展收益提取一部分作为村组干部的薪酬激励，例如贵州六盘水市出台

《六盘水市农村集体经济可分配收益管理使用办法（试行）》，明确提出当年村集体可分配收益中提取10%～20%作为村干部奖励资金，对集体经济发展好的农村党组织书记，在评先评优、事业单位招考中优先考虑和推荐，但是现实中盘州对村社干部的激励多年来未能付诸实施。究其原因，上级部门综合考虑财务审计、纪检监察、群众影响等因素，尤其是难以在实践中形成村集体经济组织带头人对农村集体收益的贡献衡量评价机制。激励不足的同时，容错纠错机制也尚未能够构建起来，一些干部对村集体资金使用、发展村集体项目存在顾虑，担心因市场、自然灾害等客观因素导致项目收益少甚至发展失败被问责，不敢轻易使用村集体资金或发展集体项目。如虽然吸纳了部分懂经济、懂管理的人才回乡担任合作社理事长，但因无经济报酬，加之合作社过多地承接了上级交办的刺梨、核桃等硬性发展任务，短期难以实现效益，导致该部分人才因生活压力，难以长期留村发展，部分村因缺乏懂经济、懂管理的专业人才，且无项目建设实践经验，存在项目建设不成功，重新调整项目的情况。

第三，利益联结机制有待健全，集体经济发展内生动力不足。虽然通过"村社合一"，让多数村与合作社建立了相对完善的利益联结机制，并以此为纽带带动村集体增收，但部分村集体发展意识不够，在产业布置时未将村集体利益考虑进来，部分村存在有主导产业但村集体无收入的现象。部分村党组织与平台公司、煤矿企业联合实施的村集体经济发展项目，未建立定期分红的分配制度，利益分配压在年底，导致上半年经营性收入低。如红果街道挪湾居委会与煤矿实施的矸石堆放场项目，每年预计可盈利104万元，但分红时间为年底或次年，导致目前经营性收入仅有0.15万元。

同时，从盘州市当地提供的集体经济经营性收入材料中我们可以看出，集体经营性收入在20万元以下的村庄，当地的集体经营性收入大都属于非市场经营性收入，发展可持续性不够，内生发展动力不足。如当地许多村庄经营性收入能够在2020年超过10万元，其原因是由村集体合作社承包人居环境、老旧房整治活动，有经营性结余、老旧改造补偿、集体征地补偿等。

（二）盘州市壮大农村集体经济发展的对策建议

第一，推动行政服务支撑，开展分类发展提质。针对集体经济组织力量薄弱，行政力量应当积极介入，帮扶发展。做好财务管理，联合财政、农业农村等行业部门，扎实开展农村"三资"清理，全面摸清各村底数。对各村合作社历史债务和账目进行清算，农村明确专人负责财务报销。会同市财政局指导乡（镇、街道）规范农村集体经济相关会计科目，确保村集体经济资金收支账目明晰，每年年底对各村集体经济资金支出情况、集体经济积累、年经营性收入、可分配收益等进行1次核查核定。

针对年经营性收入10万元以上的村，持续做好巩固提升和示范打造，整合现有村集体资金，通过扩大产业规模、发展新项目等方式，实现资金利用最大化，最大限度保值增值。同时通过结对帮带，将发展利益辐射到周边村。针对年经营性收入5万~10万元的村，组织乡镇班子成员实行责任包干，采取发展产业、发展项目、创办实体、股权合作等形式，扩大收入来源，确保每村至少有2种以上增收渠道。对财政投入到村的各类资金，在确保用途规范的前提下优先用于发展集体经济；对乡镇公共投资项目、闲置资产，在符合规定的情况下优先提供村集体使用。针对年经营性收入5万元以下的村，组织乡镇逐村开展分析研究，找准问题根源，对确无发展资源、无收入来源的村同步纳入包干范畴，通过联合创业、异地置业等形式，"一村一策"找路径。有针对性地协调部门、园区、平台公司、龙头企业等到村调查，推进资源项目进村。

第二，强化人才队伍建设，激发组织经营活力。积极培育本地优秀集体经济带头人，从现有"两委"成员中优育一批，将村"两委"班子成员特别是品行良好、带头致富、具有一定文化水平和发展潜力的年轻干部，列为重点对象进行培育。从外出务工经商人员中优招一批，综合运用乡情亲情等力量，通过走访摸底掌握一批政治思想好、有专业技能、有带富能力的外出务工经商人员、企业经营管理人员，耐心细致做好思想工作，鼓励他们回村任职，施展才华、实现价值、回报家乡。注重提升干部能力素质，采取"理论+实践""线下+线上"等方式开展教育培训，专项提升基层干部抓集体经济发展的能力水平。健全体制机制，建立县级联席会议机制、乡镇专班推进机制、农村专项落实机制，将村集体经济发展工作纳入乡、村两级党组织书记抓党建述职评议内容，压实第一责任人责任。

健全集体经济发展激励保障机制，创新收益分配模式，让基层干部敢想敢抓敢干。做实激励保障，健全农村集体经济发展奖励机制，针对现行收益分配制度难以落实，积极转变工作做法，尝试每年从全市范围综合评选20个集体经济发展好、经营性收入增长快、班子战斗力强的村，按每村5万元的标准给予财政奖补。对所包村集体经济发展好的乡（镇、街道）包村领导、包村干部，在干部提拔使用、职级晋升、职称评定中优先考虑。对集体经济发展好的农村党组织书记，在评先评优、事业单位招考中优先考虑和推荐。

第三，健全利益联结机制，拓宽资产增值渠道。积极鼓励农村集体经济组织与龙头企业、农民专业合作社和家庭农场等新型农业经营主体开展合作联合，做好利益联结机制，积极组织和指导乡（镇、街道）对村集体与农户、合作社、其他经营主体之间的利益联结机制进行核查梳理，对未建立利益联结机制或机制建立不规范不健全、执行不到位、股权不明晰的全面进行规范。对本村发展的产业（项目），最大限度将农户利益和村集体经济利益联结进来。做好工作指导，组织行业部门建立服务清单、农村建立需求清单，采取村点单、乡统筹、部门落实的方式，全方位做好政策咨询、资金扶持、金融贷款、项目审批、产业管护、技术指导等服务。

推动农村集体经济组织发展混合所有制经营，为农村集体经济引入资本、技术、管理等稀缺要素，促进多元主体资源互补与要素优化配置。总体来看，当下农村集体经济资产增值渠道单一的一部分原因在于产权配置、使用、处置等被限定在狭小的村社范围内，但是包括盘州在内的西部农村地区空心化问题愈演愈烈，发展混合所有制经济，通过村企合作运营的方式，实现了资源社区内动员向全社会动员转变，为农村集体经济引进企业资本、技术、管理等要素开辟了通道，促进了村内集体资产、资源等要素与城市资本、管理、技术等要素的组合生产，破解了农村集体经济资本、管理、技术等要素投入不足的问题。

第六章　云南省富源县农村集体经济发展调研报告[①]

富源县地处云贵交界，素有"云南东大门""滇黔锁钥"之称。全县面积3348平方公里，辖9镇1乡2街道，总人口84万。在资源禀赋上，富源境内煤炭资源丰富，已探明储量82.46亿吨，全县煤炭产量占曲靖市的1/2，云南省的1/4，是全国100个重点产煤县之一，是全省重要的煤炭能源基地。富源被称为"魔芋之乡"，种植产量和质量居全国之冠。富源县大河乌猪是国家两个优良猪种之一，蜚声全国。在历史文化上，富源境内建有明朝"山界滇域，岭划黔疆，风雨判云贵"的胜境关，有距今约10万年的大河旧石器时代遗址。红军长征两次经过富源，是抗日烈士王甲本将军的故乡。在区位条件上，富源处于昆明、贵阳、南宁三个省会城市的辐射圈内，沪昆高铁是进入云南省的第一站，境内建成以2208铁路、南昆铁路、曲胜高速公路等为重点的交通网络，交通快速便捷。

脱贫摘帽后，富源县深入贯彻落实习近平总书记关于"三农"工作重要论述，认真贯彻落实中央和省、市安排部署，守底线、抓衔接、促振兴，巩固期各项工作取得实效。县委、县政府高度重视农村集体经济的发展管理，按照"巩固壮大一批、稳定提升一批"思路，积极探索产业带动型、资产经营型、股份合作型、资源盘活型等集体经济新模式，有效促进了村集体经济增收。

---

① 执笔人：何欣玮。

一、富源县农村集体经济与巩固脱贫攻坚

脱贫攻坚期间，富源县深入贯彻落实"六个精准""五个一批"，紧扣"两不愁三保障"，层层立下军令状、亮出精准扶贫"硬战术"，开辟精准扶贫新路径，火力全开齐攻坚，举全县之力打赢打好脱贫攻坚战，实现8个贫困乡镇（街道）、130个贫困村全部脱贫出列，25584户111818人全部脱贫，绝对贫困问题得到历史性解决。与此同时，也探索出一系列脱贫攻坚"富源模式""富源招式"，2018年11月，《新华社高管信息》刊发了时任市委常委、县委书记唐开荣同志署名文章《打好打赢易地扶贫搬迁攻坚战开启幸福美满新生活》，把富源县易地扶贫搬迁工作经验向全国推广，2019年4月，全国完善脱贫攻坚项目库建设暨扶贫项目资金绩效管理培训班在富源县举行。

2022年上半年以来，富源县深入贯彻落实中央和省、市关于巩固拓展脱贫攻坚成果同乡村振兴有效衔接的安排部署，把巩固脱贫攻坚成果、防止规模性返贫作为头等大事，把推进乡村振兴作为最紧迫的任务，以防返贫动态监测帮扶为着力点，以衔接乡村振兴为突破口，坚决防止发生规模性返贫，持续推动区域发展和群众生活改善。

（一）聚焦持续帮扶，调整优化衔接政策

以到户到人帮扶政策为重点，保持主要帮扶政策总体稳定，调整优化部分政策，为巩固拓展脱贫攻坚成果有效衔接乡村振兴构建平稳过渡的政策制度框架。

1. 保持主要政策总体稳定

严格落实摘帽不摘政策要求，保持现有帮扶政策总体稳定和政策连续性，延续政策共计27项。其中，住房保障政策1项（继续实施农村危房改造），教育帮扶政策8项（控辍保学、学前教育阶段继续实施家庭经济困难儿童资助、义务教育阶段继续实施免学杂费免费提供教科书、义务教育阶段家庭经济困难学生生活费补助、普通高中家庭经济困难学生国家助学金、中职学校雨露计划、普通高校雨露计划、普通高校生源地助学贷款），健康帮扶政策1项（家庭医生签约服务），特色产业扶持政策2项（消费帮扶、电商帮扶），培训就业政策7项（职业技能提升培训、创业贷款补贴、建档立卡脱贫人口一次性创业补贴、

公益性岗位补贴、外出务工一次性交通补贴、贫困村创业致富带头人培育、扶贫车间优惠政策），社会救助兜底保障4项（养老保险代缴、城乡低保、临时救助、残疾人两项补贴），生态帮扶政策2项（生态护林员补助、退耕还林补助），电量优惠1项（低保对象和特困人员每月可享15度免费电）。

2. 调整优化部分政策

根据中央和省市要求，在过渡期实行政策调整优化，共优化8项。其中，健康帮扶政策3项（一是监测帮扶对象每人每年180元标准由医疗救助给予定额资助参保，脱贫户资助参保标准逐年下调，普通门诊医药费用实行医疗机构现场减免；二是农村低收入人口较普通参保人大病保险报销比例提高5个百分点；三是防返贫致贫监测对象的农村低收入人口，救助比例不低于70%，未纳入防返贫致贫监测对象的脱贫户逐步调整），兜底保障政策1项（实现市级统筹，制定低保标准制定和动态调整机制，提高保障标准和质量），支撑要素政策3项（一是财政投入，保留并优化原财政专项扶贫资金为"财政衔接推进乡村振兴补助资金"，聚焦巩固拓展脱贫攻坚成果有效衔接乡村振兴，逐步提高用于产业发展比例；二是财政涉农资金统筹整合，过渡期前3年继续实行，逐步探索建立涉农资金整合长效机制；三是扶贫小额信贷，从原先针对建档立卡贫困人口优化为针对脱贫人口、边缘易致贫人口，将小额信贷贴息环节后移，即实行农户还息后再由财政资金补贴到户），帮扶体系方面1项（驻村帮扶体系坚持干部驻村帮扶制度不变，在原先派驻的基础上对软弱涣散党组织村增派第一书记和工作队）。

（二）突出工作重点，扎实推进后续帮扶

抓住产业和就业"两个支撑"，抓牢"两不愁三保障"和饮水安全保障"两个重点"，抓实帮扶项目推进和扶贫项目资产管理"两个支点"，抓好沪滇协作、定点帮扶和乡村振兴示范建设"两个关键"，扎实推进帮扶工作落实。

1. 持续推进产业就业帮扶

始终把群众增收作为巩固成果的主要手段，多措并举稳就业，因地制宜兴产业，确保农村群众后续增收有支撑，防止人均收入下滑产生返贫、致贫风险。一是继续抓好脱贫人口就业。围绕农村劳动力转移输出任务，制定富源县农村劳动力转移输出月度工作方案，农村劳动力有序化、组织化、规模化转移就业持续推进。抢抓春节务工回潮势头，找准返厂复工时机，组织开展集中转移输出。2022年已转移就业29.5万人，其中脱贫劳动力53644人。二是继续实施小额信贷。继续落实小额信贷有关政策，对有产业发展资金需求的脱贫人口、边

缘易致贫人口发放小额信贷,实行农户先付利息,财政按季补贴到户的措施,做到符合贷款条件的应贷尽贷。上半年全县脱贫人口小额信贷新增贷款575户2798.8万元,贷款余额2186户10464.85万元,进一步助推产业发展。三是继续推进特色产业帮扶。2022年已整合财政涉农资金13257.91万元,用于扶持全县农业产业发展项目46个,带动脱贫不稳定户、边缘易致贫户和其他农村低收入群体3859户13621人增收。四是继续扩大消费帮扶覆盖面。依托东西部协作消费帮扶、国家"832"平台、富源供销供应链有限公司,开展线上线下销售本县农特优产品,2022年上半年累计实现销售收入1110.68万元。

2. 持续巩固"两不愁三保障"和饮水安全保障成果

持续推进"两不愁三保障"帮扶落实,防止发生"黑天鹅""灰犀牛"事件。一是抓住房保障。关注群众住房,结合农村房屋安全隐患排查整治,及时将因灾受损的唯一生活用房农户纳入农村危房改造,启动实施农村危房改造任务119户、农房抗震改造100户。同时,积极开展住房安全"回头看"工作,防止出现老人住危房。二是抓教育保障。持续抓好控辍保学和教育资助工作,坚决防止因贫失学辍学。对全县222名残疾学生的基本信息、残疾等级、残疾类别、安置情况进行系统核查,对因重病致残适龄儿童59人开展送教上门,目前,全县义务教育段适龄少年儿童失学、辍学率保持常态化清零。三是抓医疗保障。对脱贫户住院自付费用4000元以上、非脱贫户住院自付费用10000元以上人群开展定期检测,存在风险的及时纳入帮扶,有效防范因病致贫返贫风险。认真做好脱贫人口参保动员工作,脱贫人口100%参保。四是抓饮水安全保障。统筹财政涉农资金339万元,维修养护农村饮水安全工程40处,巩固提升55个自然村28488人饮水保障。

3. 持续抓好项目资金管理和扶贫资产盘活

把项目资金管理作为巩固脱贫成果衔接乡村振兴的关键来抓,抓好项目推介、清产确权和后续监管,确保持续发挥效益。一方面,继续开展统筹整合使用财政涉农资金试点工作。争取中央、省、市财政涉农支农资金38080万元,其中,财政衔接推进乡村振兴补助资金14140.61万元,切实加快项目进度和资金拨付,为巩固脱贫成果衔接乡村振兴提供有力支撑。已启动实施项目216个,项目开工率100%,已完工96个,完工率44.44%。另一方面,扎实抓好扶贫项目资产管护。对2013年以来扶贫资金及项目形成的资产开展清产核资,构建产权归属明晰、权责义务匹配、运营管护高效、收益分配合理、资产处置合规的扶贫资产资本运行机制和监督管理体制。公益性资产落实管护主体,明确管护责任,确保继续发挥作用。经营性资产明晰产权关系,防止资产流失和被侵占,资产收益重点用于项目运行管护、巩固拓展脱贫攻坚成果、农村公益事业等。确权到农户或其他经营主体的扶贫资产，由其自主管理和运营，依法维护其财产权利。全县2013~2021年形成资产的项目资金总规模286557.05万元，形成资产3355个，其中经营性资产244个，有收益的资产142个，形成资产占比100%，确权移交比例100%，已全部落实管护责任。

4. 抓好沪滇协作、定点帮扶，持续推进乡村示范工程

一是坚持和深化帮扶协作。2022年争取沪滇协作资金3370万元，申报项目13个，比2021年2930万元增加440万元。其中，上海市"市级统筹"项目9个，资金3000万元，宝山区"自选动作"项目4个，资金370万元。截至目前，县级已对实施方案进行批复，所有项目全部开工。加强与中国航天科工集团精准对接，充分发挥帮扶单位优势，提出合理化帮扶需求清单，接续开展产业就业、扶志扶智、基础设施和公共服务提升、消费帮扶等帮扶行动，保持帮扶力度不减、投入不降。2022年争取北京航天科工定点帮扶资金699.5万元，其中，集团公司帮扶资金575万元，二院帮扶资金124.5万元，从产业振兴、生态振兴、文化振兴、人才振兴等方面实施帮扶项目11个。二是推进振兴示范建设。2022年计划使用衔接资金1700万元，采取奖补的形式，每个示范镇320万元，启动建设大河、墨红2个集农产品加工中心、农产品集散中心、"三农"服务中心和线上线下销售平台为一体的乡村振兴示范乡（镇）；每个示范村100万元，启动建设后所镇杨家坟村委会、胜境街道洗洋塘社区、中安街道回隆社区、富村镇大凹子村委会4个集产业基地、美丽村庄、治理示范为一体的精品示范村；每个美丽村庄15万元，按照《云南省美丽乡村评定工作方案》中36项指标，启动建设44个集生产发展、生态优美、生活富裕为一体的美丽村庄。

（三）严防返贫致贫，持续巩固脱贫成果

扎实推进低收入人口精准监测帮扶，全面推进"一平台三机制"四个专项行动，扎实做好易地搬迁人口后续帮扶，坚决防止返贫致贫，脱贫成效持续巩固。

1. 监测帮扶工作成效显著

进一步健全和落实防止返贫监测和帮扶机制，做到早发现、早干预、早帮扶。开展动态监测，依托"政府救助平台"，建立"政府找、找政府""线上网络化、线下网格化"双向协同和群众主动申请、多部门会商预警、干部及时排查的监测预警、快速响应机制，坚持"一月一筛查、一月一动态"，坚决杜绝体外循环，确保及时发现、应纳尽纳、应扶尽扶。全县累计识别三类监测对象

2603户9998人,其中,脱贫不稳定户1187户4817人,边缘易致贫户1260户4560人,突发严重困难户156户621人。已消除风险1818户7064人,其中,脱贫不稳定户806户3458人,边缘易致贫户993户3539人,突发严重困难户19户67人。未消除风险三类监测对象785户2934人,其中,脱贫不稳定户381户1359人,边缘易致贫户267户1021人,突发严重困难户137户554人。

2. 政府救助平台有效运用

大力推广使用"政府救助平台"。督促各乡镇(街道)组织镇村干部、驻村工作队入户宣传云南省"政府救助平台",对建设的目的和意义、服务事项、操作流程进行讲解,指导农户在发生"两不愁三保障"及饮水安全问题时,通过云南省"政府救助平台"微信小程序申请救助服务事项。上半年,全县通过云南省政府救助平台办理群众申报事项1802件,办结1786件,办结率为99.11%。其中,低保724件,临时救助611件,特困供养98件,农村危房改造96件,找工作62件,农村饮水安全56件,大病专项救治55件,大病救助32件,慢病健康管理31件,找培训7件,医保参保登记5件,用药服务5件,控辍保学4件。

3. 持续强化易地搬迁群众后续帮扶

提升18个安置区就业产业组织化程度,特别是800人以上的富村镇圆梦佳园安置区,进一步引导搬迁群众参与产业发展,确保每个安置区至少有1项主导产业、每个搬迁户至少有1项增收项目、每个有劳动力户至少有1项就业技能。健全公共就业服务体系,加强就业服务和转移就业组织化程度,开展技能培训,实现零就业家庭动态清零,全县易地扶贫搬迁对象1330户家庭人口5940人,有劳动能力3366人,其中普通劳动力2864人,技能劳动力99人,弱半劳动力403人。已就业2592人,有劳动力的搬迁家庭至少1人就业,不存在搬迁家庭零就业情况。强化社会管理,健全社区管理体系,完善配套基础设施建设,统筹解决好搬迁群众户籍管理、适龄子女入学、健康医疗、社会保障、社区治理和物业管理服务等政策帮扶措施,提升安置社区治理水平,促进社会融入,确保搬迁群众稳得住、有就业、逐步能致富。

(四)农村集体经济在脱贫攻坚中的重要作用

富源县积极以农村股份经济合作社参与经营管理的模式,同步谋划农村集体经济增收,助推脱贫攻坚,自2022年以来,累计43个产业项目带动130个村(社区)村集体经济增收。总的来说,富源县农村集体经济发展在本县推进脱贫攻坚进程中发挥了重要作用,具体而言,可将农村集体经济发挥的作用概述为如下三方面：

第一，有利于乡村产业兴旺，实现长效脱贫。产业是实现脱贫致富的内生动力，是乡村振兴的基石，在脱贫攻坚任务即将完成、扶贫工作方式由集中作战转变为常态推进的过渡之年，构建起立足各地资源禀赋的富民产业，形成有竞争力的产业集群，变"输血"为"造血"，是实现可持续脱贫的主要途径和长久之策。构建现代化农业体系、建立兴旺发达的农村产业，首先要由村集体进行统筹规划，因地制宜地确定产业类型与发展思路。如中安街道回隆社区依托山地地形，在原有的种植业基础上兴办了桃园等农业产业园，结合当地汤锅经济发展乡村旅游观光；而位于高海拔地区、有水果种植产业基础与山地区位优势的小冲村集体则通过流转集体土地，兴办种植基地、加工车间等，走出了一条乡村产业振兴的特色道路。农业产业转型升级需要村集体的带头引路，农村集体经济通过整合土地资源与劳动力，形成了集约化、高效率的经营模式。不仅直接增加了个体农户的收益，更为村集体积累了优化产业与村域基础设施建设的资金，改善了村民生活条件，为共同富裕奠定了基础。由此观之，走产业兴旺的自主发展道路确为稳定脱贫的长效之策。

第二，有利于现代化农村社会的构建和文明乡风的形成。我国是社会主义国家，而社会主义国家的根本标志是公有制经济在经济结构当中占主体地位。农村集体经济从本质上来讲，其就是公有制经济，利用公有制经济形式对目前的农村经济发展进行改造，改善农村的基本环境，解决农村发展中的各方面问题。发展农村集体经济，并以集体经济为切入点强调现代化社会的内容，对于推进乡村社会建设有显著价值。经济基础决定上层建筑，只有在经济良好的情况下，文化建设以及社会风气养成才会有更好的效果。在富源县农村集体经济发展助推脱贫攻坚实践中，通过农村集体经济发展，改善农村老百姓的物质生活条件，在物质生活条件改善的基础上通过合理引导，积极推进文明乡风建设。例如大田边村党支部充分发挥战斗堡垒作用，紧紧围绕乡村振兴二十字方针，通过强责任、抓治理、优环境、树新风，科学有效推进美丽乡村建设。一是整合人居环境十户联保网、村民代表十五户联系网、疫情防控联络网等多种网格，实现多网合一，建立由支部牵头、党员带头的红色网格，推动小事不出格、大事不出网。二是落实党员一人一片责任区，将人居环境提升工作包保到人、到户、到区域，全面落实农户房前屋后"三包"责任和每天一小扫、每周一大扫制度，推动村庄清扫保洁常态化、制度化。三是党支部通过召开群众大会，充分听取意见建议，健全完善村规民约和红榜褒优扬先，黄榜揭短亮丑，着力培育乡风文明。

第三，有利于进一步深化集体产权制度改革，保障持续收益。集体资产以其公有性质而在理论上不可量化，更无法分割，导致产权归属不清、主体不明等问题，因市场经济条件下资源的跨地域流动、城镇化持续推进等现实情况而日益突出。近年来，为充分发挥农村集体经济在脱贫攻坚中的重要作用，富源县通过各种形式的股份制改革，使村集体经济获得了更有效率的产权制度安排，有利于盘活经营性资产、提高经济效益，也有利于保障各产权主体的稳定性、激发集体经济活力。同时，部分村获得认定资格的集体成员每年都能得到一定比例的集体经营利润、参与集体收益分红，既给村民带来了持续稳定的收入，增强了村民的获得感，又防止了集体资产外流，保护了集体收益。富源县墨红镇大量山地村发展程度较低、本身无集体企业等经营性资产，在发展农村集体经济过程中采取土地股份合作制，即将集体土地量化平均到每户，然后由集体将土地流转给有经营能力的市场主体，并以入股形式参与经营，集体成员便可按所占股份获得分红。在实现了多种经济成分的共同发展的同时，充分彰显了社会主义经济体制的优越性。

二、富源县农村集体经济发展现状

（一）富源县农村集体经济收入情况

富源县共有160个村（社区），其中社区35个（城市社区6个），行政村125个。近年来，富源县高度重视农村集体经济发展工作，坚持把发展壮大农村集体经济作为乡镇（街道）党（工）委书记抓基层党建述职评议考核的重要内容，作为基层党建综合考核的重要依据，不断压实责任，自2018年以来，通过实施"脱壳削薄"三年行动计划和集体经济强村工程，富源县各村（社区）集体经济发展取得了重大成效，如表6-1所示，截至2021年底，全县160个村（社区）农村集体经济收入共1409万元，平均收入达8.81万元，1684个村（居）民小组集体经济收入1194万元。在全县160个村（社区）中，159个村集体经济收入达5万元及以上，其中：5万~10万元的村（社区）有143个，10万~20万元的村（社区）有9个，20万~50万元的村（社区）有4个，50万元以上的村（社区）有3个（太和社区、外山口社区、四屯社区）。

表6-1 2017~2021年富源县各收入水平对应农村数量及农村集体经济总收入

单位：个，万元

年份	3万元以下	3万~5万元（不含5万元）	5万~10万元（不含10万元）	10万元及以上	总收入
2017	23	77	55	5	723
2018	5	51	95	9	1038
2019	0	12	134	14	1295
2020	0	4	144	12	1253
2021	0	1	143	16	1409

资料来源：根据富源县访谈资料统计。

（二）富源县农村集体经济发展特征

1. 农村集体经济增长速度快

2018年富源县印发了《富源县发展壮大农村集体经济的实施意见》，提出"利用三年时间，全面发展农村集体经济，全面消除没有集体经济收入的'空壳村'和集体经济年收入不足5万元的'薄弱村'"。并将富源县农村集体经济发展规划为三大阶段：到2018年底，所有村（社区）集体经济年收入达3万元以上，全部消除"空壳村"，消除30%的"薄弱村"；到2019年底，消除80%的"薄弱村"；到2020年底，全面消除"薄弱村"，建立农村集体经济收入稳定增长机制，所有村（社区）集体经济年收入达5万元以上，力争城市建成区、城乡结合区、产业重点区的农村集体经济年收入达20万元以上，并培育一批年收入50万元以上示范带动作用明显的集体经济强村。从结果来看，2017~2021年，富源县农村集体经济总收入由723万元增长到1409万元，4年间增长了接近一倍。2019年所有村集体经济收入超过3万元，同时集体经济收入5万元以下的村数量快速减少，到2021年基本实现了清零。结合2021年富源县农村集体经济收入情况来看，2018年确定的任务基本上得到了完成。

2. 农村集体经济与农村股份经济合作社紧密结合

富源县持续推进农村集体产权制度改革，2019年底，富源县全面完成了农村集体资产清产核资以及农村集体经济组织成员身份确认。2020年，富源县有经营性资产的95个村（组）全部成立了股份经济合作社或联合社。2021年结合村"两委"换届工作，继续扩大村集体经济组织覆盖面，在28个无经营性资产的村成立了经济联合社。全县共成立197个农村集体经济组织（其中成立组级农村集体股份经济合作社83个、成立农村集体股份经济合作联合社114个），设置了农村集体经济组织成员（代表）大会、理事会、监事会治理机制，全面完成登记赋码并发放农村集体经济组织登记证书197本。新成立的农村集体经济组织在村党组织的领导下，积极开展集体资产的维护、管理和运营，建立符合市场经济要求的集体经济运行新机制，确保集体资产保值增值，有效增加成员财产性收入，增强集体经济组织实力。

3. 农村集体经济收入来源较为单一

富源县大多数农村存在发展农村集体经济的渠道单一的问题，山区乡镇的大多数村仅依靠出租房屋、集体土地、林地、摊位等增加集体经济收入，缺乏产业开发、资金运作、农业科技、实用技术的有力支撑，难以找到发展集体经济的出路。有集体经济发展项目的村，也存在缺乏发展壮大农村集体经济的后劲，产业层次低、市场竞争力差、产业发展带动不大，项目后续发展乏力的问题。这种现象如果持续下去，可能会引发农村集体经济增长动力不足、稳定性差、破产风险上升等不良后果。

（三）富源县农村集体经济发展模式

在农村集体经济的发展模式上，经过多年的探索实践，富源县的集体经济发展路径逐渐向个性化与多样化发展，多种产业发展模式均取得较好成效。富源县农村集体经济的发展模式可归结为以下几类：

1. 产业带动型

通过发展现代特色农林业和生态循环农业，推动地域相邻、资源相近、产业相似的村（社区）跨地域联动发展产业，打造区域产业品牌。例如富村镇大凹子村于2018年经多方考察论证，充分整合利用闲置土地，投资230万元建成食用菌大棚种植基地120亩，标准化种植钢架大棚173个，主要生产香菇、鸡油菌、猪肚菌、黑皮鸡枞、羊肚菌5个品种菌菇。同时，为拓宽农产品销售渠道，解决食用菌系列产品销售难的问题，自2019年以来，富村镇坚持集中力量办大事，整合财政涉农、沪滇协作、定点帮扶等资金2090万元，用于打造大凹子食用菌全产业链。引进曲靖联农共创生物科技有限公司以技术入股，整合大凹子煤矿转型升级闲置矿区和产房，推动废弃矿山变身致富摇篮，建成年处理300吨的食用菌烘干线6条、400立方米食用菌储藏冷库、年生产400万公斤菌棒的菌棒厂，签订合作协议，年纯利润200万元以下，由合作方补齐利润，不予分成，年利润超过200万元，200万元部分按照5%、200万元以上部分按照10%分成给合作方，有效规避产业投资的风险。大凹子村通过建设食用菌种植及菌棒培养技术发展食用菌菌棒培养、种植及加工一体化全产业链，带动自身及周边4个村委会集体经济收入5万元以上，1094户4975人低收入群众户年均增收3000元以上。

2. 资源开发型

利用村集体未承包到户的闲置资源，通过集中开发或租赁等方式获取集体经济收益。例如大河镇起铺村村集体的荒山荒坡面积高达1000余亩，多年来没有发挥其应有价值，为了让沉睡的荒山资源活起来，大河镇成立工作小组，组建专班人员带领起铺村"两委"班子积极研究，经专业评估1000余亩荒山价值为200万元，以土地入股黄桃种植基地，闲置资源变为集体资产。同时，为进一步激发群众增收的内生动力，参与起铺黄桃基地产业发展，起铺村委会成立农民专业合作社，吸纳595户农民群众成为合作社社员，变成起铺黄桃基地股东，参与分红，保障了村集体和群众增收更加长远、更加可持续。

3. 资产盘活型

对集体所有闲置的办公用房、厂房、生产设备、停车场、设施大棚等经营性资产，明确集体所有权，建立台账、规范管理，鼓励对集体资产进行统一开发或经营，采取自主经营、租赁、抵押、承包、股份合作等方式，兴建专业市场、商业门面、仓储冷库、车库泊位、标准厂房、商品房等项目，大力发展农村集体经济，采取自主经营租赁、委托经营的方式实现集体资产保值增值。例如老厂镇者米村将合作社闲置养殖厂房入股老厂镇青路原生态土鸡养殖场，养殖土鸡5000只，日产土鸡蛋1000枚，每周销售土鸡150只，按照10%进行收益分红，实现村集体经济收入12000元。

4. 服务创收型

组建专业合作社、产业协会等服务组织，创办农业综合服务队、运输公司、物业公司等服务实体，发展订单收购、育种育苗、产品加工、集中运输、物业服务等。例如胜境街道四屯社区，依托邻近县工业园区的地缘优势，积极开拓集体经济发展新财源，发展劳务经济，积极吸引云南云铝泽鑫铝业有限公司、云南淮海矿业机械制造有限责任公司、浙江今飞凯达轮毂股份有限公司等多家知名工业企业相继入驻，社区党总支紧紧抓住企业需要大量劳动力进厂务工的机遇，及时成立了劳务派遣公司，主动与入驻企业对接用工需求，采取统一培训、统一派遣。近年来共向各企业输送1000余人，每年创收集体经济30万元。同时四屯社区成立农业综合开发合作社，引进云南滇擎农业科技有限公司，采取"党支部+龙头企业+合作社+农户"的模式和租赁的方式盘活集体闲置土地，种植紫薯160亩，由于紫薯从种植到采收需要大量劳动力，社区积极与企业对接，优先安排120余名建档立卡贫困群众到基地和企业务工，每人可增收3000元以上。

5. 物业租赁型

采取异地兴建、联村共建等形式，兴建专业市场、门面商铺、仓储设施、车库泊位、厂房、娱乐设施、广告设施等物业，通过租赁的方式获取集体经济收入，例如中安街道东门社区，通过组建房地产公司，在城区中心兴建房产项目（锦裕大厦），通过对外租赁，实现集体经济收入超过192万元。

6. 乡村旅游型

创办乡村旅游经济实体，开发农家乐、渔家乐、度假村、采摘园、农耕体验等乡村旅游项目，实现农村集体经济发展壮大。例如在回族人口占72%的回隆社区，牛汤锅是当地一道远近闻名的特色菜。社区有200多户农户外出开汤锅店，外地有140余户，本地有60多户，遍布全省各地，有的已经开到了省外，村里外出务工的劳动力，大部分在本地人开的汤锅店打工。为了进一步擦亮"回隆牛汤锅"品牌，结合离城区近、交通便利的区位优势，2021年，社区投资1200万元建成了专业屠宰场，解决了县城临街屠宰的乱象，提升了城市文明形象，屠宰场通过对屠宰前、后进行全流程严格把关，食用安全有保障，2021年实现屠宰肉牛2000余头，营收50余万元。同时，该社区以"农文旅"融合发展为抓手，投资2000余万元建设回隆驿生活旅游度假庄园，并以当地特产和美食为基础，打造回隆社区乡村电商直播示范基地、校企合作电商直播培训基地。以年轻党员干部为示范，着力在社区培养一批有想法、能实干的致富带头人，做优做强"旅游经济"和"网红经济"，为形成特色鲜明、带动力强的"一村一品"注入新的动力。中安街道回隆社区将传统美食文化与现代网红直播相结合，大力发展周末经济、"汤锅经济"，已实现集体经济收入10万元以上。

7. 异地置业型

对资源匮乏的村（社区），将财政投入资金或扶持资金形成的资产折股量化为农村集体经济发展资本，通过强村带弱村、抱团异地置业等方式，增加收入来源。为解决富源县大部分村（社区）山多地少、交通不便、发展要素不佳的问题，县委组织部积极争取上级扶持资金，通过抱团发展、异地置业的形式先后在中安街道寨子口社区、富源县工业园区、富源县鸣凤路与东门河交界处建设了千亩魔芋种植基地、富源县人才公寓、鸣凤立体停车场3个项目，累计投入资金3600万元，帮扶覆盖74个村（社区），其中：千亩魔芋种植基地已连续3年向22个村（社区）每年分红5万元，其余两个项目于2022年内完成验收，成功带动 52 个村（社区）的集体经济得到发展。

8. 庭院经济型

在部分资源匮乏、区位条件较差，但规模较大、人口较多、宅基地总量大的村，适合发展庭院经济助力村集体经济增收。庭院经济最大的特点就是对劳动力要求不高，早晚能管，老少能干，选定市场风险较小，价格稳定，需求旺盛的作物进行种植，可以开辟为家庭的辅助性收入。十八连山镇在气候、土壤、空间等方面适宜发展猕猴桃庭院经济，通过大量走访，结合实际，该镇制定了"种植少管理精，高果棚占地少"科学种植方案，呈现出三个特点：第一，占地小，有效利用小而散的空间，在院子里、房前屋后、房顶种植，果棚高度达到2米，每棚占地仅2平方米左右。第二，投入少，每户种植4棵总投入为800元，其中种苗200元，棚架600元。第三，效益高，选种的猕猴桃品种优良，品相好、口感好、商品率高。种植的第三年可初挂果，每棵结果10公斤左右，4棵共计40公斤，猕猴桃市场价约20元/公斤，产值达800元左右。第四年每棵挂果30公斤左右，产值达2400元左右。第五年进入盛果期，每棵结果50公斤左右，产值达4000元左右。在收益分配方面，按照"一平台三机制"建立利益联结机制，结合猕猴桃当年的产量、单价核定平均产值，收益按照"532"进行分红。"5"即农户占50%，"3"即村集体占30%，"2"即镇政府占20%用于滚动发展。政府收回成本之后不再参与分红，此后农户占70%，村集体占30%。既带动农户增收，又壮大了集体经济，收回的本金再用于滚动发展。做到本金不丢，留下产业，群众致富，不靠"输血"。

三、富源县推动农村集体经济发展的主要举措

（一）推进党建引领产业发展，全面提升乡村振兴组织化质量

近年来，富源县持续深化"三联三争"机制，巩固脱贫攻坚"三个组织化"成果，用好巩固拓展脱贫攻坚成果"一平台三机制"。巩固和完善农村基本经营制度，深化农村集体产权制度改革，发挥村党组织领导下的农村集体经济组织、合作经济组织纽带作用，建立健全"双绑"利益联结机制，通过订单收购、土地流转、生产托管、就业务工等方式，实现低收入家庭与合作社绑定、合作社与龙头企业绑定全覆盖，带动产业发展，促进群众增收。

（二）完善监管机制，加强农村集体"三资"管理

在强化村集体"三资"管理方面，富源县一是建立健全集体经济组织财务管理和会计核算办法，加强对发展农村新型集体经济的农民合作社或企业生产经营、资金运行情况进行监督检查，确保集体资金使用规范合法。健全完善农村集体经济"三资"管理制度，切实监管好项目资金，及时开展农村资产、资源、资金的清理核查，盘活集体存量，建立相应台账，做到底数清、情况明，确保集体资源资产的安全和保值增值。探索农村集体经济组织收入分账管理，农村集体经济组织定期公布集体资产经营管理、财务收支以及投资、参股企业的经营状况等情况，接受群众查询监督，有效防止经营风险、市场风险和廉政风险。二是全面清理集体经济合同。结合农村集体产权制度改革的推进，重点解决农村集体资产资源经济合同存在的问题。对未按规定程序发包、租赁，发包、租赁期限过长，费用过低等不规范经济合同，分类进行解决。已经签订集体经济合同的，可通过协商、仲裁、诉讼等方式调整、修改合同；不合法的依法认定无效后按规定重新发包、租赁；没有签订合同的，应本着公开公平公正原则，依法合理确定承包、租赁期限和费用等，并及时签订集体经济合同。对拖欠承包费、租赁费的应限期收缴，逾期仍不缴纳的可依法加收滞纳金，经催收仍不缴纳的，可依法向人民法院提起诉讼。三是加强农村产权流转交易服务和监督管理。要进一步完善农村产权流转交易市场，充分发挥农村产权交易中心交易平台作用，农村承包土地经营权、集体林权、"四荒"地使用权、农业类知识产权、农村集体经营性资产出租等流转交易要进入交易平台公开交易，充分利用农村产权交易中心信息平台及时发布村一级集体资产资源流转信息，搞好信息咨询、整合、服务和监管，激发农村集体经济发展活力。四是坚持和完善村会计委托代理制度。健全农村资金、资产、资源管理制度和"三资"台账，加强财务核算规范；落实村务、财务公开制度，发挥好监督委员会、村民民主监督作用，堵塞财务管理漏洞。

（三）强化政策支持，进一步优化资源配置

在政策端，富源县一是强化土地扶持。鼓励村集体经济组织开展农村土地综合整治，盘活用地指标。合理有效利用闲置宅基地和闲置住宅、废旧工矿用地等。二是加强项目扶持。富源县积极推动政府投资的农业产业化项目，与发展农村集体经济结合起来，在政策允许范围内，重点向农村集体项目倾斜，促进农村集体经济发展壮大。对村企合作开发、投资兴建的项目，优先列入规划，

在支农项目安排上予以倾斜。同时对农村集体经济建设项目或经营项目，要简化审批手续，减少办理环节，提高办事效率。三是加大资金扶持。充分统筹使用现有各项涉农财政支持政策，创新财政资金使用方式，采取资金整合、先建后补、以奖代补等方式，支持发展壮大农村集体经济。2022年，全县投入产业帮扶资金1.33亿元，采取"公司+村集体+合作社+农户"的产业发展模式，与23个农业龙头企业、20个专业合作社合作，带动"三类"监测对象3859户13621人增收。四是加大金融支持。富源县推进金融机构把扶持农村集体经济发展作为信贷支农的重点，开展"三农"融资担保业务。逐步加大财政支农贷款风险补偿和贴息力度，加大政策性农业保险的支持力度，强力推进信用体系建设，不断优化农村金融生态环境。

（四）项目化运作，进一步规范项目管理

1. 建立集体经济项目管理制度

富源县建立了2021~2023年农村集体经济项目库，以后各年年末对下年项目库进行增减修订。成立由县委组织部、县财政局、县农业农村局、县乡村振兴局组成的农村集体经济发展项目评审组，指导各乡镇（街道）以行政村（社区）或村（居）民小组为单位，立足本地资源禀赋，着眼产业发展布局，编制扶持壮大农村集体经济项目库，项目库包含实施项目的村组名称、项目实施主体、项目建设内容、可行性分析、资金预算及来源、收益分析、覆盖人口、党支部规范化等情况。

2. 严格项目申报立项

明确各乡镇（街道）根据项目指标，从项目库中择优确定项目，指导农村编制方案并进行申报。项目经审批立项后，不得擅自调整或变更。确有特殊原因需调整或变更的，须经县级项目组研究同意后向项目组报送变更材料。

3. 抓实项目的组织实施

由富源县项目组督促指导各相关乡镇（街道），成立以乡镇（街道）主要领导、分管领导、县乡联系指导人员、村（社区）干部为成员的项目工作领导小组，负责组织实施。项目指导人员参与项目库的建设和项目方案编制、规划、评审、检查、验收等工作，对项目建设、日常经营管理提供技术、管理服务，对项目涉及的重大决定、重要经营活动调整提供决策咨询服务。规范采购管理，项目实施过程中有关事项属于政府采购和招投标范围的，必须严格按照政府采购和招投标有关法律法规的规定执行。专业技术较强的工程类项目须聘用专业技术人员进行监理。要强化日常检查，县级项目组、乡镇（街道）主动开展日

常检查，发现不符合实施方案的苗头性、倾向性问题，及时组织整改或报批。

4. 严格项目验收

各项目实施内容需确定项目周期，原则上养殖类（不含养殖基础设施建设）项目周期不超过2年，种植类（含种植基础设施建设）项目周期不超过3年，其他类型项目建设周期为1年。项目建成后，由乡镇（街道）开展初验后提交项目实施报告，并向县级项目组申请验收。富源县项目组验收合格后，出具项目验收报告，并在3个月内办理固定资产移交手续，将项目建设形成的固定资产移交给农村集体经济组织，纳入农村资产进行管理。施工单位或项目承建单位应按照国家有关规定建立健全项目档案，及时收集、整理、归档从项目提出到工程竣工验收各环节的文件资料，并在项目竣工验收后，及时按规定将全部档案移交农村集体经济组织。

（五）加强监督管理，进一步规范集体收益分配使用

富源县逐步建立基于农村集体资产所有权的收益分配机制，处理好国家、集体和成员个人的利益关系。坚持公平、公正、公开，由农村集体经济组织提出年度分配方案，经"四议两公开"进行决议，乡镇（街道）党（工）委审批，报县级项目组备案后实施。具体采取村（社区）申报、乡镇（街道）核实审批、县委组织部备案的方式，管好用好分配好。村集体经济收益在5万~10万元的，可统筹为公益金和风险防控积累金使用，村集体经济收益超出10万元部分建立集体经济"433"分配模式，按公益金不低于40%、风险防控积累金不低于30%、村（社区）干部奖励金不高于30%的标准进行分配。同时，设立村（社区）干部集体经济收益增量奖励，以上一年的集体经济收益为基数，收益增量部分按不高于20%的标准进行分配。村（社区）干部奖励金和增量奖励的总量原则上不得超过20万元。计算方式为：村干部奖励金（公益金、风险防控积累金）=（当年收益-10万元-增量奖）×分配比例，增量奖=（当年收益总量-上年收益总量）×分配比例。在各类分配方式的资金用途上，富源县也做了明确规定：

第一，公益金主要用于：①补充村组两级组织运转。②公共事务管理和发展公益事业，开展助学、奖学，救助生活困难党员、群众。③集体经济组织成员分红。④慰问党员、群众，开展"三会一课"等党组织活动和党员群众教育培训，开展群众性文体活动；等等。

第二，风险防控金主要用于：①扩大再生产。②公共基础设施建设。

第三，村（社区）干部奖励金主要用于：奖励村组干部、集体经济组织相

关工作人员。

第四，其他支出按程序报批后执行。

四、富源县农村集体经济发展问题与建议

（一）富源县农村集体经济发展现存问题

虽然近年来富源县采取了一系列措施，在推进农村集体经济发展壮大上取得了突出成就，但富源县集体经济薄弱的情况仍然普遍存在。截至2021年底，富源县还有120个村（社区）集体经济收入小于7万元，按照省、市要求，2022年底全县所有村（社区）集体经济收入需达到7万元以上，距离省、市目标要求还有一定差距。实际上富源县农村集体经济发展的整体水平在云南处于相对落后的位置。目前富源县农村集体经济发展中存在的问题主要有以下几个方面：

1. 农村集体经济发展的内生动力不足

富源县大量农村集体经济基本依赖财政扶持，依靠上级拨款形成资产进行租赁，或直接入股获取收益，虽然风险较小，但缺乏"造血"能力，也缺乏增长潜力。例如：竹园镇乐乌村、十八连山镇箐门前村、大树村等村集体经济收入高度依赖于土地、水库等资产租赁；古敢水族乡咚喇村等村完全依赖组织集体土地流转的固定管理费；等等。这种现象的成因可归结为以下四个方面：一是缺乏人才。当前部分村（社区）"两委"班子由于能力不足、畏难情绪等原因，对发展集体经济主动性不足，存在"等、靠、要"思想，缺乏敢闯敢试的勇气，带领群众发展致富的动力不足，产业发展主要靠县乡帮扶。同时由于乡村大量青壮年劳动力外出务工，振兴乡村特色产业也面临着人才不足的约束。二是集体经济"433"的分配模式并没有得到很好地落实。虽然富源县规定村集体经济收益超出10万元部分建立集体经济"433"分配模式，但在实践中部分村集体经济收益超10万元的村（社区）在执行"433"分配制度的落实上有差距，慑于外部压力不敢执行、缺乏相关经验不会执行的情况不同程度存在，"433"分配模式的激励效果难以得到发挥，无法充分调动各方面积极性，保障村集体经济发展的健康、可持续。三是市场竞争力较弱，富源县大批村集体收入并非完全来源于市场化经营，村股份经济合作社与农业企业的合作方式存在

大量非市场化因素，这虽然在短期内实现了农村集体经济的增收，但具有不可持续性，农村集体经济要想实现不断壮大，长期增收，必须培育自身的市场竞争力。四是产业发展程度不足，基础较差，部分资源禀赋较差、区位条件不佳的村，虽然可以采取异地置业的模式实现村集体经济增收，但难以弥补缺乏自身特色产业的村在实现农村集体经济收入的长远增长上存在的劣势，充分打造自身特色产业，实现经营性收入增长，带动农村集体经济增收，是未来富源县推动农村集体经济发展的重点。

2. 集体经济组织投资及长效运营管理机制有待进一步完善

全县共建立200余个农村集体经济组织，真正建立了实体化产业并发挥带动村集体增收作用的村集体经济组织仅占三成左右。一是因为村集体可用资金不多。集体资源匮乏是制约大部分村（社区）集体经济发展的最大瓶颈。"开源"资金缺乏导致有的村（社区）与企业合作后取得的"赞助式"收入仅能解决村（社区）暂时运转，与产业发展联系不紧密，不可持续、不稳定；有的村虽有想法、有路子，但底子薄弱，农村收入只能保持基本运转和民生类支出，发展集体经济缺乏资金。村（社区）的可用资金少之又少，循环利用率差，导致重点工作推进缓慢。二是因为集体"三资"利用不充分。虽然集体经济各项制度机制已经形成规范，但存在"三变"能力不足，"双绑"利益联结机制落实面不够宽、不彻底等问题，自脱贫攻坚以来，全县共投入产业发展资金69075万元，实施农业产业项目500个，形成经营性资产258个，资产规模39103万元，但真正利用"双绑"利益联结机制并持续发展的并不多见。有的资产没有很好地利用，没有实际经营，部分资产闲置；有的产业发展项目没有形成良性经营性资产，只是一次性收益产业，产业链条短，附加值少，来源单一；有的产业资金投放使用效果差，仅靠资金占用费作为集体经济收入，未能很好发挥扶持带动作用；有的村集体资金主要用于人居环境、正常运转等工作，资金使用单一。

3. 集体经济发展要素保障机制还有待进一步完善

当然，这跟集体"三资"管理措施参差不齐、管理体制与发展管理不相适应是分不开的。例如在交易管理方面，各乡镇（街道）虽然均设立集体资产资源交易中心，但机构体制不顺，人员数量和素质难以满足工作需要，工作开展难；部分乡镇（街道）对公共资源交易中心建设重视程度不够，参与部门越来越少，存在交易风险；部分乡镇（街道）业务人员对集体资产资源交易法律法规、程序制度、规则流程等不熟悉、不专业，服务能力不足。在报账审批方面，2014年出台了《关于加强农村集体资金资产资源管理工作的意见》，在实践中产生了一系列问题，如集体资金使用计划实行联签会审的规定程序复杂繁锁（行政村集体资金使用需8人签字、村小组集体资金使用需10人签字），村（社区）报账员投入大量精力找领导签字周折多，费时费力。

（二）富源县推进农村集体经济发展的对策建议

1. 持续加强特色产业帮扶

第一，强化特色主导产业支撑。建立稳定的利益联结机制，实现产业帮扶全覆盖。聚焦打造建设高端食品基地，全面强化大产业、大基地、大项目、大企业支撑，补上技术、设施、营销等短板，加快推进绿色蔬菜、优质水果、新兴花卉、药材等特色主导产业发展。突出组织化、规模化、加工化、市场化、品牌化，实施富源魔芋、大河乌猪品牌提升计划，推进肉牛羊产业发展壮大，加快发展辣椒、紫薯、山药、山地蚕豆、生姜、油菜等特色经济作物。大力开展"三品一标"认证，深入推进农业品种培优、品质提升、品牌打造和标准化生产提升行动，着力打造一批具有富源元素、富源特色的区域公用品牌、企业品牌和产品品牌，增加绿色优质农产品供给。

第二，强化农村产业融合。突出特色和全产业链开发，加快农业一二三产融合发展步伐，大力发展乡村旅游、休闲农业、电子商务等新产业新业态。支持带动脱贫人口增收的龙头企业、合作社发展，促进产业提档升级，以产业高质量发展带动脱贫人口持续稳定增收。到2024年，发展绿色蔬菜16万亩、产量达28万吨，优质水果7.2万亩、产量达8万吨，新兴花卉0.8万亩、产鲜切花1亿枝，道地药材12万亩、产量达3.5万吨；出栏生猪176万头、肉牛11万头；新增认证"三品一标"产品9个，培育市级以上龙头企业31个，打造"绿色食品牌"产业基地72个。

第三，完善产业帮扶范围。推进产业帮扶政策措施由"到村到户"为主向"到乡到村带户为主"转变，加大招商引资力度，引进龙头企业，持续培育壮大新型经营主体，建立健全龙头企业绑定合作社、合作社绑定脱贫农户的"双绑"利益联结机制，确保有产业发展意愿和条件的脱贫户及"三类监测对象"产业帮扶"双绑"覆盖率达100%，不断提高脱贫人口家庭经营性收入。

第四，加强宏观指导，选准发展路径。有效运用各类产业扶持资金，切实发挥专业合作社作用，采取"党支部+合作社+农户"的发展模式，大力发展产业并实现当地加工转化，逐步形成"一村一品"的特色产业，提高产值增加集体经济；充分运用"双绑"机制，大力招商引资，引进龙头企业带动，规模发展，实现村民务工收入、村集体入股分红；由富源正融投资集团有限公司乡镇

（街道）子公司牵头，把多个产业发展项目资金整合，选准市场前景好、效益高、收益快的产业进行发展，分红壮大集体经济；充分利用煤炭产业优势，成立服务社，通过运输服务、保障服务、务工服务等服务煤炭企业，提取服务费用作为村集体经济；积极争取金融支持，利用资产资源抵押贷款，弥补集体经济发展中的资金不足；用好"433"分配中风险防控积累金，更好将产业扶持资金再分配、再使用。

2. 持续推进人才强村

第一，抓好人才回引。落实好集体经济收入分配制度，充分调动村（社区）干部发展壮大集体经济的积极性，通过人才回引计划、"领头雁"培养计划等措施加强集体经济发展的人才支撑。加强人才政策支持。适当放宽基层公务员和事业单位工作人员招录（招聘）条件，拿出一定数量的职位（岗位）面向本县户籍人员（或生源）、退役士兵招录（招聘）。在待遇职称等方面予以倾斜支持，鼓励和引导各方面人才向基层流动。在高校毕业生"三支一扶"计划中予以支持。实施"'百团万人'创建'百企百村百品牌'工程"，围绕乡村特色产业，按照"一县一业"模式，选派科技特派团。加大文化工作者服务支持基层一线工作力度，在文化工作者选派和培养方面予以倾斜支持。

第二，深化扶志教育。按照习近平总书记"坚持大扶贫格局、注重扶贫与扶志、扶智相结合"的指示要求，以社会主义核心价值观为统领，在农村集体经济发展上发扬"上下同心、尽锐出战、精准务实、开拓创新、攻坚克难、不负人民"的脱贫攻坚精神。坚持在壮大农村集体经济工作中做到"输血"和"造血"并重，既要送温暖，更要扶志气、树信心，扶智能、送本领，彻底改变个别脱贫人口和脱贫村多年来养成的"靠着墙根晒太阳、等着别人送小康"的依赖思想，实现思想观念大转变、行为习惯大改善、文明程度大提升、致富本领大提高，为全县壮大农村集体经济、巩固脱贫攻坚成果推提供可靠的思想保障、精神动力和智力支持。积极营造崇尚劳动、勤劳光荣、勤劳致富、自我发展的浓厚氛围。

第三，建立职业技能培训统筹机制。建立农村劳动力职业技能培训工作机制，成立以县人民政府分管领导为组长、有关部门负责人为成员的职业培训工作领导小组，下设人力资源社会保障部门牵头的职业培训工作办公室，对农村劳动力职业技能培训统一组织领导、统一培训计划、统一资金使用、统一培训资源、统一认定培训机构、统一技能资格认定、统一补贴支付。及时公布培训项目目录、培训机构和评价机构目录，提供"菜单式"培训，鼓励有培训意愿的脱贫人口和农村低收入人口参加职业技能培训，丰富就业"技能包"。立足当地社会需求和农村特色产业发展，积极培育一批知名劳务品牌和高素质农民队伍，助力"一村一品"产业发展，形成品牌效应。健全培训就业帮扶快速响应机制。综合运用农户自主申报、基层干部排查、部门筛查预警及实地调研、问卷调查等线上线下询问方式，及时掌握帮扶对象培训就业需求，做到底数清、情况明、早谋划、早培训。完善政府救助平台培训就业帮扶功能，帮助有培训意愿的脱贫人口和农村低收入人口能方便、快捷、有效获得培训信息，提升劳动技能并掌握不少于1项劳动技能。及时帮助有就业意愿的未就业人员实现就业、已就业人员稳定就业，符合条件的享受就业帮扶政策。

3. 强化农村集体经济管理

第一，强化督促检查。建立督促检查工作机制，定期调度和分析工作进展情况，总结经验成效，解决存在问题，对工作推进情况较好、成效明显的乡（镇、街道）和县直部门给予通报表扬，对责任不落实、工作推动不力、成效不明显的乡（镇、街道）和县直部门给予通报批评、约谈，推动农村集体经济全覆盖工作高效开展。

第二，强化经营绩效管理。大力推进农村集体资金管理委托代理，促进资金管理更加规范，乡镇农经队伍集中精力做好村集体资产和资源的管理，并对委托代理单位进行指导和监督；加强对近年来通过产业政策扶持后形成经营性资产的管理，及时登记入账，盘清底子，明晰产权；加强对农村报账人员的培训，提高财务管理的能力，及时报账做账，降低廉政风险；加强对行政村专业合作经济组织财务管理，循环用好用活发展资金，既要保证严格规范，又要灵活好用，实现集体经济发展成果管得严格、用得合理；健全农村财务公开制度，加大村、组两级财务公开力度，主动、自觉接受群众监督。

第三，强化考核激励。将农村集体经济全覆盖工作纳入乡（镇、街道）党政领导班子和领导干部推动乡村振兴实绩考核，以及乡（镇、街道）党（工）委书记抓基层党建述职评议考核，并将考核结果加以应用。对农村集体经济发展模式新颖、经济效益良好的村，可优先推选为"产业发展红旗村"；对农村集体经济发展作出突出贡献的村（社区）干部或村集体经济组织成员，可结合实际由村集体经济组织按章程给予绩效奖励。

第四，完善配套政策机制。乡镇（街道）要加强对公共资源交易中心的管理，明确各参与单位的职能职责，确保交易工作正常运行，县农业农村局和政务管理局共同研究制定规范性规则，资源交易统一运行模式、交易流程、交易标准，同时做好业务指导和相关法律法规的宣传解释工作，切实保障交易安全；充分体现村民自治，划定农村集体资产和资源交易范围，将小规模的建设项目从交易中剥离出来，用"四议两公开"和"一事一议"方式进行民主决策；进一步完善《富源县农村集体资金资产资源管理制度》，优化农村资金的使用审批程序，规范审批制度；把行政村和专业合作社的财务进行集中统一管理，降低管理成本；建立金融支持农村集体经济发展的机制，解决村集体经济发展壮大的资金难题。

第七章　云南省楚雄市农村集体经济发展调研报告[①]

云南省楚雄彝族自治州楚雄市地处云南中部，国土面积4433平方公里，地形以山地为主，山区面积占国土面积的83.5%；下辖1个国家级高新技术产业开发区和15个乡镇、154个村（居）委会、2834个村（居）民小组。2021年底，全市户籍人口54.69万人，其中农村人口24.73万人，占45.2%；有彝、回、苗等少数民族人口14.26万人，占户籍总人口的26.1%，其中彝族人口12.045万人，占户籍总人口的22%，占少数民族人口的84.5%。全市居民人均可支配收入33030元，其中农村常住居民人均可支配收入15429元，同比增长12.2%。脱贫攻坚期内，全市2个贫困乡镇脱贫退出、51个贫困行政村出列、9310户35759人脱贫，全市无返贫致贫人口。

近年来，楚雄市认真贯彻落实习近平总书记关于实施乡村振兴战略重要讲话精神，持续把巩固拓展脱贫攻坚成果同乡村振兴有效衔接作为首要政治任务，准确把握总体工作定位和任务要求，聚焦"三个转向"，紧紧围绕"12345812"工作思路（即：坚决守住不发生规模性返贫这"一条底线"，坚持"两手联动"，做到"三个转向"，严格落实"四个不摘"工作要求，全面推进"五大振兴"，持续做好"八个有效衔接"，着力实施"十二项巩固拓展工程"），着力打造巩固拓展脱贫攻坚成果同乡村振兴有效衔接楚雄样本，在多措并举发展壮大农村集体经济，全面助力乡村振兴上取得了重大突破，积累了丰富的经验。自2019年以来，全市共实施了27个中央和省级扶持壮大农村集体经济项目（其中2019年7个，2021年20个）。所有项目严格按照《云南省扶持壮大农村集体经济强村工程项目管理办法（试行）》进行规划申报、立项实施、经营管理，实现了"做一个项目、强一个堡垒，引一批人才、兴一个产业、富一方百姓"的目标。

[①] 执笔人：何欣玮。

一、楚雄市农村集体经济与巩固脱贫攻坚

自2022年以来，楚雄市深入学习贯彻习近平总书记关于巩固拓展脱贫攻坚成果同乡村振兴有效衔接重要论述、指示批示精神和考察云南重要讲话精神，深入贯彻落实党中央国务院决策部署和省委省政府、州委州政府工作安排，锚定州第十次党代会、州委经济工作会议和州委农村工作会议确立目标，认真践行"三个工作法"，持续狠抓责任、政策、工作"三落实"，坚决守住了不发生规模性返贫的底线，巩固拓展脱贫攻坚成果同乡村振兴全面衔接任务有力达成。

（一）坚持"四个不摘"，健全组织指挥体系

第一，不摘责任。将推进巩固拓展脱贫攻坚同乡村振兴有效衔接放在全市各项工作压倒性位置，认真落实"双组长""双月调度""双办公室"制度，成立2个工作专班专项推进工作落实。2022年上半年，市委常委会、市政府常务会议研究巩固拓展脱贫攻坚成果同乡村振兴有效衔接工作3次，召开市巩固脱贫攻坚推进乡村振兴领导小组会议暨指挥调度3次，专班会议4次，研究、交办各类问题29项。

第二，不摘政策。制定出台了《楚雄市促进脱贫人口持续增收三年行动计划实施方案（2022—2024年）》《关于建立"双绑"利益联结机制推进产业帮扶全覆盖的实施方案》等三个实施方案，优化调整医保、教育、低保等惠民政策，构建横向到边、纵向到底政策保障体系。2022年上半年，投入巩固脱贫攻坚推进乡村振兴项目建设资金1755.24万元，实施村组道路改扩建工程4件，安全饮水工程4件，电力提升改造工程1件，污水收集处理工程8件，农业灌溉工程7件，16个小组完成村内户外道路硬化。

第三，不摘帮扶。组建66支工作队，选派176名驻村第一书记和工作队员，4020名干部对15个乡镇、136个村（社区）和脱贫户、"三类对象"全覆盖包保。将全市15个乡镇划分为5个攻坚战区，围绕建强村党组织、巩固脱贫成果、推进强村富民、提升治理水平、为民办事服务五个主题，每季度开展一次"擂台赛"，全面激发干部敢于攻坚、敢打硬仗的实战能力。

第四，不摘监管。紧紧围绕防返贫动态监测和帮扶机制落实、"两不愁三保

障"和饮水安全巩固、资金资产项目管理等重点任务,强化跟进监督,工作落实情况纳入"干在实处、走在前列"大比拼和年终综合绩效考评重要内容,与干部奖惩、提拔使用等挂钩,持续抓好压力传递。2022年上半年,对15个乡镇、7个市级行业部门进行实地督查,发现5个方面存在问题,全部分类制定整改措施,建立整改台账,实行销号管理。

(二)聚焦重点群体,持续巩固拓展脱贫攻坚成果

当地认真落实"一平台三机制"四个帮扶全覆盖工作机制,逐月入户排查、分析研判,对返贫致贫风险及时发现、及时帮扶。2022年上半年,新识别监测对象84户245人,风险消除11户37人、回退10户31人、清退9户28人,办理群众申请救助事项1211件。有易返贫致贫人口1535户4853人,1316户4234人通过帮扶消除风险。

在教育方面,下达学生资助资金1389.55万元,发放春季学期"雨露计划"补助150.95万元,839名学生受益。在住房方面,实施农房抗震改造600户,已竣工46户。医保方面,脱贫人口和监测对象100%参加城乡居民医疗保险,医疗救助100%覆盖,政策范围内医疗费用报销比例达80%。在饮水保障方面,投资2.54亿元实施2021~2023年农村供水保障专项行动,解决13.2万农村群众生活饮水问题,已完成投资9377万元,投入237万元解决7.456万农村群众饮水问题。

在产业方面,将55%以上的衔接资金用于产业发展,2022年上半年投入衔接资金644万元,发放小额信贷2492.3万元,推进实施以高原特色农业、乡村旅游业、电子商务、劳务经济4大乡村产业为主,扶贫车间、旅游电商等为辅的"4+N"产业体系,确保农村地区群众每户均有2项以上稳定收入。目前,全市培育发展各类合作社713个、家庭农场596个、规模养殖场1418个,48个龙头企业与51个脱贫村签订帮扶协议,8522户脱贫户与经营主体绑定发展,547户获小额信贷产业扶持。

在就业方面,按照"稳总量、调结构、提质量"要求,完成劳动力引导性培训350人,技能培训106人,13.62万农村劳动力转移就业,其中,脱贫劳动力转移就业1.71万人,同比增长4.27%。成立全州首个"就业帮扶车间",实现就地就近就业600余人。开发乡村公益性岗位300个,待遇提高至每人每月800元,发放乡村公岗补助资金44.56万元。

在兜底保障方面,对缺乏劳动能力或因病因灾因意外事故等无法依靠产业、就业获得稳定收入农户落实政策兜底保障。2022年上半年,向低保户、边缘易

致贫户等低收入群体发放低保资金1518.31万元、残疾人两项补贴资金236.24万元、孤儿等特困儿童基本生活补助资金84.51万元、特困人员生活费和护理补贴资金489.68万元。

同时，当地建立"关爱基金"机制。市级财政每年安排200万元建立"关爱基金"，对收入骤减或支出骤增，在享受各种帮扶政策后仍存在返贫致贫风险的农户及时给予帮扶，消除风险。已救助5批次204户，发放救助资金177.38万元。实施重点示范社打造工程。2021~2025年，市级财政每年安排150万元，支持15个乡镇每年打造1个农业专业合作社为重点示范社，经考核达标后，一次性给予每个合作社5万~10万元奖补资金，专项用于合作社设备购置、基础设施建设、产品包装设计、品牌策划、技术培训等，支持农民专业合作社发展壮大。建立评比表彰机制。广泛开展道德模范和"身边好人"评选活动，实施"十星级文明户""最美家庭""好媳妇、好婆婆"评比，对获评农户每年给予500~1500元不等的生产、生活物资奖励，树立先进典型，宣传先进事迹，提升乡风文明水平。

（三）聚焦要素投入，推进乡村振兴示范创建

当地制定《楚雄市乡村振兴精品示范村建设实施方案》，规划启动西舍路镇龙岗村、大过口乡磨刀箐村、紫溪镇紫溪社区、吕合镇中屯村、东瓜镇桃园社区、苍岭镇李家村6个精品示范村建设。加快完善安置区配套设施和公共服务，落实易地扶贫搬迁"50个工作目标"和"30条稳得住"措施，搬迁群众安全饮水到户率、生活用电覆盖率和垃圾转运处理率均达100%，养老保险、基本医疗全覆盖，户均有至少1项增收产业，631人转移就业，安置区配套设施和公共服务水平得到明显提升。

当地强化要素投入，扎实推进乡村振兴各项工作。第一，加快乡村产业发展。实施乡村休闲旅游提升计划，开发东华镇小伍排村、东瓜镇陈家冲村等乡村旅游项目，乡村旅游收入5000余万元。建成州（市）级电子商务服务中心1个，乡镇电子商务公共服务站（点）15个，农村服务站（点）43个，认证"三品一标"企业46户、产品140个，"绿色食品牌"产业基地38家，"一村一品"专业村21个，17个企业和产品品牌入选省级目录。

第二，建强乡村人才队伍。制定《楚雄市加强"八个一百"人才队伍建设助推乡村振兴工作方案》等政策，开展8个人才专项行动，每年动态培养本土人才800名左右。实施"万名人才兴万村"行动，培养农村后备干部522名，回引农村优秀人才111名，选聘423名科技人员支持产业发展，选派539名各

类人才支援山区乡镇建设,树立重基层、重实干的人才使用导向。

第三,提升乡村文明水平。印发《楚雄市乡贤评选推荐管理办法》等制度,修改完善"一约四会"制度,开展文明村镇、"美丽庭院"创建和十星级文明户、道德模范评选等活动。截至目前,共创建市级以上文明村镇52个、国家级文明乡镇2个,创建市级"美丽庭院"示范村33个、示范户360户,评选7星以上文明户20049户,文明乡风、良好家风、淳朴民风氛围不断浓厚。

第四,抓好乡村基层治理。推进"干部规划家乡行动",完成村庄规划编制52个,正在编制58个。启动州级示范乡镇1个、精品示范村15个、美丽村庄50个创建工作,打造生态宜居美丽乡村140个,无害化卫生户厕覆盖率达87.35%、行政村无害化公厕100%覆盖,生活污水治理率达83.7%,所有自然村达到人居环境Ⅰ档标准。村组100%建设"智慧安防",群众安全感、满意度不断提升。

第五,建强乡村组织功能。推进实施村(社区)领头雁活力再造工程,345名村(社区)干部实现能力素质和学历水平"双提升"。81个党支部完成规范化建设达标创建,8个软弱涣散基层党组织全面整顿提升。实施村集体经济发展项目8个,154个村(社区)集体经济收入稳定增加,87个村集体经济收入达10万元以上,占比56.5%。

(四)农村集体经济在脱贫攻坚中的作用分析

农村集体经济是生产资料归村域内成员集体所有,实行共同劳动、对劳动所得进行共同分配的经济组织形式,是社会主义公有制经济的重要组成部分。楚雄市农村集体经济在脱贫攻坚中的作用可概述为如下几方面:

第一,保障脱贫攻坚成果的重要基础。在全面打赢脱贫攻坚战的基础上,农村地区亟须建立健全与脱贫攻坚系列政策相连接的体制机制并加以落实,而农村集体经济无疑成为实现农民共同富裕与乡村振兴的制度保障。首先,农村集体经济本身就具有长期存续的可能性。集体经济组织在建立之初必须先完成清产核资、成员界定、股权设置等关键程序,为集体资产的产权清晰打下基础;在成员认定、股权设置、成员的经济权利及义务等诸方面,集体经济组织都必须设置科学明确的规定。在社会主义市场经济条件下,体制健全、运作合理的集体经济组织便能作为独立的市场主体存在发展。其次,发展集体经济同农村脱贫致富有着天然联系,只有村集体经济的实力增强了,才能持续落实好扶贫保障工作。若将国家扶贫资金直接分发给贫困户,并没有达到长期扶持、防止返贫的目的,村中经济长期没有提高,扶贫工作失去保障和动力。而壮大集体经济，利用现代产业创造就业岗位，为贫困户提供长期稳定的收入来源，能够引导贫困户实现自主脱贫，充分巩固脱贫成果。

第二，推进脱贫村进一步实现富裕的重要支撑。在脱贫村发展集体经济，是脱贫村实现共同富裕的重要途径。楚雄市目前大量农村存在着大量青壮年劳动力外流的问题，该问题的持续发展导致了农村劳动力的不足。同时传统的家庭发展模式在乡村振兴中表现出了比较多的限制，比如经济规模限制、产业类型限制、人才限制、技术限制等。种种限制会导致农村发展无法与时代进步相契合。在脱贫村发展集体经济，实现脱贫村的发展资源整合，产业建设资源会更加丰富。在产业建设的过程中集合众人之所长，由专业的领导人员和管理人员对集体经济的发展做规划，集体经济不仅会有良好的发展趋势，其抗风险能力也会显著增加。在集体经济发展的过程中，脱贫村的村民不仅可以享受经济发展红利，还可以在产业发展中获得稳定的工作与收入，这对于实现脱贫村的共同富裕而言具有重要意义。

第三，凝聚人心的重要纽带。发展农村集体经济在凝聚人心、团结人民方面也有显著的作用。脱贫村集体经济将村民牢牢地绑在了共同的利益链条上，正所谓"一荣俱荣，一损俱损"。在集体经济发展的过程中，由领导集体和管理人员进行指导，让村里具有名望的人员进行动员，最终实现集体参与。在认识到集体价值之后，老百姓们会达到"心往一处想，劲往一处使"的状态，在这种状态下，脱贫村的集体经济发展会迸发出强大的动力，这对于经济的持续性发展有积极意义，对于解决村民之间的矛盾问题也有显著价值。

第四，基层战斗堡垒建设的重要形式。农村基层党组织是党在农村全部工作和战斗力的基础，是贯彻落实党的扶贫开发工作部署的战斗堡垒。新时代下人民日益增长的美好生活需要要求村基层组织肩负起带领村民脱贫致富、维护农村稳定与善治的艰巨任务。长效脱贫机制的建立与乡村振兴战略的全面推进对农村集体经济的发展提出了更高队伍配备要求，要发掘和打造一批熟识当地实际、专业知识过硬、了解市场经济规律的干部队伍，为农村集体经济的可持续发展提供必要的人才保障与智力来源。例如：在本东村领导班子中，有土生土长的本村村民，他们了解当地实际情况、同农民群众关系紧密，能及时听取并反馈群众意见；也有深谙农事技术与农业政策的驻村专家，能为当地产业结构优化调整、相关政策的传达落实提供专业性的指导建议。楚雄市将扶贫开发同基层组织建设有机结合，发挥好党员干部和基层党组织的领导核心作用，落实"以提升组织力为重点，突出政治功能"的基层党组织建设要求，在各地各村建立基层党组织并由其承担发展农村集体经济与实现乡村全面振兴的主体责任，不断更新人才队伍、提高专业能力、坚定政治立场，为脱贫攻坚提供了坚强的政治保证。

二、楚雄市农村集体经济发展现状

（一）楚雄市农村集体经济收入情况

2021年，楚雄市154个村（社区）集体经济收入均达到5万元以上，其中：5万~10万元的村（社区）67个，占比为43.51%；10万~20万元的村（社区）66个，占比为42.86%；20万元及以上的村（社区）21个，占比为13.64%；收入最高的是栗子园社区，2021年实现集体经济收入588.8万元（其中商铺租金收入490.19万元、农贸市场租金收入89.75万元、幼儿园租金收入8.86万元）。2021年度全市农村集体经济收入2471.95万元，其中：铺面、房屋、场地租赁等出租资金收入1907.23万元，占比为77.15%；发展种养殖产业收入84.23万元，占比为3.41%；土地流转收入113.2万元，占比为4.58%；提供服务收入（就业培训场地、垃圾清运、水费收取）206.64万元，占比为8.36%；企业捐赠收入40.3万元，占比为1.63%；合作项目分红收入100.13万元，占比为4.05%；其他收入20.22万元，占0.82%。具体如表7-1和表7-2所示。

表7-1　2017~2021年楚雄市各收入水平对应农村数量及农村集体经济总收入

单位：个，万元

年份	2万~5万元（不含5万元）	5万~10万元（不含10万元）	10万~20万元（不含20万元）	20万元及以上	总收入
2017	80	26	28	20	1330.58
2018	53	54	22	25	1475.37
2019	23	80	20	31	1833.99
2020	45	74	21	14	1897.57
2021	0	67	66	21	2471.95

资料来源：根据楚雄市访谈资料统计。

表 7-2　2018~2021 年楚雄市农村集体经济收入来源变化情况

单位：万元，%

年份	类别	发展产业	租赁承包	股份分红	提供服务	其他收入
2018	收入	103.26	1026.53	220.62	124.96	0.00
	占比	7.00	69.58	14.95	8.47	0.00
2019	收入	98.49	1117.45	193.85	284.09	140.12
	占比	5.37	60.93	10.57	15.49	7.64
2020	收入	86.91	1369.86	185.58	193.74	61.48
	占比	4.58	72.19	9.78	10.21	3.24
2021	收入	84.23	2020.43	100.13	206.64	60.52
	占比	3.41	81.73	4.05	8.36	2.45

资料来源：根据楚雄市访谈资料统计。

总的来看，楚雄市农村集体经济收入存在以下特点：一是增长速度快，2017~2021 年，楚雄市农村集体经济总收入由 1330.58 万元增长到 2471.95 万元，增长了 85.78%，集体经济收入 5 万元以下的村数量快速减少，到 2021 年实现了清零；二是村际收入差距大，收入最低的山嘴子村、吉乐村等村集体经济 2021 年收入仅有 5 万元，最高的栗子园社区 2021 年集体收入已超过 500 万元，两者之间差距超过百倍；三是受疫情影响明显，2020 年度楚雄市农村集体经济收入相较于 2019 年几乎没有增长，而在疫情防控形势相对较好的 2021 年，楚雄市农村集体经济收入得到了反弹；四是村集体经济收入严重依赖资产租赁，自身产业发展能力较弱。由表 7-2 的数据可知，近年来楚雄市农村集体经济收入中，来源于租赁承包的部分占比不断增加，同时来源于发展产业的比例不断缩减，农村集体经济对于资产租赁的依赖正在不断加深。

（二）楚雄市现有农村集体经济扶持项目

第一，根据市党通〔2016〕44 号文件，从 2017 年起，市财政每年安排不少于 100 万元的专项资金用于扶持发展壮大集体经济。因近几年财政困难，所以市财政还未下拨过此项经费。

第二，根据《中共楚雄市委办公室　楚雄市人民政府办公室关于印发〈楚雄市脱贫退出考核激励办法〉的通知》（市党办通〔2018〕44 号），对贫困乡、贫困村、非贫困村贫困户脱贫出列给予资金奖励。贫困乡退出奖励资金用于扶贫产业巩固提升、扶贫项目建设、扶贫项目或原扶贫项目缺口资金支出；贫困村出列奖励资金60%发放给村（居）委会人员、村民小组相关人员，40%用于扶贫产业巩固提升、扶贫项目建设、扶贫项目或原扶贫项目缺口资金支出、发展村集体经济支出；非贫困村贫困户脱贫奖励资金可以全部发放给村（居）委会人员、村民小组相关人员。依据《楚雄市扶贫开发领导小组关于兑现脱贫退出考核激励资金的决定》（楚市扶组字〔2018〕42号）通知，全市共兑现2016年贫困退出奖励资金695500元、兑现2017年贫困退出奖励资金1485000元；依据《楚雄市扶贫开发领导小组关于兑现2018年脱贫退出考核激励资金的决定》（楚市扶组字〔2019〕29号）通知，全市共兑现2018年脱贫退出考核激励资金260.7万元；依据《楚雄市扶贫开发领导小组关于兑现2019年脱贫退出考核激励资金的决定》（楚市扶组字〔2020〕16号）通知，全市共兑现2019年脱贫退出考核激励资金259.55万元。

第三，扶持农村集体经济发展试点县项目1000万元，2017年实施试点项目11个，分别为：东华镇邑多么村委会110万元扶持商铺、商业住宅项目，东华镇莲华村委会100万元扶持休闲农庄项目，苍岭镇苍岭村委会110万元扶持商铺、商业住宅项目，苍岭镇黄草村委会90万元扶持绿化树种植基地项目，鹿城镇中本社区100万元扶持果蔬种植及生态养殖项目，鹿城镇吉乐村委会45万元扶持生态种、养殖基地项目，新村镇巨龙村委会100万元扶持富和青花椒种植项目，子午镇杞木村委会100万元扶持休闲、娱乐、垂钓项目，子午镇云龙村委会110万元扶持纯净水生产、销售项目，东瓜镇兴隆村委会35万元扶持兴隆茶厂提质增效项目，大地基乡腊脚村委会100万元扶持商铺、商住仓储、物流项目。

第四，"四位一体"项目建设（提升人居环境、扶持农村集体经济、提高公共服务水平、加强基层组织建设）共2500万元，2016年申报实施3个，分别为：吕合镇干田村委会扶持农村集体经济省级补助资金400万元，大过口乡磨刀箐村委会扶持农村集体经济省级补助资金600万元，西舍路镇西舍路村委会扶持农村集体经济省级补助资金500万元。2017年申报实施1个：子午镇云龙村委会扶持农村集体经济省级补助资金500万元。2018年申报实施1个：东华镇新柳村委会扶持农村集体经济省级补助资金500万元。

第五，中央和省级扶持壮大农村集体经济项目建设1350万元，2019年申报实施7个，分别为：东华镇东华村100万元扶持综合业务用房建设项目（涉及东华镇东华村、东华镇红墙村）、苍岭镇西云村委会50万元扶持商铺建设项目、苍岭镇石涧村委会50万元扶持综合停车场建设项目、大过口乡依齐么村50万元扶持汽修汽配交易市场建设项目、西舍路镇德波苴村100万元扶持综合用房建设项目（涉及西舍路镇德波苴村、西舍路镇清水河村）；2021年申报实施20

个，分别为：300万元扶持鑫杰石化前进加油站建设项目（涉及紫溪镇岔河村、紫溪镇平掌村、树苴乡西马郎村、西舍路镇下岔河村、中山镇酒房村、新村镇腊曲村6个村），150万元扶持媒体工程建设项目（涉及东瓜镇邓官村、鹿城镇山嘴子村、三街镇背阴村），100万元扶持万亩枇杷收购分选车间建设项目（涉及东华镇朵基村、东华镇本东村），100万元扶持云龙红色文旅项目（涉及子午镇曙光村、子午镇鹿苴村），150万元扶持吕合镇食品加工厂房建设项目（涉及吕合镇回龙村、吕合镇斗阁村、吕合镇白土村），100万元扶持新村镇核桃初加工、精深加工生产设备及厂房提升改造建设项目（涉及新村镇下村村、新村镇大坎子村），100万元扶持大过口乡桶装水厂项目（涉及大过口乡碧鸡村、大过口乡磨刀箐村）。

（三）楚雄市农村集体经济运行模式

楚雄市坚持"因地制宜、立足长远"原则，立足优势，创新思路，拓宽视野，综合分析全市各村经济基础、区位优势、资源禀赋，精准扶持壮大农村集体经济项目。对于地处偏远、交通不便、条件较差等发展受限的村，楚雄市通过整合项目资金在异地实施项目，发展"飞地经济"；对于区位条件较好的村，采取在原地依托专业合作社或企业，以承包租赁、合作经营、入股分红等形式发展集体经济。探索形成了"适度集中与分散经营相结合、飞地经济与原地实施相结合、传统模式与新兴业态相结合、实现保值增值与助推产业相结合"等发展壮大农村集体经济新模式。具体来看，楚雄市壮大农村集体经济主要依靠以下8种模式：

1. 盘活闲置资产模式

全市各村（社区）通过合理利用闲置房产、农村组织办公楼门面等集体资产出租增加农村集体收入。例如栗子园社区2018年通过公开招标，盘活小区248间商铺，实现年租金344.3万元（含税）；在各级部门的关心支持下，栗子园农贸市场于2017年5月建成并投入使用，年租金89.9万元（含税）。在增加了社区集体经济的基础上，小区200余名居民在小区商铺及农贸市场创业就业，增加了居民收入，居民生活水平显著提升。

2. "飞地经济"合作模式

"飞地经济"是针对一些山区农村资源匮乏、发展空间局促、"造血"功能弱化的实际，通过跨空间在资源密集经济繁荣地区投资管理开发，异地置业，实现两地资源互补、协调发展的区域经济合作模式。例如鑫杰石化前进加油站农村集体经济项目按照"党组织+企业+农户"发展模式进行抱团发展，采取合作经营的方式，由6个有资金但自身利用条件不足的山区村（紫溪镇岔河村、紫溪镇平掌村、树苴乡西马郎村、西舍路镇下岔河村、中山镇酒房村、新村镇腊曲村）入股参与投资，楚雄鑫杰石化有限公司负责经营管理，按合同协议每年每村获得3.5万元的分红收入。

3. 资源利用模式

通过直接或间接利用资源，把本村土地、山林、水域、矿产、铺面等资源优势转化为产业优势，把自然条件转化为经济条件，发展壮大村集体经济。坚持开发利用资源与保护生态环境相统一，在符合国家产业政策和法律法规的前提下，充分开发村域内的山、水、林等自然资源，特别是荒山、荒水、荒地、荒滩等资源，增加集体经济收入。

4. 服务创收模式

结合本村优势特色产业的发展，由村（社区）牵头创办核桃协会、魔芋协会、肉牛养殖协会、生猪养殖协会等专业技术协会和农民专业合作社，依托种养殖大户辐射带动发展协会会员、壮大种养殖规模、提高种养殖科学化水平，协会（合作社）通过提供政策扶持、技术培训和指导、产供销信息等高效服务，组织会员进行农资统购、产品加工、存储运输、市场营销等生产经营活动，提高会员种养殖收入，协会（合作社）合理合法向会员提取管理服务费用后，按比例上交村集体一部分增加集体经济收入。

5. 村企合作模式

全面建立起农民专业合作社绑定农户、龙头企业绑定农民专业合作社的利益联结机制（即"双绑"机制），围绕全市农业重点产业培育"双绑"主体，逐步实现对有产业发展条件及意愿的脱贫户和农村低收入家庭产业帮扶100%全覆盖，以产业发展促进农民就业增收，推动农业产业高质量发展。

6. 循环经济生态模式

在楚雄市烤烟种植乡镇通过争取烟草行业补贴项目资金，实施回收烟秆粉碎加工有机肥项目，构建循环经济链条，促进生态环境改善，带动集体经济发展。农户与烟叶站签订合同，种植收成后凭合同将烤烟卖给烟叶站，烟叶站根据品质、重量等评估后，将钱直接打入农户个人账户中，并由农户个人向税务部门缴纳税款。

7. 产业带动模式

深入实施农村集体经济"惠民强村"工程，用好用活脱贫攻坚产业发展扶持政策、财政部扶持农村集体经济发展试点政策、农村集体产权制度改革政策，结合高原特色农业产业、农田水利设施、农业综合开发等项目，认真分析本地资源优势、产业优势，找准发展道路，大力发展致富主导产业，积极探索光伏产业发展新路径，因地制宜，将新能源应用和乡村振兴精准结合起来，积极探索乡村多元化发展路子，增加集体经济收入。如核桃产业，依托供销社，以村为单位，对核桃进行统一管理和市场对接，收取提成作为集体经济收入等。

8. 党建引领村社共建模式

根据《中共楚雄市委组织部 楚雄市供销合作社联合社 楚雄市农业农村局 楚雄市乡村振兴局印发〈关于开展"党建引领，村社共建"促进农村集体经济发展工作的实施意见〉的通知》（市组通〔2022〕12号）要求，坚持"党建引领，村社共建"理念，围绕加强农村基层党组织建设、发展农村集体经济、保障村集体资产保值增值、推动农民持续增收的目标，以"党组织+供销社+合作社+龙头企业+大户能人（农民）"等模式，按照"政府主导、供销社指导、乡（镇）村参与、多元投资、企业主体、市场运作、自负盈亏"的原则，充分发挥农村党组织的政治优势、组织优势和供销合作社的经营服务优势，发展壮大农村集体经济，助力乡村振兴，提升农村基层党组织和基层供销合作社综合服务能力，努力形成强村固基、富民兴社的长效机制。

三、楚雄市农村集体经济发展的主要举措

（一）抓组织领导，凝聚发展合力

楚雄市扛稳压实抓党建促乡村振兴政治责任，深入实施"村集体经济强村工程"，成立由市委、市政府主要领导任双组长的扶持壮大农村集体经济项目工作领导小组，凝聚组织、发改、财政、农业农村等部门发展合力，统筹整合全市资产、资源、资金，引导各类项目向扶持壮大农村集体经济项目适度倾斜，2021年度统筹整合资金4000余万元，实施20个中央和省级扶持壮大农村集体经济项目。通过落实政策措施，压实工作责任，形成资金、信息、技术等各类资源的"叠加效应"，持续为扶持壮大农村集体经济提供保障。在落实要素保障的同时，楚雄市也积极从探索发展模式、健全运行机制、健全监督机制等方面入手，助力村集体经济持续发展。

1. 探索发展模式

鼓励各镇（街道）、各村（社区）按照市场经济发展规律，积极探索发展

模式，目前已探索村企合作模式等8种村集体经济发展模式。同时进一步推广产业发展型、物业管理型、股份合作型等发展模式；进一步开发"飞地经济"模式，对一些本地资源较少、区位条件较差的薄弱村，在城镇规划区、经济开发区等具有区位优势的地方，跨区域抱团建设可持续发展的扶贫车间、仓储设施、商铺门面、标准厂房等项目；鼓励行政村与村民小组充分利用各自资金、资源优势，探索村组联合、抱团发展集体经济。

2. 健全农村集体经济经营运行机制

逐步建立以市场为导向、经营灵活、管理有效、运行稳健的集体经济经营新机制，发挥好农村集体经济组织在管理资产、开发资源、发展经济、服务成员等方面的功能作用。逐步增强集体经济组织对扶贫项目资金等各方面支持资金保值增值、合理利用的能力。

3. 健全农村集体经济监督管理机制

建立集体经济组织内部经营管理与监督分离的制约机制，可依照章程规定设立监事会或监督小组，由集体成员代表担任。按照集体经济组织财务管理和会计核算办法等规定，健全完善农村会计委托代理服务、集体经济组织财务公开等制度。集体经济组织依法依规接受监察、审计等监督，实行集体经济组织负责人离任审计。

（二）抓队伍建设，发挥先锋作用

以党建引领乡村振兴为导向，深入开展"双整百千"四级联创，开展新时代"六个好"村党组织、"六个有"村党组织书记、"六个带头"农村党员队伍建设，选派176名工作队员参与驻村工作，组织345名村（社区）干部参加能力素质和学历水平"双提升"行动。加强基层干部在乡村振兴中的培养锻炼，着力提升政治理论水平和为民服务能力，努力建设一支懂经济、会管理、能力强的基层干部队伍，在发展壮大农村集体经济中有效发挥先锋模范作用。

1. 健全完善村党组织体系

认真落实《中国共产党农村基层组织工作条例》，创新完善"行政村党组织—网格（村民小组）党支部（党小组）—党员联系户"的村党组织体系，全面开展党员户挂牌工作。深入贯彻《中国共产党支部工作条例（试行）》，创新党组织设置，及时跟进，在重要工作、重点工程、重大项目和产业链等符合条件的地方及时建立党组织，实现党的组织和工作在农村有效覆盖。认真落实党中央和省州市党委关于村党组织建设的有关规定，结合党组织分类定级，每年对村组党组织设置情况进行一次分析研判，严格按照党章规定以及有利于党员教育管理等作用发挥的原则，切实规范党组织的设置，理顺基层党组织和党员的隶属关系。

2. 深入推进农村基层党组织标准化规范化建设

推进实施党支部规范化建设巩固提升工程，聚焦"健全基本组织、建强基本队伍、开展基本活动、落实基本制度、强化基本保障"的方针，深入开展"样子不像、里子不实"问题专项整治，探索党支部"标准+特色"内容体系建设，不断健全完善党支部标准化规范化建设长效机制，持续巩固提升党支部规范化建设达标创建成果。扎实推进"整市提升、整乡推进、百村示范、千组晋位""双整百千"四级联创，以点带面着力推进建设一批示范行政村党组织、示范村民小组党支部，持续做好"农村基层党建示范（达标）乡镇"和"农村基层党建示范（达标）县市"创建工作，以标准化规范化建设带动基层党组织建设全面升级。

3. 持续整顿软弱涣散村党组织

巩固"不忘初心、牢记使命"集中整顿软弱涣散基层党组织工作成果，持续推进整顿工作常态化、长效化。坚持实事求是、不设比例、不定指标、动态管理，出现新的软弱涣散村党组织随时列入，确保应纳尽纳、应整尽整。认真落实每个软弱涣散村党组织分别由"一名市级领导班子成员联村，一名乡镇领导班子成员包村，一名第一书记驻村，一个市以上机关单位结对"的"四个一"整顿措施，压紧压实责任，"一村一策"精准整顿提升。对矛盾问题突出、长期得不到解决的重点村、难点村，由市委书记和乡镇党委书记直接挂包，推动化解矛盾、解决问题。建立整顿工作台账和档案，经整顿并巩固好的适时组织验收销号。

4. 巩固农村党组织在基层组织和一切工作中的领导地位

坚持惠民政策由党组织宣传，惠民服务由党组织推动，惠民举措由党组织落实，不断强化农村党组织在基层组织和一切工作中的领导地位，农村党组织领导村民委员会以及村务监督委员会、村集体经济组织、群团组织和其他经济组织、社会组织。建立农村基层组织向党组织报告工作的制度，健全农村党组织讨论决定重要工作的机制，村党组织每年至少听取一次村民委员会、村务监督委员会、农村集体经济组织、群团组织和其他经济组织、社会组织工作汇报，支持和保证这些组织依照国家法律法规以及各自章程履行职责。建立楚雄市农村党组织与村民委员会、村民小组、集体经济组织、村务监督委员会的小微权力清单，规范村"两委"办事制度。深化党群共建，充分发挥群团组织的桥梁纽带作用，着力把农村群众紧紧团结在农村党组织的周围。

（三）抓示范项目，强化典型引路

重视总结提炼，注重培育不同基础、不同类型、不同模式的农村集体经济示范村，着力打造了一批以东华镇万亩枇杷收购分选车间建设项目为代表的扶持壮大农村集体经济示范项目，为山区、坝区、城区乡镇提供多元化发展样本。积极发挥示范村、示范项目引领带动作用，通过各类好做法、好模式、好经验，激活新思路，激发新动力，以点带面，整体推进。

1. 探索完善"飞地经济"项目

例如鑫杰石化前进加油站农村集体经济项目。该项目位于楚雄市紫溪镇，项目总投资2000万元（其中中央和省级村集体经济项目扶持资金300万元，楚雄鑫杰石化有限公司出资1700万元），其中：投资600万元建成占地面积为4421平方米的国标二级加油站1座，投资300万元建成600平方米的罩棚，投资300万元设置加油机6台并配套其他消防安全措施，投资800万元建成营业厅100平方米、厕所50平方米、员工宿舍200平方米、植树绿化333平方米。项目按照"党组织+企业+农户"发展模式进行抱团发展，采取合作经营的方式，由6个村（紫溪镇岔河村、紫溪镇平掌村、树苴乡西马郎村、西舍路镇下岔河村、中山镇酒房村、新村镇腊曲村）入股参与投资，采用长期合作的方式，由楚雄鑫杰石化有限公司负责经营管理。项目建成投产后，由6个村委会与鑫杰石化公司签订收益分配协议，制定收益保护条款，每年每村获得收益不少于3.5万元，运营过程中所产生的维修、维护及风险由鑫杰石化公司负责，维护支出所产生的费用不影响集体既定收益。所产生的收益严格按照村集体财务管理相关规定及"四议两公开"进行分配使用，收益资金10%用于提高村组干部待遇，40%用于村集体公益事业支出，50%用于持续发展农村集体经济，建立长效滚动发展机制，实现逐年增收的目标，确保项目发挥最大效益。楚雄鑫杰石化前进加油站建设项目通过抓项目、培产业、聚合力，实现销售年收入2000余万元，利润总额300余万元。

2. 稳妥推进村企合作项目

坚持多方整合资金，借力发展，例如大过口乡桶装水项目，多方筹措和整合资金，为村集体经济插上了腾飞的翅膀。在桶装水项目探索阶段，乡党委统揽全局、协调各方，着力破解各村单打独斗发展农村集体经济"好项目难找、项目落地难、项目运营难、抵御市场风险能力弱"等问题，走差异化发展道路，采取"创新+产业化"模式，有效利用优质弱碱性水源，积极盘活闲置资产，争取村集体经济强村工程项目扶持，实施大过口乡村集体经济包装饮用水厂项目,村委会闲置集体资金及自然人入股成立云南楚宜水业有限公司,固定资产归村委会所有,项目收益扣除运行成本后,留30%作为水厂发展资金,确保资产保值增值不流失。截至目前销售彝福山泉7555桶、水票1650张。

3. 集中资源发展特色产业项目

例如新村镇核桃初加工、精深加工生产设备及厂房提升改造建设项目。在确定以核桃生产加工作为本镇特色产业后,新村镇通过邀请专家对新村的地质、地貌、土壤进行考察、分析,并结合新村镇核桃种植实际,科学明确核桃管理、病虫害防治、成熟采收、科学烘烤等方面的技术要领,制定了"十个一"核桃种植技术标准(即一块适宜地、一棵良种壮苗、一个移栽大塘、一担农家肥、一担压根水、一块膜覆盖、一次修剪、一次统防、一次苗嫁接、一套完善的间作措施),并严格按技术标准对广大农户进行指导和培训,组建了镇村组核桃专业服务队,对农户开展一对一农技指导,将技术服务送到田间地头,解决农户技术难题。同时还围绕集镇修编总体规划,修改完善《新村镇核桃产业发展总体规划》和《新村镇核桃初加工园区建设实施方案》,采取"集中、连片、规模"等方式培育产业示范基地,通过7500亩东大线、新鄂线核桃示范带建设,引导农户树立核桃产业发展必须坚持高标准、高投入集约化经营理念,持续打造下村和密者村两个村委会万亩核桃示范基地提质增效,全面辐射带动全镇8个村委会12.9万亩核桃健康快速发展。

为了解决销售问题,新村镇还着力培植核桃加工龙头企业和流通企业,并指导好企业积极做好"三品一标"品牌认证。先后培育建成楚雄市绿之源农业发展有限公司、楚雄市顾连珍农产品商贸有限公司和楚雄市源银农产品开发有限公司3家核桃初加工龙头企业和楚雄福益商贸有限公司1家核桃流通企业,建成了年产4500吨的核桃加工生产线,创建认证了"源之态"和"彝山里人"两个核桃品牌。同时,3家龙头企业和1家农民专业合作强强联合,组建形成一个核桃初加工园区,建立起"公司+合作社+基地+农户"经营模式,并通过电商平台进一步拓宽销售渠道,形成"产、供、销"一条龙的生产销售新格局,推动新村核桃产业规模化发展。截至目前,新村镇核桃种植面积12.9万亩,其中挂果面积9.8万亩;核桃总株数180.6万株,新增核桃种植面积1000亩,核桃产量2500吨。2020年,全镇核桃种植面积14万亩216万株,核桃产量2800吨,产值4620万元,户均核桃收入11500元。通过把"小核桃"当作"大产业"来打造,把核桃产业作为特色优势产业发展,新村镇真正让核桃产业成为百姓增收致富的"摇钱树"。

(四) 抓联农带农，持续促进农民增收

建立"双绑"利益联结机制，绑定脱贫户8522户发展产业，628个新型农业经营主体带动4677户脱贫户发展产业，48个龙头企业与51个脱贫村签订产业发展帮扶协议，实现脱贫户稳定增收，2021年楚雄市贫困户人均纯收入增长率为14.48%；建立股份合作机制，87个村（社区）集体经济收入达10万元以上；建立扶志扶智长效机制，组织开展劳动技能培训330人，引导性培训1100人，13.67万农村劳动力实现转移就业；建立平台吸纳机制，将帮扶车间、基地等带贫成效与政策支持挂钩，引导在建项目、重点工程重点吸纳本地脱贫劳动就业，确保"彝人彝用"。2022年上半年，全市21个帮扶车间吸纳脱贫劳动力101人，4023人实现就近就业。

1. 推动农民专业合作社绑定农户发展

一是增强农民专业合作社服务带动能力。楚雄市鼓励合作社利用本村本地资源禀赋，带动成员发展连片种植、规模饲养，壮大优势特色产业，培育农业品牌。鼓励合作社加强农产品初加工、仓储物流、技术指导、利益联结、市场营销等关键环节能力建设。鼓励合作社延伸产业链条，拓宽服务领域。鼓励合作社建设运营农业废弃物、农村厕所粪污、生活垃圾处理和资源化利用设施，参与农村公共基础设施建设和运行管护，参与乡村文化建设。二是增强农民专业合作社绑定农户程度。组织引导农户以自有资金、土地经营权、林权等作为资本加入合作社成为社员，或以订单收购、土地流转、生产托管、就业务工等方式与合作社建立合作关系，实现绑定发展。合作社为农户提供农资供应、物流运输、病虫害防治、农机作业等社会化服务；农户获得产品销售、就业务工、土地流转等收入，按照章程参与合作社盈余分配。

2. 推动龙头企业绑定专业合作社发展

加快农业产业化联合体试点创建，引导农业产业化联合体明确权利责任、建立治理结构、完善利益联结机制，增强联农带农能力。充分发挥农业龙头企业在加快构建现代农业产业、生产和经营体系中的重要作用，弥补楚雄市农业龙头企业市场竞争力弱的短板，提升农产品规模化、绿色化、标准化、品牌化发展水平。立足产业资源优势，根据产业发展实际，引进或培育龙头企业，加强龙头企业与当地合作社绑定发展。由龙头企业负责统一提供订单、制定标准、对接市场；农民专业合作社按龙头企业要求，组织农户生产；农户按农民专业合作社要求进行生产，获得稳定的农产品出售、土地流转、就业务工等收入。要在平等互利的基础上，与农民专业合作社签订农产品购销合同，形成稳定的购销关系。

3. 强化利益共享和风险防范化解

引导龙头企业、合作社和农户建立稳定"双绑"利益联结机制,在追求经济效益和履行社会责任之间找准结合点。农户要尊重市场规则,诚信履约获取正常的经营收入;龙头企业、合作社要善尽社会责任,让农户尽可能多地分享产业发展收益。建立产业风险防范机制,围绕各镇、村优势特色产业发展定期开展风险评估,将企业、农民专业合作社等新型经营主体纳入主要评估对象,建立健全新型经营主体名录,定期跟踪了解生产经营情况,指导签订书面合同,规范合同内容和风险防范条款,跟踪合同履约情况,及时研判和规避风险;建立了特色产业发展项目管理机制,做好项目前期论证,组织相关部门和专家对产业与当地资源条件匹配度、技术支撑、市场前景、利益联结机制、风险防控措施等进行论证,坚决防止"重建设、轻管护"问题。支持"双绑"龙头企业、合作社参加农业保险,提高风险防范化解能力,发挥市场优势,承担经营风险;农户通过生产获取稳定收益,避免直接承担经营风险。严格执行衔接推进乡村振兴补助资金使用、财政涉农资金管理、衔接资金监督管理等办法,确保资金投向准确、支出规范合理,防范资金使用风险,鼓励设立县级产业发展风险保障金,及时化解产业发展风险,努力确保脱贫户和农村低收入家庭产业收入不受影响。

4. 加强"双绑"机制动态监测和管理

把产业发展作为防止返贫动态监测的重要内容,依托云南省产业帮扶信息监测管理平台,建立到村组的"双绑"机制基础数据库。各乡镇组织本地区参与"双绑"机制的龙头企业、合作社开展信息采集、录入、维护等工作,并根据实际情况实时更新数据、动态调整,将有产业发展条件及意愿的脱贫户和农村低收入家庭及时纳入"双绑"机制帮扶。农业农村部门仔细审核汇总信息数据,加强在线监测,加大随机实地核查和指导工作力度,对因自然灾害、病虫害、价格波动、产品滞销等出现产业发展困难的脱贫户、农村低收入家庭,及时发现和解决存在的问题,严守返贫风险底线。

四、楚雄市农村集体经济发展的问题与建议

(一)富源县农村集体经济发展现存问题

第一,缺乏发展壮大农村集体经济的人才、思路。一是城乡发展不平衡,

城乡收入差距大，导致农村人才外流严重，农村中有文化、懂经营、会管理的人才及青壮年劳动力大都选择外出务工、创业。调研组调查的几个村劳动力外出打工的比例平均为60%，留在农村的多是老人、妇女、儿童。农村集体经济发展面临着人力资源不足的窘境，缺乏发展动力。二是对发展村集体经济的认识不足，农村集体经济发展，提高认识是先导。农村集体经济能否发展壮大，解放思想，提高认识至关重要。只有村"两委"思想高度统一，扛起抓村集体经济的责任，树立"不抓农村集体经济就是失职、抓不好农村集体经济就是不称职"的观念和加快发展的进取意识，统一干部群众的思想认识，才能形成工作上的合力，不断推动农村集体经济发展壮大。目前部分村对发展村集体经济的认识不够深刻，对其重要性的把握不够到位，责任意识方面存在不足。三是发展集体经济的主动性不强。主要在于村集体经济管理者缺乏进一步壮大村集体经济的积极性，在利用项目资金、本村资产发展村集体经济方面，由于缺乏有效的激励措施，因此缺乏进一步壮大村集体经济的动力。典型的例子就是栗子园社区，该社区虽然集体经济收入已经超过500万元，但区委会主任自述"虽然担任农村集体经济组织法人，但从未从中拿过一分钱，本身既非公务员又非事业编，每月只有4000余元的工资，连电话补贴油费补贴也没有"，此外，部分村干部对发展村集体经济有畏难情绪，害怕经营不善而背上债务，存在"等、靠、要"思想，工作不够积极主动；部分村干部存在小富即安思想，满足于眼前的一点村集体经济收入，缺乏艰苦奋斗和创新发展的精神，导致村集体经济发展形式单一，进程缓慢。

第二，缺少发展壮大农村集体经济的渠道。由于各村在地理条件、资源禀赋等方面的优劣势不同，所面临的问题不一样，发展的方式方法也就各有差异。发展壮大村集体经济，只有立足实际、广泛发掘、扩宽思路，摸清家底，找准一条适合自身的发展路子，并通过认真分析研判后，进而大胆探索实践，才是发展的正道。目前楚雄市发展农村集体经济的渠道单一，大多数村仅依靠出租房屋、集体土地、林地、摊位等增加村集体经济收入，缺乏产业开发、资金运作、农业科技、实用技术的有力支撑，难以找到发展村集体经济的出路。同时缺乏发展壮大村集体经济的后劲，有村集体经济发展项目的村，也存在"输血"式、短期化、形象工程，产业层次低，市场竞争力差，产业发展带动不大，项目后续发展乏力的问题。

第三，产业基础薄弱。一是新型农业经营主体培育难度较大。区域内有影响力的农业经营主体数量不多，专业服务乡村振兴的平台和机构较少。普通农户自身资源获取能力弱，乡村对产业吸引力不强，人才匮乏，引导要素向乡村聚集困难。二是村集体产业规模较小，集约化程度不足。楚雄市大量农村地处山区，受地形所限，在种植规模、交通物流等方面存在着短板，同时由于各村之间距离较远，联合的难度较大，农业产业经营的规模化、集约化程度也较低。三是农村产业各方面配套建设有待完善。随着乡村特色产业项目建设的不断深入，农村集体经济发展对相关配套设施的要求也在不断提高。例如：乡村旅游项目的建设需要周边具备相对完善的生活服务区域，以及相对便利的交通条件；农村电商发展需要较为完善的互联网基础设施以及物流体系；等等。而由于起步晚、基础弱，楚雄市大部分农村在这方面还存在进一步完善的空间。

（二）楚雄市农村集体经济发展对策建议

未来，楚雄市将紧紧围绕村集体经济目标任务，牢固树立对标意识、看齐意识和竞赛意识，做到责任同压实、工作同推进、落实同频率，以更加抓铁有痕的意志，更加雷厉风行的实际行动，向群众展示出务实重干的精神状态和作风形象，抓实村集体经济，持续增加群众收入，实现农业强、农村美、农民富。

第一，进一步推进人才强村。优秀的经营管理人才是村集体经济发展的关键推动力。目前楚雄市各村集体经济发展普遍面临着人才数量不足、能力不足的问题，保障激励机制不够完善、教育和管理相对滞后、素质参差不齐等因素是重要诱因，这也直接制约着集体经济的发展壮大。为此，应当坚持人才回引与人才培育相结合的工作战略，壮大村集体的人才队伍，为村集体经济发展注入持久动能。

健全人才回引机制。以亲情、乡情、友情为纽带，健全完善人才回引的体制机制，着力优化人才发展环境，夯实人才返乡创业基石，拓宽返乡创业平台，鼓励大学毕业生及在外人才带技术、带成果回乡创业发展。通过给予各方面优惠政策和收益倾斜，实现人才回引、智力回归、技术回流。例如：通过贷款贴息、产业发展资金扶持、提供就业创业指导服务等措施，吸引职业农民、创业能人等主体返乡发展产业，带动村集体经济持续发展；通过调整收益分配方式、提高工资待遇、完善居住条件等手段，吸引青年大学生、专业技术人员、知识分子返乡就业，为进一步发展村集体经济注入新动能；等等。

完善人才培育机制。一是通过举办各种类型的培训班，把理论和实践相结合，提高村"两委"班子的经济管理水平和专业知识能力，坚持把服务群众、服务村民作为发展社区集体经济的落脚点。发展集体经济，既要有好班子、有好路子，更要结合实际情况，不盲目跟风。要找准服务群众的突破口，最大限度整合资源，发挥班子优势，妥善协调各方面的利益关系，充分调动个人与集体的积极性，探索出为民服务的发展道路，实现变"取民"为"惠民"。二是组织村干部到经济发达地区、农村集体经济搞得较好的兄弟单位参观考察，促进他们拓宽视野，更新观念，把好的经验、好的发展路子带回来。三是积极把"双强"党员和致富能人选入"两委"班子，促使他们真正成为发展壮大农村集体经济、增加农民收入的"领头羊"。并抓住"选、育、促、管"四个环节加强培养。在工作中理清思路，创新发展模式，为壮大农村集体经济实现富民强村指明方向。

积极培育"能人"经济。在干部规划家乡行动中，各村都深入摸排了在外公职人员、企业家、致富带头人等情况，特别是在省、州、市（县）担任领导的人员，以及在产业发展、国土空间、人才发展规划等方面具有专长的人员，这些都是各村可以去联系发展的资源优势，利用本籍在外人才资源多、人脉广、信息灵、层次高等优势，采取"项目合作+人才引进"等方式，结合各村实际情况，合理规划，科学编制村集体项目，千方百计向上争取政策性资金，通过政策增加收入。

第二，进一步加强组织领导。明确责任主体。将发展壮大村集体经济列入市级党员领导干部联系乡镇重点工作，定期与所联系乡镇抓好发展壮大村集体经济工作，督促各乡镇落实主体责任，切实做到发展壮大村集体经济工作重点研究、重点部署、重点督查。市级扶持壮大村集体经济项目工作领导小组定期不定期召开联席会议，了解掌握村集体经济项目经验管理情况。

强化责任落实。各乡镇和市级相关部门进一步加强协调配合，将发展壮大村集体经济作为抓基层党建的重要内容，确保在2022年底顺利完成收入10万元以上的村（社区）占比80%的要求。督促各驻村工作队协助配合做好所驻村发展壮大村集体经济项目相关工作，协调指导集体经济薄弱村理清发展思路、发展特色经济，增加集体收入，增强农民脱贫致富能力。

加强联系指导。结合村集体经济项目类型和经营发展模式，会同财政、农业农村、住建、审计部门，选派联系指导人员对全市27个村集体经济项目进行指导，按照各自职能职责，发挥专业优势，通过实地指导、调阅资料、听取汇报、召开会议等方式加强对扶持壮大村集体经济项目的指导、调度、监管。对项目经营中的问题及时向乡镇和村（社区）反映，提出合理化建议，每季度至少向市项目工作领导小组汇报一次所联系项目的建设、经营管理情况。

第三，进一步增强发展动力。激发内生动力。把发展壮大村集体经济纳入各级党组织书记抓基层党建工作年度述职评议考核重要内容，进一步压实工作责任。对工作推动不力、消除集体经济薄弱村年度任务未完成或弄虚作假的责任单位和责任人,按照有关规定进行严肃问责。对发展壮大村集体经济成绩突出、贡献较大的村和个人,在评先评优、提拔使用干部时予以优先考虑,激发广大干部发展壮大村集体经济的内生动力,形成村村想发展、谋发展、抓发展的浓厚氛围。认真落实发展村集体经济创收奖励机制,全面推行农村组织"大岗位制",提高村(组)干部待遇,进一步激励广大基层干部在发展壮大村集体经济中担当作为。

实施增收行动。坚持一切为了农民增收、为了脱贫户增收的鲜明导向,深入实施脱贫人口持续增收三年行动计划,千方百计增加脱贫人口工资性收入、经营性收入、转移性收入、财产性收入。持续抓实产业和就业帮扶,加大重点产业扶持和龙头企业、专业合作社、家庭农场等引培力度,加强劳务技能培训和劳务输出,夯实以工资性收入为主攻方向的农民增收,确保2022年脱贫户、易返贫致贫户家庭年人均纯收入分别达16400元、12800元以上,增速在19.2%以上。

探索完善发展模式。积极探索完善"飞地抱团"模式。坚持"短、中、长"相结合,积极完善"飞地抱团"模式,积极争取上级扶持村集体经济发展资金,采取多个村村集体资金整合抱团或山区与坝区飞地抱团发展等方式,让原来的"单打独斗、分散资源、粗放式管理"变身为"抱团联建、投资股本、市场化运行",把资源匮乏、无成熟项目的薄弱村资金投入到区级条件成熟项目,有效规避投资风险,促进薄弱村集体增收,不断推动村集体经济不断做大做强。

进一步培育特色产业。按照"定一个好规划,找一条好路子,富一方群众,活一方经济"的思路,在现有基础上继续推进"一村一品"模式深入发展。充分考虑本村优势,因地制宜,拓宽发展领域,在产业发展"精""特""优"上做文章,同时与效益好、信誉好、口碑好的公司积极建立合作关系,打通产业"产销一体化"发展,既能带动群众增收致富,又能推动村集体经济不断发展壮大。

第八章　云南省禄丰市农村集体经济发展调研报告[①]

禄丰地处滇中腹地，是楚雄州的东大门。禄丰地理位置优越，东距省会昆明97公里，西离州府楚雄85公里，由2021年1月经国务院批准撤县设市，全市辖区面积3536平方公里，辖11个镇3个乡，31个社区居委会，136个村民委员会，根据第七次人口普查数据，禄丰市2020年常住人口为36.65万人，2021年末全市户籍总人口41.98万人。禄丰市虽非贫困县，但贫困村数量全州最多、贫困人口数量位居全州第五，同属楚雄州脱贫攻坚主战场。在脱贫攻坚期间，禄丰市大力弘扬"上下同心、尽锐出战、精准务实、开拓创新、攻坚克难、不负人民"的脱贫攻坚精神，截至2020年底，现行标准下7242户26362人贫困人口全部脱贫，1个贫困乡镇和104个贫困行政村全部出列，贫困发生率从8.12%下降为0.00%。

近年来，禄丰市先后被列为全国商品粮、优质烟叶、商品猪基地县、农业综合示范县，荣膺"云南省最具影响力烟区"称号。被列为云南省47个县域经济发展试点县、重点建设的30个工业园区、10个特色文化产业试点县之一。禄丰市域综合经济实力2021年排名在云南省129个县（市、区）中长期位列前30，在楚雄8县2市中仅次于楚雄市，长期处于领跑方阵。2021年，全市实现地区生产总值238.49亿元，人均地区生产总值65419.9元。

在涉农产业方面，2021年禄丰市完成3.32万亩高标准农田和高效节水灌溉农田建设，粮食总产量达23.6万吨，比上年增加1.98个百分点，增速全州第一；完成烟叶生产1200万公斤，全州综合考核第一；云岭牛、万锦蔬菜、"荷冠"鲜切花等一批农产品远销海内外，花卉种植面积达2.6万亩，位居全州第一；蔬菜种植面积达37.5万亩，产值突破11.5亿元；生猪、肉（奶）牛存栏

[①] 执笔人：谢东东。

分别达58万头、11.2万头，10万亩省级水稻绿色高质高效创建项目整县推进，全市跨域发展的基础进一步夯实，支撑经济高质量增长的核心动能持续增强，综合经济实力稳步提升，广大人民群众共享到更多、更好改革发展成果。2022年8月上旬，中国人民大学农业与农村发展学院课题组一行赴禄丰进行培育壮大农村集体经济专题调研，总体来看，禄丰市作为一个非贫困县，却拥有较多数量的贫困村，关于壮大集体经济发展形成了一些较好的实践经验，现就禄丰市农村集体经济发展情况报告如下：

一、禄丰市农村集体经济与巩固脱贫攻坚

在脱贫攻坚期间，禄丰市针对104个贫困村7242户建档立卡户的脱贫工作，积极突出组织领导，认真落实各级党政一把手双组长制度，市委书记、市长带头负总责，带头对贫困村实现遍访，力量统筹和资金安排首先考虑脱贫攻坚，真正做到以脱贫攻坚统领经济社会发展全局健全完善县处级领导挂乡联村方案，与14个乡镇、25家市级行业部门签订年度脱贫攻坚责任书，明确年度减贫任务和时限，全面压实乡镇、市级部门主体责任；选派104支驻村工作队现贫困村驻村帮扶全覆盖，动员4051名干部全覆盖挂包所有贫困户，全面形成"市有指挥部、乡镇有指挥长、村有工作队、户有责任人"的脱贫攻坚体系。脱贫攻坚的伟大胜利离不开大量资金项目投入，据当地统计，自党的十八大以来，禄丰累计脱贫攻坚投入36.57亿元，实施扶贫项目20797个。在财政投入方面，2015年以来，全市累计筹措财政专项扶贫资金约3.27亿元，其中：上级补助2.27亿元，市本级财力安排1亿元。自2021年上半年以来，禄丰市深入贯彻落实中央和省、市关于巩固拓展脱贫攻坚成果同乡村振兴有效衔接的安排部署，把巩固脱贫攻坚成果、防止规模性返贫、推进同乡村振兴有机衔接作为最紧迫的任务，坚决防止发生规模性返贫，持续推动区域发展和群众生活改善。

（一）全面巩固拓展脱贫攻坚成果

第一，强化党建引领。禄丰将农村基层党组织建设工作纳入党组织书记述职评议和"大比拼"考核内容，扛牢压实党建引领巩固脱贫攻坚、乡村振兴政治责任。围绕"五个基本"要求，采取"一支部一方案"、挂图作战、达标销号等措施推动全市1161个党支部实现规范化达标创建，争创省州示范点15个，

严格落实"四个一"措施，持续抓好软弱涣散基层党组织排查整顿提升。建成165个农村为民服务站和181个综合服务平台站点，新建和修缮活动场所530个，建立村组"新时代讲习所"165个，持续推进14个乡镇党校和22个党员实训基地实体化、标准化建设，探索"基层党组织+"等模式，总结推广"资产资源租赁型、土地流转创收型"等13种集体经济发展模式，全市104个脱贫出列村集体经济收入均达5万元以上，基层党组织政治功能和服务功能不断提升。评选表彰"龙乡先锋五村"33个和"龙乡脱贫先锋个人"60名，选树省级"百名好支书"1人，采取精神和物质双重奖励的方式，激发了基层党组织和党员干部抓脱贫攻坚的活力。

第二，强化精准帮扶。禄丰市继续落实"四个不摘"和"一平台三机制"，持续强化脱贫群众"两不愁三保障"和饮水安全保障工作，强化收入在1万元以下脱贫人口的精准帮扶，坚决牢牢守住不发生规模性返贫底线。禄丰市在巩固拓展脱贫攻坚成果同乡村振兴有效衔接工作中，注重特殊困难群体的救助帮扶，低保、特困、临时救助等措施全面落实。全面落实教育、医疗、住房、饮水等政策措施，坚决守住民生底线。严格落实教育扶贫各项免补救助惠民政策，截至2021年底，共落实资助金额60276人次、2750.45万元，其中资助脱贫户子女在校生5267人次，共落实资助金额308.21万元；认真开展秋季学期控辍保学专项行动，巩固控辍保学清零成果，全市义务教育阶段脱贫适龄人口无因贫失学、辍学。认真落实健康扶贫相关优惠政策，确保群众不因病而陷入贫困，2021年全市已脱贫人口共报销87686人次，报销资金2396.69万元。禄丰积极抓实脱贫人口住房安全动态监测，持续推进农村房屋安全隐患排查，优先将低收入家庭纳为农房抗震改造对象，年内完成382户农村抗震改造和2户"四类对象"农村危房改造任务，"三类人员"安全住房有保障。强化农村供水工程长效管理，农村饮水安全评价全部达标；2022年统筹安排衔接资金465.5万元实施人畜饮水工程32件，受益农户2318户9241人，安全饮水问题得到巩固提升。

第三，强化动态监测。2021年，禄丰全市新识别"三类"监测对象98户299人（脱贫不稳定户31户101人、边缘易致贫户30户89人、突发严重困难户37户109人）。为进一步完善应保尽保、精准救助，当地积极建立"多渠道监测预警、逐户实地核查、综合分析研判、数据比对核查、市乡逐级审定"的自上而下比对反馈问题。禄丰市结合脱贫人口持续增收、防返贫监测帮扶、低收入人口信息采集等工作，统筹乡镇各村挂点工作组、驻村队员、村干部等人员力量，启动了"每户必入、入户见人"的全覆盖核查工作。截至2022年8

月，核查的对象及范围为各乡镇辖区100%的群众。重点围绕乡村振兴部门认定的"三类对象"、收入高于低保标准但低于低保标准的1.5倍的低保边缘家庭、老年人、重病人、残疾人，"三孩"以上困难家庭、精神病患者家庭，因学、因病等刚性支出较大或收入大幅缩减导致基本生活出现严重困难等低收入人群。核查内容根据不同群体有所侧重，对于已纳入城乡低保范围的家庭：核查是否存在保障人数与实际共同生活人数不符，是否存在保障类别不精准，是否存在错保，如家庭条件明显好于当地一般家庭、子女考录为公职人员、纳入保障后购买5万元以上车辆等；对于城乡低保、特困供养范围以外的家庭：核查家庭共同生活成员情况，是否有残疾人、患病人、就读高中及以上子女，了解其家庭收入来源、主要支出、家庭财产等情况，是否存在应保未保、应救未救等。

（二）积极推动与乡村振兴有机衔接

禄丰市加大对农村建设的投入，致力于实现巩固拓展脱贫攻坚成果同乡村振兴有机衔接。在举措方面：

第一，着力改善农村人居环境，强化农村基础设施建设。按照省"百千万"、州"十百千"示范创建标准要求，禄丰市制定出台了《禄丰市2022年度美丽示范村创建工作方案》，统筹中央和省级财政衔接推进乡村振兴补助资金中配套200万元，国家储备林项目中配套200万元，专项用于示范村庄农村人居环境整治提升，深入开展以"改一水（改善农村水环境）、治两污（治理农村污水和农村垃圾）、改两厕（农村公厕和户厕）、建三园（建小菜园、建小花园、建小果园）、美四旁（美化沟渠旁、道路旁、住宅旁和村庄旁）、清五堆（清理柴草堆、垃圾堆、砂石堆、杂物堆和肥粪堆）、改六小（改小广场、小柴房、小厕所、小庭院、小管网、小停车场）、治十乱（整治乱搭、乱建、乱堆、乱放、乱扔、乱倒、乱泼、乱排、乱贴、乱挂）"为主要内容的"122345610"示范创建行动，重点打造市级美丽示范村25个。自2022年以来，重点推进广黑线和杨三线长田至川街改建工程，确保年底建成通车；组织实施30户以上自然村通硬化公路项目210公里，完成农村公路安全生命防护工程80公里；完成3.39万亩高标准农田建设任务；新建5G基站200个，实现5G网络全覆盖到村（居）委会和重点自然村，20户以上4G网络覆盖率达90%以上，不断夯实乡村发展基础。

第二，大力推动产业振兴，壮大涉农产业发展。禄丰精准实施脱贫人口三年增收行动计划，坚持将50%以上财政衔接资金投入产业发展，推动高原特色农业、乡村旅游业、电子商务、劳务经济四大乡村产业提质扩面，健全完善稳定利益联结机制，确保全市脱贫人口年人均纯收入平均增速稳定达19.2%以上，目标规划在2024年实现人均纯收入2.2万元以上，村集体经济收入全部达10万元以上。为此，当地积极立足农村欠发达地区资源禀赋，以市场为导向，充分发挥农民合作组织、农业龙头企业等市场主体作用，持续发展壮大特色产业，围绕当地特色种养殖，继续壮大"云岭牛""双丰猪""禄丰云花""高峰苹果"等一大批独具地域特色的扶贫产业品牌。围绕"稳粮稳烟、增果增绿、扩花扩菜、优畜优禽"的工作思路，构建起"一乡一业、一村一品"的产业扶贫集群，中高海拔贫困地区主要以核桃、冬桃、水蜜桃、苹果、樱桃种植和生态牛羊养殖为重点；低海拔干热河谷贫困地区主要以冬早蔬菜、热区经济林果、软籽石榴、沃柑种植和畜牧业养殖为重点。当地积极发展石榴、小枣、苹果、花椒四类经济林果，积极发展豌豆、蚕豆、花生、反季节大白菜四类特色蔬菜，2020年，全市蔬菜种植面积46.57万亩，产量85.69万吨，产值14.39亿元。构建区域化、标准化蔬菜生产基地，形成了7万亩萝卜、6万亩早蚕豆、3万亩豌豆、1万亩冬早蔬菜生产基地，全市蔬菜产业实现量和质的全面提升。当地积极发展肉牛养殖，预计至2025年累计投资7275万元，累计实施肉牛养殖项目196个。

第三，加强农村欠发达地区产业发展基础设施建设，注重产业后续长期培育。禄丰尊重产业发展规律，提高产业帮扶效益，积极规划发展乡村特色产业，实施特色种养业提升行动，预计2021~2025年实施农产品加工项目7个，投入9.98亿元实施农产品加工业项目投资。大力实施消费帮扶，完善机关、企事业单位参与机制，广泛宣传，推介脱贫地区和欠发达地区旅游文化和特色产品，推动消费减贫从以政府引导为主转变为政府、市场"双轮驱动"。为此，当地积极用好驻村工作队和农村基层党组织"两支力量"，夯实基层基础合力攻坚。持续发挥106名驻村第一书记、316名工作队员专业优势，有效融入村"两委"班子，共同抓好各项工作落实；充分发挥农村基层党组织战斗堡垒作用，不断激发村组干部干事创业激情，合力推动乡村振兴。

第四，强化资金项目扶持，禄丰2021年整合投入各级财政涉农资金1.4亿元，实施了休耕轮作、农机购置补贴、中央农业发展专项、省级农业发展专项、云南省优势特色产业集群禄丰市鲜切花新型经营主体发展示范区建设项目、中央生猪调出大市奖励资金项目、高标准农田建设项目、优质粮食工程项目、中国好粮油示范县等一批项目。2021年下达中央及省级财政衔接推进乡村振兴补助资金2363万元实施产业项目10个，采取"飞地经济"抱团发展的模式利益联结覆盖全市11个乡镇58个行政村。带动有产业发展条件的5853户22397人脱贫人口参与发展,户均纯收入3000元以上。优化企业与合作社绑定、合作社与贫困户绑定"双绑定"的利益联结机制,引导和推动脱贫户依法将承包土地、林地、资产,以出租、转包、托管、入股等形式,向新型农业经营主体流转获得收益。持续培育发展龙头企业、农民合作社、家庭农场、社会化服务组织,增强主体活力,有力带动脱贫户发展。

(三)禄丰农村集体经济在推动和巩固脱贫攻坚中的作用

不论是脱贫攻坚期间还是当下巩固拓展脱贫攻坚成果阶段,禄丰市农村集体经济发展都扮演了重要的角色,总体来看,集体经济是支撑贫困村脱贫出列和贫困户脱贫致富的重要载体,是助推乡村振兴实现农村经济繁荣的重要抓手。

具体而言,可将农村集体经济发挥的作用概述为如下三方面:

第一,积聚扶持资金,发展乡村产业。产业兴旺不仅仅是巩固拓展脱贫攻坚成果同乡村振兴有机衔接的重要基础,更可以说是解决农村一切问题包括的前提。禄丰积极按照"村村有脱贫产业、户户有增收项目、人人有致富门路"的发展要求,因地制宜,因势利导,深挖资源潜力,发展绿色经济,带动贫困户增收致富,发展壮大了村集体经济。当地胜利村村民以养殖蜜蜂作为家庭经济发展的主要产业,但是由于地处山区,交通不便,村民收割的蜂蜜没能走出大山,衔接市场获得收益。2017年,在脱贫攻坚政策扶持下,由村党支部牵头成立了胜利苗岭中蜂养殖专业合作社,按照"党支部+合作社+农户"的经营方式,大力发展中蜂养殖,共带动29户贫困户增收,实现产值5万元以上。在种植业方面,胜利村委会以苗岭中峰合作社为龙头,以农户创收为目的,积极鼓励和引导农户大量种植萝卜,全年收购萝卜丝50吨左右,带动农户户均增收3000元以上,壮大了当地种植业发展。

第二,盘活集体资产,挖掘集体资源。农村集体产权制度改革是乡村振兴战略的重要制度支撑,农村集体经济得以不断挖掘乡村资源,发展相关产业,有力地推动了禄丰脱贫攻坚工作开展。禄丰市自2018年被确定为全国农村集体产权制度改革试点以来,共清理出非承包土地22.8万块、面积22.9万亩,清理经济合同2100份,确认集体成员35.34万人,设置成员股权和法人股权922.75万股,组建新型农村集体经济组织2612个。农村集体资产比清查前增长了90.5%,总额达26.9亿元,切实解决了集体资产归属不清的问题,使农村集体资产由过去"人人抽象所有、个人实际没有"转变为"集体真正所有、成员按份拥有",这些资产产生的收益以及资产开发项目中产生的大量非农就业机会极大地促进农村减贫事业发展。例如随着青壮年大量外出务工,农村劳动力短缺、耕地闲置撂荒现象日渐突出，当地彩云镇彩云村通过招商引资+土地流转，有效缓解了"有地无人种、在家无力种、能者少地种"以及农村留守劳动力的就业难题。为了较大程度地盘活土地资源，彩云村成立了股份经济合作社，设有监事会和理事会，实行民主监督。在合作社的组织引导下，农户将低产出的农田进行流转，用于优先发展连片种植，分属于各个农户的土地在进行连片流转后，原先无法使用的田埂就变成了可用土地面积，这部分新增土地被纳入集体资产，再次得到高效利用，壮大集体收入。

第三，改进乡村治理，强化基层服务。随着集体资产资源不断开发，集体经济组织这一管理集体资产的主体也同步得到了发展壮大，能够提供村社内部的公益服务，村组集体积累进一步增加，农村道路、沟渠、环境整治得到进一步优化，农村人居环境得到进一步提升。同时随着集体经济组织制度的健全，对农村集体资产的管理参与使得乡村治理面貌得到改观。当地彩云村的集体资产收入达50多万元，资金被用于村里的公益事业支出和二次发展，并且积极筹划给村民分红，按照年龄股的持股比例，对村子60岁以上的老人发放慰问金。通过农村集体资产的监管，基层村务财务的管理工作也得到了改善和规范。例如在清理承包合同的时候发现，一些村组存在合同不规范的问题，甚至一些村组在小坝塘承包租用上只有口头协议。禄丰通过清理整治，完善合同，积极纠正如中村乡叽拉村委会矣子母村出租坝塘等交易不规范行为，通过清理、规范了承包合同协议，促进了集体资产、资源和财务的管理。当地九渡村村民积极针对2003年修建高速公路需要临时租用九渡村7组集体土地、山林41.64亩作为弃土场，但是之后由于村集体疏于管理，导致该集体土地被本组11户长期私自占用这一问题，收归七组集体，由村集体研究制定招商引资发展经济林果方案及发布土地资源信息开展交易，捍卫集体资产所有者权益。

二、禄丰市农村集体经济发展现状

截至2021年底，禄丰市所有村（社区）集体经济组织共167个，经营性收入在5万元及以下的村庄数量为55个，占比为32.94%，经营性收入在5万~10万元的村庄有63个，占比为37.72%，经营性收入在10万~20万元的村庄有40个，占比为23.95%，集体经营性收入在20万元及以上的村庄有9个，占比为5.38%。总体上看，截至2021年底，云南省集体经济收入达5万元以上的村占比为72.31%，换言之，在集体经营性收入在5万元及以下的村庄数量占比为27.69%，因此禄丰市在5万元及以下的村庄数量占比情况略低于云南省平均水平。详情如图8-1所示。

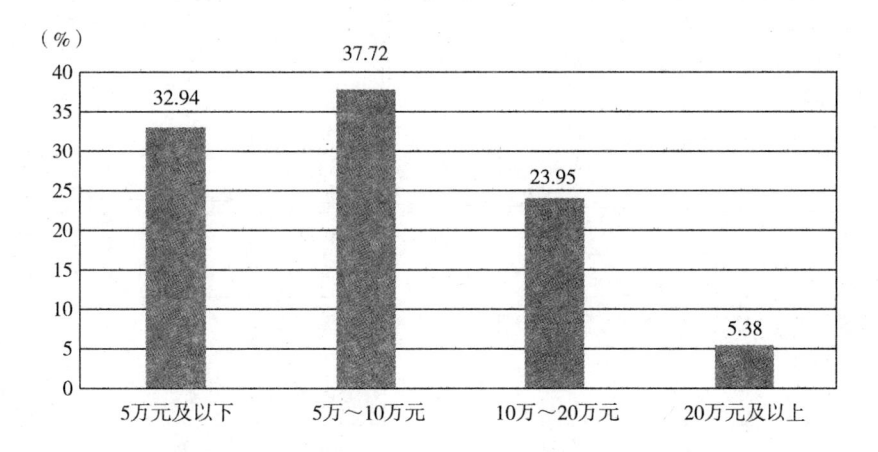

图8-1　2021年禄丰市农村集体经济经营性收入分布情况

资料来源：笔者根据禄丰市访谈资料数据整理。

表8-1则展示了2021年禄丰市农村集体经济获得对接扶持情况，从中可以看出，在处级领导挂点帮扶的彩云镇和恐龙山镇，两处农村集体经济在当年分别获得了300万元和495万元的项目资金。在市级部门挂点帮扶的金山镇，2021年获得了农村集体经济322万元的项目资金。总体来看，2021年处级领导挂点帮扶争取项目资金共1030.27万元，市级部门挂点帮扶争取项目资金524.26万元。此外，值得一提的是，禄丰市2019~2020年争取到了中组部关于坚持和加强农村基层组织领导、扶持壮大农村集体经济的项目资金，分别争取到了7个和20个，累计27个，每个项目获得中央扶持资金50万元，累计1350万元的项目资金投入，据禄丰市当地初步统计，产生收益184万元，收益率总体大于7%。

表8-1　2021年禄丰市农村集体经济发展壮大帮扶情况

单位：个，万元

乡镇	挂点联系处级领导		市级部门挂包情况		非公企业结对帮扶情况	
	争取项目	争取资金	争取项目	争取资金	帮扶协议	帮扶资金物资
金山镇	1	4.27	2	322.00	0	0.00
中村乡	2	135.00	0	5.00	1	0.00

续表

乡镇	挂点联系处级领导		市级部门挂包情况		非公企业结对帮扶情况	
	争取项目	争取资金	争取项目	争取资金	帮扶协议	帮扶资金物资
和平镇	4	8.00	0	0.00	5	0.00
仁兴镇	1	50.00	1	50.00	0	0.00
碧城镇	0	0.00	0	0.00	0	17.52
勤丰镇	0	0.00	0	0.00	1	16.10
土官镇	0	0.00	0	0.00	0	0.00
彩云镇	3	300.00	0	0.00	0	0.00
一平浪镇	1	5.00	0	0.00	0	0.00
广通镇	0	0.00	3	68.00	0	0.00
恐龙山镇	2	495.00	0	12.10	3	4.00
妥安乡	1	10.00	4	35.60	0	0.00
黑井镇	2	8.00	1	5.00	0	0.00
高峰乡	2	15.00	3	26.56	0	0.00
合计	19	1030.27	14	524.26	10	37.62

资料来源：笔者根据禄丰市访谈资料整理。

三、禄丰市农村集体经济发展主要举措

在农村集体经济的发展模式上，经过多年的探索实践，禄丰将其作为巩固和完善农村基本经营制度、推进农村改革的重要抓手和巩固拓展脱贫攻坚成果、推动农村增收的重要举措，按照"因地制宜、科学规划、大力扶持、多元发展"的思路，积极探索农村集体经济发展壮大路径，推动农村集体经济持续健康发展。

（一）坚持压实政治责任，高位推动集体发展

禄丰市成立了由市委书记、市长任双组长，市委副书记、市委组织部长、市人民政府分管副市长任副组长，市财政局、农业农村局、乡村振兴局等相关部门主要负责同志为成员的市发展壮大农村集体经济工作领导小组，并设立领导小组办公室挂靠市农业农村局，切实加强对农村集体经济发展工作的组织领

导。禄丰通过建立定期会议、经常性督察等机制，定期召开全市发展壮大农村集体经济工作会议，分析研判集体经济发展壮大工作情况，研究解决具体问题。基于此，在乡镇层面，也成立了乡镇党委书记和镇长任双组长的发展壮大农村集体经济工作领导小组，形成上下联动、齐抓共促的农村集体经济发展格局。禄丰当地积极把发展壮大农村集体经济作为基层党建工作的"书记工程"，积极加强选优配强村庄领导队伍工作，积极组织村组干部教育培训。

在高位推动下，通过进一步健全完善资金管理机制和收益分配机制，有效激发村（社区）干部抓集体经济发展的积极性和干事创业激情。强化一系列保障措施，党建引领"聚合力"。支持鼓励优化整合农业、扶贫、自然资源、林草、水利等部门政策，从土地、税收、金融等方面进行资金、项目方面的扶持及保障，推动集体经济实现又好又快发展；认真实施村干部能力素质和学历水平"双提升"行动计划，组织120名村组干部和后备力量免费上大学；注重农技人才支撑，成立由60余名高级职称以上专家组成的指导团队，整合125名农技人才成立农技服务小分队，实现每个村（社区）集体经济组织有1名以上农技人员联系指导；强化农村集体"三资"经营管理、投资使用制度的落实，建立完善权益保障、经营监管、风险防控、督查审计等措施，保障集体经济组织社员的知情权、参与权、决策权和监督权。

（二）坚持因地制宜发展，健全结对帮扶机制

禄丰市积极发挥在脱贫攻坚期间的结对帮扶工作经验，坚持因地制宜，全面分析当地资产资源、区位优势、特色特产等资源禀赋，坚持选准项目、"一村一策"，积极探索农村集体经济发展的现实路径，实施部门和企业结对帮扶发展壮大农村集体经济行动，安排市直多个部门和百家企业组建帮扶团队，利用人才和技术以及项目资源优势，知道帮扶结对村发展壮大农村集体经济。推动机关资源力量下沉，发挥驻村第一书记、工作队员的作用，结合单位职责和挂点情况，为农村集体经济发展壮大提供技术服务和政策资金支持，积极争取整合实施好产业开发、基础设施、公益事业等集体经济项目。同时，禄丰积极推动处级干部领导挂乡联村，乡镇党政班子领导成员包村发展，2021年，处级领导挂点的彩云镇和恐龙山镇，两处农村集体经济在当年分别获得了300万元和495万元的项目资金。在市级部门挂点帮扶的金山镇，2021年获得了农村集体经济322万元的项目资金。总体来看，2021年处级领导挂点帮扶争取项目资金共1030万元，市级部门挂点帮扶争取项目资金524万元。

2021年，禄丰在除机关单位帮扶之外，积极开展企业帮扶行动，针对全市

集体经济收入在10万元以下的农村集体经济，实施"一企帮一村、一企帮多村、多企帮一村"等结对共建活动，旨在增加农村集体经济薄弱村的造血功能，结对帮扶的模式则充分发挥了脱贫攻坚期间的工作做法，一是发展产业解"瓶颈"。积极引导民营企业秉承"专业化、标准化、节约化"经营理念，加强结对村产业帮扶，带领广大贫困群众逐步扩大种养规模，持续增收脱贫致富。2017年以来，116家民营企业"一对一""多对一"与全县14个乡镇107个村委会或村组结成帮扶对子，签订结对帮扶协议116份，实施帮扶项目84个，落实帮扶物资和资金246.22万元，销售农特产品，收入1280余万元。由企业进行劳动力培训，全市累计"菜单式"培训贫困劳动力47929人次，收集发布用工信息217期，组织现场就业推荐会63场，"滴灌式"推送企业用工岗位75900个，"联动式"服务贫困劳动力转移就业11193人，开发扶贫车间25个，带动贫困劳动力就业414人。自2021年以来，实施"百企兴百村、消除薄弱村"专项行动，择优遴选91家规模较大、效益较好的非公企业，对93个农村集体经济较薄弱的村进行结对帮扶。

（三）坚持深化产权改革，激发集体经济活力

禄丰作为全国第三批农村集体产权制度改革试点县之一，当地积极推动深化农村集体产权制度改革，带着全县人民群众清产核资、盘活农村集体经济资产资源，唤醒农村"沉睡"资产，激发农村发展活力，让人民群众分享改革"红利"，激活闲置低效利用的集体山林土地、水库坝塘各类沉睡资产和资源，做好存量资产资源的发包和租赁经营，推动农村集体经济发展壮大。在清产核资工作中，当地彩云镇共清理出资产2.18亿元，其中经营性资产8488.68万元，非经营性资产1.33亿元，清理出非承包耕地16656块6910.16亩，清理出经济合同188份，摸清集体经济发展的资产存量，查实多年来未能保障集体收益的资产，妥善解决该村普遍存在的"私挖乱开"集体土地和不规范合同的问题，处理了农村长期以来存在违法、违规占用集体资产、资源的现象，依法将有关权属收归集体管理，进一步强化农村集体资金资产资源监管，提高农村集体资金资产资源经营效益，促进农村集体经济发展。当地彩云村针对该村二组、三组零星集体土地和部分农户新开挖土地的问题，经调查核实该部分土地共12.3亩，但由于历史原因，年租金仅有2678元，资产收益低，群众意见大。通过此次清理，组织召开了户长会，大家一致同意对12.3亩耕地一次性由村小组每亩补偿农户开挖工时费500元/亩，统一收归集体管理。目前，该块土地已通过招标方式出租，年租金1400元/亩，村小组每年多收益14542元，推动资产

收益提升。

当地还积极结合农村产权改革,积极挖掘产业发展潜力。当地大德村利用农村集体产权制度改革这一契机,依托自身独特气候和显著区位优势,大力发展水果产业。通过"合作社+党支部+农户"、林下种养、"动力农场"等科学发展方式,借助水果文化旅游节、电商平台,努力打造和平镇水果种植,主要以牛角乌、冬雪梨、云南红、油桃、冬桃为主。2018年全村种植林果面积3000余亩,种植面积50亩以上的有11户,水果产量达4000余吨,实现产值750余万元,优质林果已成为大德村响亮的名片。为解决农村建房用地困难的问题,当地马街村结合农村集体产权制度改革试点工作,由村委会牵头在黄坡水库坝埂外对古城美丽乡村建设进行了总体规划,为切实解决建设征地资金困难的问题,经村"两委"及古城村"议事组"成员多次共同协商,从村委会集体资金中暂借古城村200万元资金,征收涉及古城村53户农户19.2亩承包地进行土地整合,实行统规统建划定宗地45宗,配全公共设施,统一规划建设成商住一体特色民居。资金列支实行阳光操作,主要用于征地、设计、地勘、场平、基础设施等投资建设。此次土地整合利用,既解决了农户的建房问题,又极大提升了古城村人居环境,同时可壮大村集体经济收入预计35万元。

(四)坚持创新经营模式,实施飞地抱团经济

禄丰针对一些山区农村资源匮乏、发展空间局促、"造血"功能弱化的现实发展基础,通过跨空间在资源密集经济繁荣地区投资管理开发,异地置业,打破原有区划限制,实现两地资源要素互补、高效合作开发、平等协商发展的区域经济合作模式——"飞地经济"。2020年,禄丰利用财政专项产业扶贫项目资金,在彩云镇白杨村建造云南彩云鲜花谷项目,建设100亩的花卉种植基地以及控温节水等配套设施,合计投入1500万元,均为各个村的项目资金,其中安乐村、东山村、罗申村等10村各自出资50万元扶持资金,法龙、银马等5村出资40万元扶持资金,九渡、梨园等5村各自出资39万元扶持资金。通过规划、建设、管理和利益分配等合作协调机制的构建,禄丰实现区域内互利共赢合作开发模式,在优势地块抱团发展项目,发挥区位优势,跨村发展。鲜花谷等项目建成后,每年按照不利于总投入7%的收益进行分配,按比例返还上述出资村庄。

"飞地经济"这一资产经营模式下还催生出了"物业经济",禄丰积极鼓励村集体在符合城乡建设、土地利用、产业发展等规划前提下,通过多村联建、村企合建等多种方式在禄丰工业园区、城区、集镇商业区等区位条件较好、产

业集聚度较高的区域，跨村跨乡镇购置商铺店面、农贸市场、仓储设施、厂房等物业，形成规模积聚效应，当地金山镇思源村出资 70 万元，联合河口、横山等 7 村各自出资 30 万元，和平镇邓家湾等 3 村各自出资 50 万元，总投资 450 万元建造物流仓储项目，带动项目扶持资金收益提升。

（五）强化项目督导考核，推动行政服务升级

禄丰的农村集体经济发展总体上来看形成了书记领衔、部门指导、乡镇落实、农村实施的工作格局，为此，当地积极健全抓农村集体经济的考核奖励办法，政策激励"增动力"。由发展壮大农村集体经济工作领导小组办公室制定部门帮扶考核办法，进一步修订完善《禄丰县发展壮大村（社区）集体经济考核奖励办法》，制定涉及收入核定、考核奖励等五个方面共 18 条具体措施，明确考核奖励标准、划定考核奖励档次及比例明细，提高奖励标准当地积极强化项目督导考核农村集体经济发展，将农村集体经济发展工作纳入全市各乡镇、市级挂包部门乡村振兴绩效考核，纳入各级领导班子和领导干部综合考核评价，纳入党组书记抓基层党建述职评议考核，未完成发展任务的乡镇、村社以及挂包该村的市级部门，年度领导干部述职评议考核、党政主要负责同志年度考核原则上不得评为优秀。在对乡镇考核中，包括农村集体经济收入和产业的目标任务完成情况、农村集体经济财政扶持资金使用情况、农村集体资产管理监督情况等内容，在对挂包部门的考核中，主要有集体经济项目和资金争取情况、驻村书记和工作队员的工作情况、集体经济发展产业的政策扶持情况等内容。

同时，禄丰积极在行政服务上发力，推动集体经济发展，例如当地于 2021 年开始针对农村集体经济承接资金项目扶持和政府购买服务，投入集体经济发展项目财政资金所形成的资产产权按照相应比例划归村集体所有，落实农村公益事业建设"一事一议"财政奖补政策，允许将奖补范围扩大至发展农村集体经济的经管类基础设施项目，健全奖补挂钩激励机制。禄丰积极制定实施税费优惠政策，对于农村集体经济组织从市级以上财政部门或者其他部门取得的应计入收入总额的财政资金，凡符合国家税收规定的，一律作为不征税收入，在计算应纳所得税额时从收入总额中减除，对于帮扶企业对村集体经济组织的捐赠支出，符合《中华人民共和国公益事业捐赠法》规定的，可在计算应纳所得税额时扣除。

四、禄丰市农村集体经济发展问题与建议

（一）禄丰市农村集体经济发展现存问题

第一，缺乏专业化经营管理人才，村社干部人才队伍建设不足。对于农村集体经济组织而言，作为一类特殊的市场主体，还承担了大量行政事务、公共服务、乡村治理等职责。为此，农村集体经济组织天然具有社区福利性、股权封闭性等特征，这一特殊的市场主体对人才吸引具有先天上的不足。对于禄丰来说，村干部岗位待遇较低、保障机制不健全，难以吸引优质人才加入大量优质劳动力和各类乡村精英流出，村庄老龄化现象更为突出，脱贫地区农村基层干部队伍素质能力偏低，市场化、专业化开发管理经营集体资产的能力较为缺乏。尽管禄丰对于农村集体经济发展的收益分配都做出了规定，明确要求对农村集体经济发展领头人给予奖励，但是各地实践中实施的收益分配制度受到多种因素制约，收益分配较为僵化，人才激励明显不足，农村集体经济组织带头人专业化水平不高，部分区域未能与全面推进乡村振兴的要求相符。

第二，产业发展活力不高，资产经营模式较为单一。总体来看，禄丰对于农村集体经济发展建立了大量帮扶机制，但是未必与产业培育长期规律相契合，尤其是建立了企业帮扶消灭薄弱村的机制，但是却未能推动形成协作机制，推动村集体经济和企业等新型农业经营主体有机合作，未能搭建农村集体经济引进企业资本、技术、管理等要素的机制，仅仅停留在帮扶层面。多数农村集体经济收入主要来源于村集体提取征用土地补偿金、坝塘资产出租，或者抱团异地置业收取租金，总体来看资产增值空间较小，经营模式单一。

第三，集体资产的管理监督实际工作中难度较大。从禄丰来看，当地2002年起乡镇机构改革就撤销了乡镇经管站，2008年乡镇机构改革继续撤销了乡镇专职农经人员编制，所以从乡镇层面工作来看，集体资产管理和集体经济组织壮大工作处于"无编制无人员"的组织困境，乡镇层面的农村集体经济工作负责人员皆是身兼数职，精力不足。但是农村的集体资产、资金、资源，涉及面广，项目范围较大，既有各类扶持资金、扶贫资金、支农资金，又有补偿补助款项，还有集体接受的捐资，由于种类繁多，所以不好集中管理，难度较大。

(二) 禄丰市壮大集体经济发展的对策建议

第一，强化集体经济组织人才队伍建设。加强从优秀党员里培养选拔集体经济负责人，充分发挥农村基层党组织的组织优势。同时，在日常经营管理中要依法依规明确划分权责清单，严格执行有关规定，坚决防范经营管理中的"缺位"与"越界"。针对本地人才不足的问题，积极搭建人才回流平台，引导高校毕业生、退役军人、返乡入乡人员参与集体经济管理，不断拓宽人才来源，培养乡村致富带头人，主动抛出橄榄枝，也要针对自愿返乡创业的人才，做好对接服务，需要选优配强基层干部队伍，在培养乡村组织接班人上下功夫，这就需要打造人才聚集高地，要引导更多的人才向乡村汇聚。积极培育专业人才，建立经营管理人员的日常培养与重点培训制度，根据集体经济发展需要开设相关专业课程，支持集体经济负责人采取多种方式就地就近接受教育。

同时，人才队伍建设需要积极落实有效的保障措施。要建立健全相关政策体系，不断完善集体经济负责人激励机制，既要加强精神激励，又要落实物质保障。在精神激励方面，应对集体经济发展富有成效的地区及有关人员及时进行表彰，在全社会营造良好的干事创业氛围。各地可根据实际情况探索从优秀集体经济负责人中选拔乡镇领导干部，体现精神激励的价值。物质保障方面，在收入分配时应给予集体经济负责人一定的倾斜。

第二，健全利益联结机制，拓宽资产增值渠道。积极鼓励农村集体经济组织与龙头企业、农民专业合作社和家庭农场等新型农业经营主体开展合作联合，做好利益联结，积极组织和指导乡（镇、街道）对村集体与农户、合作社、其他经营主体之间的利益联结机制进行核查梳理，对未建立利益联结机制或机制建立不规范不健全、执行不到位、股权不明晰的全面进行规范。对本村发展的产业（项目），最大限度地将农户利益和村集体经济利益联结进来。做好工作指导，组织行业部门建立服务清单、农村建立需求清单，采取村点单、乡统筹、部门落实的方式，全方位做好政策咨询、资金扶持、金融贷款、项目审批、产业管护、技术指导等服务。

推动农村集体经济组织发展混合所有制经营，为农村集体经济引入资本、技术、管理等稀缺要素，促进多元主体资源互补与要素优化配置。总体来看，当下农村集体经济资产增值渠道单一的一部分原因在于产权配置、使用、处置等被限定在狭小的村社范围内，但是包括禄丰在内的西部农村地区空心化问题愈演愈烈，发展混合所有制经济，通过村企合作运营的方式，实现了资源社区内动员向全社会动员转变，为农村集体经济引进企业资本、技术、管理等要素开辟了通道，促进了村内集体资产、资源等要素与城市资本、管理、技术等要素的组合生产，破解了农村集体经济资本、管理、技术等要素投入不足的问题。

第三，强化集体资产监管，推动组织规范发展。在实践中，应积极明确农村集体资产属于该农村集体经济组织成员集体所有，并依法由农村集体经济组织代表成员集体行使所有权，农村集体经济组织应完善章程，对年度财务预决算、重大项目招投标、重大经营决策、重大资产处置等集体经济重要财务和经营事项的决策，应经成员（代表）大会审议通过。对于各类资产，农村集体经济组织要按照"清查、登记、申报、建档、公示、审核"程序建好资产资源台账，建立集体资产登记、保管、使用、处置等制度。

县级农业农村、审计、纪检监察等部门和乡镇（街道）重点对农村财务管理制度执行、财务收支和收益分配、承包租赁转让等合同签订履行、集体土地征收征用补偿费分配使用、农村债务、村集体专项资金提取使用等情况开展监督。积极采用直接审计、交叉审计、第三方机构审计等方式开展农村集体经济审计，及时公布审计结果，原则上农村组织一届内审计不少于2次，发生重大信访事项和村干部离任必审，保障集体资产不受侵犯。

第九章　河北省饶阳县农村集体经济发展调研报告[①]

饶阳县隶属河北省衡水市，下辖197个行政村，总人口30万，58万亩耕地。饶阳县通过采取提供资金保障、合理利用土地资源、培养乡村建设人才、加强技术支撑等措施，完善了脱贫攻坚与村集体经济发展的衔接机制。饶阳县集体经济发展主要包括三种类型，一是土地流转创收，将村内闲置集体土地和流转农户耕地承包给公司或合作社，获取土地流转费用；二是盘活经营性资产，利用政策支持资金进行固定资产投资，引进企业进行经营，发展多类型产业；三是党支部领办成立合作社，发展种养殖，村集体实现自主经营。饶阳县脱贫攻坚工作与村集体经济发展实现了有效衔接，但仍存在资金积累缓慢、政策支持结构失衡、缺乏经营人才、收益项目单一等问题。针对以上问题，提出了加大财政保障力度、优化政策资金配给、强化人才支撑、建立激励机制以及因地制宜确定发展项目，开展多种合作经营方式的政策建议。

一、饶阳县农村集体经济与巩固脱贫攻坚

饶阳县隶属河北省衡水市，地处冀中平原，地形平坦，位于雄安新区正南50公里。全县总面积573平方公里，耕地58万亩，总人口30万，下辖7镇和1个省级经济开发区，197个行政村。饶阳县经济社会发展呈现出良好态势。2021年，全县地区生产总值完成102亿元，同比增长7%，一般预算收入完成4.5亿元，同比增长9.3%，城乡居民人均可支配收入分别为33441元、12327

[①]　执笔人：李琦。

元，分别增长8.8%和13.3%。如表9-1所示，饶阳县村集体经济收入不断壮大，2021年村集体收入5万元以上的村有185个，占比93.9%；其中收入在10万元以上的村有101个。

表9-1 饶阳县村集体经济收入情况　　　　　　　　　　　单位：个

年份	收入5万元以下的村	收入5万~10万元的村	收入10万元以上的村
2019	37	121	39
2020	42	57	98
2021	12	84	101

资料来源：根据饶阳县资料整理。

（一）脱贫攻坚情况

截至2021年底，饶阳县共有建档立卡脱贫人口2604户4949人。其中，因病致贫863户，占33.15%，缺劳动力致贫843户，占32.37%，因残致贫573户，占22%，因缺技术、因学等其他原因致贫325户，占12.48%。全部脱贫人口中，实现务工就业1818人，占36.73%，其中省外务工174人、县外务工212人、县内务工1432人。

2021年，全县脱贫人口人均纯收入14405元，全县2604户中，达到全县平均水平的有960户，平均水平以下有1644户，人均收入9000元以下有128户，人均收入超2万元的有312户，绝大多数脱贫户人均收入在9000~20000元。各项收入中，工资性收入为5049元，占全部收入的38%，转移性收入为4533元，占全部收入的31%，生产经营性收入为2770元，占全部收入的19%，财产性收入为1693元，占全部收入的12%，如图9-1所示。

脱贫攻坚期间，产业项目为到户项目和资产收益项目两类。到户项目主要为棚室和分布式光伏，共709户，其中棚室产业448户，年人均收入普遍超过2万元；分布式光伏261户，年人均收入普遍在15000元以上。落实资产收益1895户，年分红2300元，该部分农户收入还包括社会保障收入、土地流转等其他收入，人均年收入为15000元以下。脱贫户就业收入比较稳定，并且对人均收入的增长贡献率比较大，年增长连续超过了18%，2019年增幅最高，达到了21%。农村集中式光伏电站收益对增加弱半劳动力就业起到重要作用，每年公益岗工资开支430万元，支持全部脱贫人口人均增收868元。

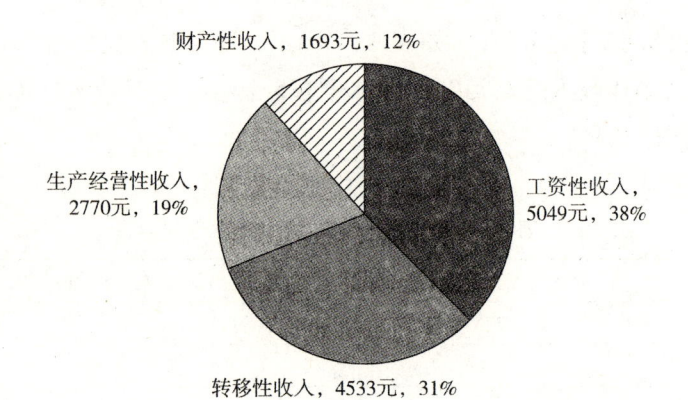

财产性收入，1693元，12%
生产经营性收入，2770元，19%
工资性收入，5049元，38%
转移性收入，4533元，31%

图 9-1　2021 年饶阳县脱贫人口人均纯收入结构

资料来源：根据饶阳县资料整理。

（二）村集体经济发展特点

饶阳县村集体经济发展具有产业规划明晰、地理区位优势明显以及合作精神传承悠久的特点。饶阳县按照产业类型规划了示范区，包括蔬菜种植示范区，葡萄、桃种植示范区，生猪、肉羊养殖示范区，饲料加工产业集群以及生态休闲农业示范区，分区规划产业规模，集中实现农业提质增效。饶阳县地处雄安新区正南50公里。京津冀协同发展战略以及雄安新区的设立，是饶阳县重要的发展机遇。饶阳县着力依托区位优势，拓宽农产品销售渠道，优化农产品生产结构。饶阳县不断传承合作精神。1943年冀中平原遭受严重旱灾，耿长锁带头响应成立了土地合伙组，全组共22人，40亩地。1951年春，农业合伙组改名为"耿长锁农业生产合作社"，由17户发展到18户，共82人，288亩土地，7头骡子，1匹马，3辆大车，一般农具齐全。1952年，耿长锁农业合作社入社农户达401户，带领农户共同生产经营，成为全国合作化的一面旗帜，也成为了合作文化传承的重要一环。

二、饶阳县农村集体经济发展现状

（一）饶阳县农村集体经济发展典型模式

饶阳县农村集体经济发展主要包括三种类型：一是土地流转创收，将村内闲置集体土地和流转农户耕地承包给公司或合作社，获取土地流转费用；二是盘活经营性资产，利用政策支持资金进行固定资产投资，引进企业进行经营，发展多类型产业；三是党支部领办成立合作社，发展种养殖，村集体实现自主经营。

第一，资源性资产租赁，土地流转创收。根据2022年河北省农业农村厅《河北省全面盘活农村集体资产专项行动方案》，重点盘活资产类型主要包括农民集体所有的闲置土地、撂荒耕地、低效利用的山岭、草原、荒地等资源；支持村集体利用资源性资产发展现代农业项目，增加集体经济收入，并鼓励农户以土地、林地、草地等经营权入股，实现土地连片，推动规模化经营。因此，对于集体资源性资产较为丰富的村集体，饶阳县主要推行规范对外发包和集体资源资产统一管理经营两种方式。

五公镇依托农村人居环境整治行动，对闲置废弃的厂房、学校等集体资产进行清查回收，集中治理139个坑塘。平整整治后用于建设广场、公园等公共服务场所，以及进行出租转让，年增收达到10万元。大官亭镇东刘庄村有600亩集体梨园，2022年党支部领办成立顺腾果蔬专业种植合作社，以股份合作的模式开展经营。村集体以集体梨园入股合作社，占比40%；吸收54户群众按1000元/股入股，共集资32万元，占比60%。小官亭村共有248亩集体土地，其中200亩采取招商引资的方式，以每年每亩700元的价格承包给企业；48亩以840元/亩承包给农户耕种。通过集体土地出租，村集体年增收18万元。此外，小官亭村原有一个占地26亩的废弃大坑。在较为平整的地方村民自行建设温室，但由于缺乏规划，整体杂乱无章。最终通过村干部的协调组织，做通村民工作后拆除原有温室，统一规划建成10余个育苗小拱棚出租给村民，每年为村增收2万元左右。对一些自身经营能力弱的村，采取集中土地，引进第三方公司经营的发展模式。村集体负责流转农户耕地，使土地集中连片，由农业公司经营，发挥资金、技术和市场优势，形成特色产业。村集体通过收取服务费或与公司利益分成的方式，增加集体收入。西支沃村与饶阳县雄峰农业服务有限公司签订合同，整合村民1100亩耕地进行土地流转后种植油莎豆，流转期限为五年，租金为1000元/亩/年。同时，公司按照100元/亩/年的标准给予西支沃村土地整合协调费用，实现村集体和农户共同增收。东支沃村成立党支部领办合作社，村集体以60万元资金和260亩集体地入股，占比为65%；吸收50户群众以土地入股，每10亩地占1股，共流转400亩耕地，占比为35%。村集体以此为基础，将土地入股公司，主要种植油莎豆，每年可获得30%的分红。

第二，经营性资产租赁，发展多类型产业。根据2022年河北省农业农村厅

《河北省全面盘活农村集体资产专项行动方案》，鼓励重点盘活和优化利用农村集体经济组织闲置的办公用房、农贸市场、仓库、大型农机具等设施设备，通过自主经营、出租、投资入股等形式增加集体经济收入，同时鼓励有条件的村集体通过购买或共建商铺、酒店、商场、标准厂房、专业市场、店面房等物业资产，获得稳定收益。

王同岳镇近年来先后争取各部门项目资金500万元，在段口、辛庄、张苑村、引各庄等6个村实施集体经济棚室项目，建设20座温室进行出租外包，年增集体收入超过30万元；并且利用673万元财政衔接资金，在一致合、程各庄、单铺、路同岳等5个村，建起了73个村集体棚室，建档立卡贫困户优先承包租赁，带动村集体年增收74.2万元。在温室承包项目之外，王同岳镇鼓励村集体通过建设门面房屋，引进光伏项目等途径增收。如王同岳村、圣水村建设沿街门面房屋进行出租外包，村集体年增收4万元。2022年在农行项目56万元资金支持下发展光伏项目，计划在北京堂、马长屯村庄主干道路安装立式旋转光伏，在崔口、程各庄村委会、幼儿园、小学等屋顶安装光伏。

依托上级项目资金支持，五公镇在五公村、耿口村、宋桥村等12个村建设了冷库、门面房，每村平均年增收5万元。五公镇邹村利用农总行捐助资金，建设了光伏大道，开设了扶贫车间及扶贫周转棚室，在带动贫困户脱贫致富的同时，村集体年增收30万元以上。五公镇邹村农村光伏电站一期位于村金穗路东侧，为"双轴跟踪式光伏电站"，2019年3月开工建设，2019年6月建成并网，装机容量145.6千瓦，投资100万元，中国农业银行总行定点帮扶资金出资。电站共建有26个水泥立柱，每个立柱安装20块0.28千瓦光伏板。2021年该电站共发电28万度，售电收入10.1万元。

留楚镇西赵市村于2018年申请50万元产业资金，建设了6个村集体温室，通过公开竞价的方式，出租给6个农户，村集体年收入6万元，扶贫资金年收益率达到12%。同时，村集体在种植品种、种植技术、种植标准上给予指导，当年每个承租户卖菜收入均超7万元。良好的收益调动了村民的产业发展积极性。截至2022年7月，农户自行修建145个温室大棚。村集体也建立了完善的收益分配机制，出租棚室的收益，50%进行二次分配，帮助脱贫户增收，剩余50%用于村内事业发展。同时脱贫户可以优先承租，产业壮大后，不能从事果蔬生产的脱贫户可以到棚室务工，日工资70~120元。

第三，党支部领办合作社，开展自主经营。村集体自主经营模式以村集体和农户土地流转或入股为基础，由村党支部领办成立合作社，统一种植、管理、销售，实现规模化经营。在以大田作物种植为主的村，以通过机械化、规模化耕种，降低生产成本，提高生产效益的模式为主；在特色产业明显的村，支持村集体"一村一品"产业优势，带动集体和群众增收；在设施农业比较发达、棚室建设比较集中的村，鼓励村集体投资建设精选、分包、深加工项目，延伸产业链、提高附加值。

五公镇南官庄村成立"利祥农业种植专业合作社"，流转360亩土地，村集体以60万元资金和38亩集体地入股，占比45%；吸收46户群众以土地或资金入股，每6亩地或2580元出资占一股，占比55%。合作社统一种植经营，主要种植玉米、小麦等大田作物，预计村集体年增收15万元。大尹村镇吾固村2008年成立了向阳果蔬专业合作社，现有社员346户，主导产业为棚室果蔬。目前建有各类棚室1100余个，年产果蔬6500万斤，被评为全省蔬菜产业示范标准园，全省生物防治示范基地。合作社着力打造全国生物防治基地、全国菜篮子直通车、全国标准化种植基地三张国家级名片，计划新上果蔬分拣、清洗、鲜切等精深加工项目，与北京天客隆超市、北京新发地蔬菜批发市场、保定高碑店果蔬批发市场等20余家客商建立了供销合作意向。村党支部建设了300平方米冷库，对合作社办公区、场地、交易棚、沿线道路进行了升级改造。2011年被评为国家级农业合作社，2012年注册了"固康"商标。目前，该合作社能够辐射周边十几个村，1万余户农民。合作社结合实际，确定了村集体占股50%以上，村民按照A、B、C三类进行股权分配的方案。村民A股（包括村"两委"干部、种植大户自愿资金入股，每人不超过1万元，固定总额不超20万元，有退股方能相应增股）占比为20%以下；B股（包括一般农户自愿资金入股，每人200元；特困户、低保户、脱贫户、易致贫户不用资金入股，但享受B股分红及相应政策），占比30%以下；剩余为C股（包括原合作社已退还股金，但现无资金入股户），C股不参与资金分红。截至2022年初，一共有346户村民入股，其中A股9户，B股24户，C股313户。合作社当年全部利润提取10%用于扩大生产经营，提取5%用于培训教育，剩余部分按照村集体股份、A股、B股资金占比分配；物资按照A股、B股、C股以户为单位进行分配。王同岳镇刘苑村党支部领办成立禄康蔬菜种植专业合作社，主要种植韭菜。村集体利用上级扶持资金，在80亩集体地建设棚室入股合作社，占比为21%；组织58户群众以300亩土地入股合作社，占比为79%。通过合作经营，可从四个方面实现增收，主要包括通过统一品牌、统一销售所获得的溢价收入，规模生产获得政策补贴收益，统一采购农资减少的生产成本以及礼品包装收入。小官亭村探索建立党支部领办合作社，村民以土地入股，每亩地为1股，先后流转土地280余亩，占股60%，村集体以农资、大型机械、农用设施等经营服务资金入股，占股40%，发展小麦优良品种繁育、玉米规模化种植等，项目于2022年6月正式启动。同时，与肃宁东风养殖有限公司达成初步合作意向，开展肉鸭养殖。

（二）饶阳县农村集体经济发展成效

饶阳县已成立53家党支部领办合作社。通过成立党支部领办合作社，形成村集体和村民的利益联结机制。村集体可获得集体资产的入股分红，有效壮大了集体经济。入社农户将土地流转或入股合作社后，既增加了要素收入，也解放了劳动力，提高了工资性收入。形成规模化经营。党支部领办合作社发挥领导优势，将原来散户种植的土地，以及分散的地垄、沟渠、道路等进行平整整合，有效增加可耕种面积，提高土地利用效率。饶阳县整体土地可利用面积增加近10%。形成特色产业。以"一村一品"为指导方针，形成了油莎豆、葡萄等作物特色种植格局，统一种植、统一标准、统一销售，带动区域化特色产业提档升级。2021年，饶阳县农村人均可支配收入为12327元，同比增长13.3%。2021年饶阳县集体收入在10万元以上的村有101个，相比2019年增加了62个。

三、饶阳县农村集体经济发展主要举措

（一）提供资金保障

1. 政策资金

饶阳县采取产业资金"到村联户"方式进行政策资金的发放。具体利益联结模式为由村集体出资建设温室大棚出租给脱贫户或一般户经营，所得收益50%用于直接分红，50%进行二次分配。截至2022年4月，饶阳县已累计投入3810万元，支持34个村建成了"到村联户"项目，其中2022年整合资金列入"到村联户"项目19个，总资金量2909万元。2019年，首先在设施果蔬面积较小的西赵市村进行试点。村集体依托政策资金投入50万元，建设6个日光温室，出租给1个脱贫户、5个一般户，当年增收6万元。村集体每年获取稳定的租金收入，也调动了其他农户的从业积极性。截至2022年4月，全村已建设800多亩日光温室，占总耕地面积的40%以上。

饶阳县"到村联户"政策资金的使用秉承着稳定务实、广泛支持、加强监

管、竞争立项的原则。在已建成的到村项目中，村集体最少的只建了4个日光温室，最多的也不超过20个。并且仅支持村集体原有地块上的产业项目，不支持在村集体流转的地块开展本项目，形成适度规模经营，同时使产业资金惠及更多的村。该项目实施坚持村申请、镇把关、县审定的审批流程。项目通过评审后，由镇村两级全权负责项目设计、项目招投标，不能按时完成项目前期的，调整出计划盘子由其他项目替代；项目承租由村"两委"主导，包村干部监督，面向全体村民公开竞价招标，每个棚室的年租金为8000~15000元。

2022年3月初，由县农业农村局联合乡村振兴局，聘请评审专家对新一批项目进行了评审，总资金量超6000万元，保证二批资金乃至下年度资金第一时间落实到具体项目。根据村集体经济实际情况，鼓励以前的集中式光伏项目以及与企业合作的托管养殖项目，变更为就近的到村联户项目，收回与企业合作的资金用于新的产业项目。截至2022年4月，全县已有760户完成项目变更，2022年可再变更580户。

2. 金融支持

饶阳县政府通过推行"党建+信用+金融"模式，提供贴息优惠等金融政策，撬动银行资金投入，解决党支部领办合作社初期资金匮乏、融资困难的问题，为后续发展打下基础。为解决村集体经济发展金融服务需求，饶阳县探索出"整村授信"模式，即以经济合作社股权、土地承包经营权、涉农补贴以及个人道德情况、个人信用、社会治理参与度等要素纳入征信范畴，形成"党建+信用+金融"支农惠农金融服务体系。该模式通过镇党委把关评定"信用村"，"信用村"党支部把关评定"信用户"，"信用户"经村党支部信用担保，可获得无抵押、低利息贷款，从根本上破解了农户在生产经营中担保难、贷款贵的问题。饶阳县组建县级"服务三农金融中心"和农村"信息采集队""信用评审团"，先后出台了《信用村、信用户评定管理办法》《"信用村、信用户"评定工作考核方案》《贷后管理细则》，建立"户失信，村降级，乡受损"机制。截至2022年初，该项目的合作银行由1家增加到7家，单笔贷款额度也由10万元增加到30万元，最长还款期限从1年增加到3年，全县累计评定61个信用村、1299户信用户，获得2.9亿元贷款。

饶阳县与建设银行合作社，开发了多种惠农贷款。"地押云贷"是指建设银行以农村土地承包经营权为抵押，通过与农村产权交易系统平台数据直连，为符合条件的借款人办理的流动资金贷款业务。通过合法流转方式获得承包土地在50亩以上且土地经营权的剩余使用年限不低于3年。单户最高可贷款300万元，贷款金额最高不超过借款企业抵押农村土地承包经营权评估价值的50%，不超过上年经营收入的50%。有效期最长1年。贷款年利率为4.5025%，按实际使用天数收取利息。"裕农快贷"是指建设银行以农村土地承包经营权为抵押，通过与农村产权交易系统平台数据直连，针对农村集体经济组织设计的流动资金贷款业务。贷款年利率不超4.5%。单户贷款额度最高500万元（含），最高不超过借款企业抵押农村土地承包经营权评估价值的50%；额度有效期最长1年，随借随还。以小官亭村为例，2019年申请认定为信用村，先后有15户村民，申请贷款300余万元，产生经济效益500万元。

3. 政府贴息

2022年6月18日饶阳县委组织部、乡村振兴局联合印发《关于党支部领办经济合作组织贴息办法（试行）》。对于村集体流转土地、基础设施建设、购置生产资料、延伸产业链等项目，向村集体经济合作组织贷款进行贴息。贴息利率以基准利率为准，低于基准利率的按照实际利率进行贴息，高于基准利率的按照基准利率进行贴息。贴息规模上限为300万元，当年累计贷款金额低于300万元的全部贴息，超过300万元，则按照300万元进行贴息。期限为3年。

（二）合理利用土地资源

饶阳县以推进空心村治理和农村宅基地改革为抓手，盘活农村闲置宅基地和存量建设用地，建立健全"同权同价、流转顺畅、收益共享"的农村集体经营性建设用地入市制度；利用路旁、渠旁、沟旁、房前屋后、闲置农宅和坑塘，探索"四旁植树"模式，建设"绿色生态"型集体经济。以王同岳镇为例。该镇主要开展了整理废旧宅基地和闲置坑塘的工作。该镇对100个坑塘，占地面积共1100亩，以及400处闲置宅基地和空心房进行平整整治。在平整后的土地上，载重经济林和景观林，改善了村内人居环境，打造了杨口、张口、王同岳等10个花园村庄，张口村被评为国家森林乡村；创建了王同岳村桃李小院、刘苑村荷花小院等一批特色庭院，雕琢了杨口福禄公园、王同岳村荷花塘等一批乡愁憩园，王同岳村被评为中国休闲美丽乡村。同时，为村集体创造了经济价值，使村集体累计增收逾100万元。

（三）培养乡村建设人才

2020年，饶阳县委、县政府印发了《饶阳县农村党组织书记专职化管理实施意见（试行）》（以下简称《意见》），从工作时间、职责任务、经济待遇以及发展前途四个方面制定了农村党组织书记专职化管理措施，提高了农村党组织书记的管理水平，并且提供了有效激励。

《意见》提出了工作时间专职化，即农村党组织书记周一至周五需在村两室上班，每日（包括周末和节假日）安排村"两委"干部值班，并接受乡镇区党委和组织部的考勤和检查。职责任务专职化，即县委组织部围绕农村党组织书记岗位职责，制定岗位责任考核清单，各乡镇区党委结合乡村实际，制定具体的农村党组织书记岗位责任考核清单，指导农村党组织书记制订详细的年度工作计划。并且对村集体发展带头人提供了有效激励：对纳入专职化管理的农村党组织书记给予双重激励。在原有基础职务补贴的基础上，县财政向农村党组织书记给予每人每月1000元补贴；并且，当年新增加的集体经济收入，可提取增长额的10%用于奖励村"两委"班子成员。推荐其为各级党代会代表、人大代表、政协委员人选。符合条件的优先推荐为乡镇公务员、乡镇事业编制和乡镇副科级领导干部人选。明确考核项目，完善监督机制。从产业兴旺、生态宜居、乡风文明、治理有效、生活富裕五个方面制定了考核内容，构建考核评分机制。将带领群众发展致富产业、改善农村人居环境、规范村规民约、推进农村集体产权制度改革等内容纳入考核机制。饶阳县创办了饶阳英才评选、饶阳县乡村振兴领军人才选拔等一系列活动，并且与农业科研院所合作，组织科研人员和农技推广人员到村集体和合作社进行结对帮扶指导，致力于培养一批懂农业、有技术、会经营的乡村人才。

（四）加强技术支撑

饶阳县出台了《加快科技型农业发展的七条激励措施》，提出加大对新建农业科技平台、农业科技创新、农业成果转化、农业技术服务、种养结构调整优化、高端人才和团队引进等工作的支持力度，以促进农业科技创新和成果转化，推动全县农业特色产业优化升级。具体支持的措施包括对设施设备的补助、对创新项目的补助、对新品种研发推广的补助、对培训交流活动的补助、对种养结构优化调整的补助，以及对市场主体引进高端人才和建立技术转移服务机构的补助。

四、饶阳县农村集体经济发展问题与建议

（一）饶阳县农村集体经济发展现存问题

第一，资金积累缓慢，发展后劲不足。由于受到资源禀赋等条件的影响，

部分村庄较难引进社会资本,难以有效缓解村集体的资金制约问题。并且村集体经济发展的大部分收入用于公益事业开支,资金积累缓慢,缺乏进一步扩张产业的资金积累。以王同岳镇为例,该镇各村年平均收入在 18 万元左右,但 80%以上的收入用于了卫生保洁、绿化管护、护坡街道维护等基本的日常开销,用于自身产业发展的剩余较少。因此,资金制约仍是乡村振兴面临的现实困难。

第二,支持结构失衡,产生"悬崖效应"。由于壮大村集体经济相关政策措施更多针对底子薄弱的村集体,大部分贫困村依靠政府的专项扶持资金取得了初步的发展。而经济基础薄弱的非贫困村反而处于落后地位,造成"悬崖效应"。贫困地区享受政策红利很多,如贫困地区用水用电成本低以及道路等基础设施建设优先。这将导致两方面的问题,一是贫困村集体收入中政府转移支付作用较大,而村集体自身经营能力作用较小。二是未接受或较少接受财政支持的边缘村、边缘地区面临发展难题。

第三,青年人口外流,缺乏经营人才。当前村集体经济发展面临着人才队伍素质不高的问题。村带头人经营能力有限,对于村集体经济项目的选择不能进行有效评估。农村青壮年人口外流现象比较严重,部分村甚至出现了"空壳化"的现象,在一定程度上加重了农村集体经济发展人才匮乏问题。人才的缺失在一定程度上削弱了农村集体经济自主发展的能力。以王同岳镇为例,该镇对未分配的大专以上毕业生进行了摸底造册,并择优选择 16 人在机关培养、村"两委"兼职。但仍存在对人才吸引力不够,无法招募和留住人才的问题。王同岳镇 25 个村支部书记中,大专以上学历 11 人,其中全日制大专以上学历仅一人,人才结构有待进一步改善。

第四,收益项目单一,租赁回报率低。村集体经济组织在获得扶持壮大农村集体经济项目资金后,主要用于投资厂房、养殖场等固定资产进行出租,每年获得固定租金收益。这种模式下,虽然村集体每年都可以回收部分投资,但是在计算厂房、农机等资产折旧后,资产收益率处于较低水平。当前,村集体经济发展渠道较少。部分村集体仍以传统种植业为主,农产品加工转换率低,产业链条较短。虽然部分村建设了特色产业,但主导产业特色优势不明显。并且自主经营发展占比低,收入主要来源于发展壮大村集体项目资金入股企业、合作社等获取的投资分红及租金等,难以激发村集体经济组织内生动力。

(二) 饶阳县推进农村集体经济发展政策建议

从河北省饶阳县的发展情况来看,发展农村集体经济要以资金、人才、土地、技术等要素聚集为着力点,引导各村因地制宜拓宽发展路径,形成村集体经济多元化发展格局。

第一,加大财政保障力度,优化政策资金配给。确保财政投入与全面推进乡村振兴任务相适应,继续把农业农村作为一般预算优先保障区域。目前政策资金以"补"为主,即向村集体收入很低甚至为零的村集体提供保障兜底资金。这导致了部分运营能力不足的村庄无法真正发挥政策资金的作用,并且部分边缘村缺乏政策资金的扶持。因此,政策资金应"奖补结合",在扶持村集体经济基础较弱村庄的同时,提供奖励机制,对村集体经济发展有特色、运营好的村庄给予奖励,由符合条件的村集体经济组织申报,择优支持。提高政策资金覆盖面,同时激发村集体经济发展活力。

第二,强化人才支撑,建立激励机制。壮大农村集体经济,关键是要有善于经营管理,能带领群众发展壮大集体经济的领导班子和带头人。应引进大学生、退伍军人等人才返乡创业或担任村干部,对返乡人才要从政策和金融各方面提供明确具体的支持政策;在农村内部培养致富带头人和管理接班人,激发农村发展潜力。提高薪资和福利待遇,探索村集体经济发展带头人激励机制。如使管理者薪资与集体经济收入挂钩,提取一定比例的盈利奖励经营管理人才。

第三,因地制宜确定发展项目,开展多种合作经营方式。村集体要增收创收,应该因地制宜,根据各村的资源禀赋条件打造相应的优势产业,强化产业支撑,从而适应市场经济的发展规律。建议有条件的村成立村集体资产经营有限公司,提高村集体资金和资产管理水平,最大化村集体资产收益,提升运营活力。支持镇级成立集体经济组织联合社,推荐强村的合作社负责人成为法人代表,整合区域资源、统一引进市场主体、开展合作经营,发挥强村带弱村的作用。同时鼓励社会资本发挥资金优势,以参股或带动的方式与村集体经济组织合作经营。保障市场主体和村集体经济组织双方的利益,应将无故拖欠村集体到期项目投资本金的市场主体纳入失信"黑名单"。

第十章　河北省广平县农村集体经济发展调研报告[①]

广平县位于河北省南部、邯郸市东部，下辖7镇169个行政村，总人口31万。广平县脱贫攻坚取得了良好成效，并建立了动态监测机制。在此基础上，广平县提供基本政策保障、集聚要素资源、落实产权制度改革，进一步促进村集体经济发展。广平县探索出了特色农业产业带动型、延伸产业链增值型、多类型合作运营型等发展模式，但仍面临着村集体经济组织日常经营管理难、产业体系建设有待加强、缺乏管理人才等问题，对此提出解决集体经济组织实际问题、建设产业体系、强化人才支撑等政策建议。

一、广平县农村集体经济与巩固脱贫攻坚

广平县位于河北省南部、邯郸市东部，地处黑龙港流域，县域面积320平方公里，辖7镇169个行政村，总人口31万。广平县有37个建档立卡重点村，总建档立卡脱贫人口9895户29349人。

（一）脱贫成效与返贫监测机制

广平县脱贫攻坚取得了良好成效，并建立了动态监测机制。2013~2018年，广平县均获得河北省扶贫开发成效考核第一名。2018年9月，河北省政府正式批准广平县退出省扶贫开发重点县序列；2020年底，全县建档立卡人口全部脱贫，37个贫困村全部出列，贫困发生率降为零。2020年村集体经济总收入2300

[①] 执笔人：李琦。

万元，平均每村 13.6 万元，同比增长 23%。截至 2021 年底，广平县义务教育入学率和巩固率为 100%，义务教育无一名辍学学生；脱贫人口基本医疗保障到位，"先诊疗后付费""一站式"报销结算等政策全部落实；住房安全保障率和饮水安全保障率为 100%。产业就业科技帮扶持续深化，全县 37 个脱贫村实现村村有产业，有就业意愿的脱贫劳动力就业率为 100%。脱贫人口收入持续增加，并保证稳定可持续的收入来源，年人均纯收入达 11074 元，高于 6600 元监测线，相比 2020 年增长 36.8%。

广平县建立了防止返贫动态监测帮扶机制以及低收入人口常态化帮扶机制。在县镇村三级均成立防返贫和帮扶工作领导机构。在县级层面，成立巩固拓展脱贫攻坚成果后评估工作指挥部，县委政府主要领导分别担任政委和指挥长，下设责任落实、产业防贫兜底保障、脱贫人口就业、医疗健康教育、科技金融和资金资产管理、安全住房、帮扶工作 7 个工作专班，综合协调、文字材料、质量总控、后勤保障、疫情防控、信访维稳、督导整改 7 个工作组以及分别负责 7 镇巩固拓展脱贫攻坚成果各项工作的 7 个责任区，各工作专班、工作组和责任区均由县级领导担任组长，有关单位负责同志为成员，全力抓好各项工作落实。乡镇层面，在 7 镇均设立防返贫工作站，由 1 名乡镇主管副职和 3 名防返贫专干组成专班，常驻工作站进行办公，对上承接县指挥部的任务安排，对下督促村一级工作开展。农村层面，169 个村均成立防返贫工作室，由村党支部书记、驻村工作队长、村会计组成专班，负责防返贫工作站的业务安排和村内工作。同时设立了农村防贫网格员。2021 年，全县 229 户 671 人消除返贫致贫风险，防贫监测对象漏纳率为零，防贫监测对象风险消除准确率为 100%，群众认可度为 99.8%。投入防贫保险资金 385 万元，确保全县不出现因病、因灾返贫现象。

对农村低保对象、易返贫致贫人口以及因病因灾因意外事故等刚性支出较大或收入大幅缩减户开展动态监测。县乡村振兴局、民政局、医保局、教体局等九部门联合制定了《防止返贫动态监测和帮扶机制工作方案》，通过部门数据对接，联合筛查，及时发现预警名单，核实情况，对符合监测对象条件的户及时纳入系统，精准帮扶。镇村干部、驻村工作队、网格员定期入户走访排查，及时发现预警名单。通过农户自主申报、基层干部排查、部门筛查预警三种方式，核查确定监测对象，确保了监测对象应纳尽纳、无漏纳。对监测对象实施"一户一方案、一人一措施"，根据监测户因病、因学、因灾、因产业等原因进行针对性精准帮扶。对有劳动能力的监测对象全部落实产业就业帮扶；对无劳动能力的监测对象，落实低保、医保、养老保险等综合保障措施。截至 2021 年底，核准并录入低收入系统 805 户 1945 人，低保边缘户占低保人数比为 19.7%。实施临时救助 659 人，救助金额 68.36 万元。

(二) 农村集体产权制度与集体经济发展

广平县 7 个镇 169 个行政村均完成清产核资工作，账面资产总额 14841.95 万元，核实资产总额 14953.58 万元；集体土地总面积 44.91 万亩，其中农用地总面积 37.27 万亩，建设用地面积 7.64 万亩；169 个行政村均成立农村集体经济组织，登记确认成员 274396 人，全部完成股权设置量化工作。截至 2021 年底，广平县 169 个行政村共确定 397 个集体项目，建设 26 个产业扶贫基地，扶持 19 个农业产业化龙头企业，农业产业化率达 71.8%。广平县农村集体经济收入 2545 万元，带动 5260 人就业。

二、广平县农村集体经济发展现状

(一) 广平县农村集体经济典型模式

广平县在提供基本政策保障、集聚要素资源、落实产权制度改革的基础上，探索出了特色农业产业带动型、延伸产业链增值型、多类型合作运营型等模式，推动村集体经济发展。

1. 特色农业产业带动型

广平县 169 个行政村建立"党支部+合作社+农户"发展模式，村村成立专业合作社，打造"一村一品"，涌现出胜营镇王庄银耳、平固店镇东王封赤松茸、十里铺镇金安村鱼菜共生特色业态，培育了鹅城向天歌、鹅小贝、高高挂、顺溜日子等一批特色品牌。

在与脱贫攻坚工作衔接上，以菌菇产业、金鸡产业、富硒产业为引领，夯实贫困人口稳定脱贫基础。2021 年，广平县 37 个脱贫村实现村村有产业，脱贫人口务工人员比去年同期增加 838 人。广平县依托当地资源和技术优势，指导 37 个脱贫村由党支部领办成立菌菇专业合作社，每个脱贫户以不超过 1.2 万元的补贴标准带资入社入股。按照"保底+分红"的收益分配模式，采取"托管经营、自主经营、租赁经营"三种经营方式，每户贫困户每年获得入股资金 6% 的收益。目前广平县建设了各类菌菇大棚 500 余个，占地 1100 余亩，年产各类菌菇1500万公斤，年销售额1.5亿元，带动1万余个贫困人口就业。如东张孟镇整合500万元扶贫资金，在司庄村实施全菌菇产业链项目，建设培训学校、冷库、大棚等设施，实现菌菇培育、生产、培训、展览一体化。同时，为菌菇种植户提供技术指导服务，接受专家课程培训，实地观摩赤松茸等菌菇培育、生产、储存等各个环节。平固店镇充分发挥菌菇基地优势，成立了镇级菌菇专业合作社，全镇30个村每村筹资2万元投资入股，按照"集体经济领导小组+镇级平台公司+合作社"方式，发展赤松茸林下种植，集体种植、统一管理、年终分红，全镇发展种植赤松茸达到了560余亩，年终每村分红2万元。

广平县采取"公司+基地+贫困户"的运作方式，与中国蛋鸡第一品牌北京德青源公司深入合作，推进金鸡产业扶贫项目。该项目总投资5.46亿元，2017年10月开工建设，2018年11月进雏投产。截至2022年初蛋鸡存栏达150万只，带动127人就业，其中贫困户37人，入股分红累计1554万元，覆盖广平县全部建档立卡贫困户，增加村集体收入1020万元。采取"龙头企业+贫困户"的运作方式，由河北富硒农产品科技开发公司牵头，与1.5万余户群众签订了富硒小麦种植合同。公司免费提供技术指导和麦种，用高于市场价10%的价格回购富硒小麦，辐射带动发展富硒小麦10万亩，亩均增收300元。其中贫困户230户，户均年增收2910元。

2. 延伸产业链增值型

通过与市场经营主体和科研院所开展合作，延伸上下游产业链。如南阳堡镇、平固店镇通过与北京农天下公司阚荣光博士团队合作，建设靶向饲料厂为靶向蛋鸡养殖场、靶向养猪场提供饲料；建设包装厂为靶向鸡蛋等提供蛋托、外包装箱。广平县结合线下、线上两种途径，延伸产品供销链。产品前端生产资料的选购采取对比询价的方式，从全国各地筛选质量高、价格低的生产原料进行购买。县内特色产品销售依托平台优势，以广平镇股份经济联合总社和平固店镇孵化基地两大网红直播平台为媒介，销售集体经济项目生产的晚秋黄梨、靶向鸡蛋等特色农产品和服装鞋帽、箱包等优质加工品。

广平县打造了后南阳堡云溪小镇、大庙菌菇小镇、唐庄樱桃小镇等一批乡村旅游村，促进了乡村旅游产业的发展。后南阳堡村盘活林地资源，打造网红烧烤广场。美食烧烤广场以"林下经济"为业态，投资200万元，将村北一片林地开发建设成乡村网红烧烤广场。用活废弃坑塘，打造休闲垂钓鱼塘。依托毗邻云溪谷国际文旅度假区的优势，将村北一个废弃的坑塘就地改造为一个占地5000平方米的垂钓鱼塘。同时将流转的土地和宅基进行高效开发，着力发展休闲农业与乡村旅游，规划建设了"两园"（城市农夫耕种园和儿童游乐园）。

耕种园占地30亩，主要提供私人菜园认租和亲子耕种服务，一分地菜园每年租金为4000元。村集体负责提供种子、营业肥料等，选派专人负责日常管理养护，保证客户定期收获采摘。儿童游乐园占地3500平方米，有30多种玩具和游乐设施，是广平县最大的乡村儿童游乐园。

3. 多类型合作运营型

（1）镇级联合社带动。

2019年12月16日，广平镇成立了河北省第一家镇级股份经济联合总社，总社位于县城广源财富广场，占地面积8000平方米。总社采取"1+6+4+N"运营模式，统筹全镇各村资源抱团发展，建设期集团化运营的集体经济组织发展平台。"1"即党委统领下的广平镇股份经济联合总社，镇党委书记兼联合总社党总支书记；"6"即联合总社下属6家公司，分别是环城旅游开发公司、迈卓建筑服务公司、驰航人力资源公司、木源农业开发公司、鹅城网络科技公司（包括135个网红直播间推销集体经济产品）和尚佳亿供应链公司；"4"即依托广平鹅城商会成立4个部（食品加工推广部、手工艺技术服务部、鞋服拓展部、农业发展交流部）；"N"即多家农村集体经济实体，覆盖全镇35个村。公司独立经营、自负盈亏，公司利润分配机制为，50%用于企业自身扩大再生产，30%用于公益事业建设，20%用于各村一次分红。若各村在镇级联合总社获得的分红加上本村集体经济收入超过30万元，则对本村村民进行二次分红。2021年联合总社收入达416.32万元。

（2）支持N村联建。

鼓励区位相邻、资源互补的村开展多村联建，联合发展集体经济，探索出了平固店镇南吴村等4村联建供销超市、东张孟镇4村联建服装厂、南韩镇蒋庄等2村联建生产厂房等集体经济发展的合作模式。东张孟镇的张洞一、张洞三、张洞四、张洞五共4个村，通过"三变三化"发展模式实现了土地规模化、集约化，提高了闲散土地的效益。4个村对闲散土地坑塘进行清理，占地约4亩，用地性质均为建设用地。4个村集体联合在张洞村东309国道北侧建设微工厂，占地2400平方米，其中钢、砖混结构厂房面积共计1738平方米。该联建项目与冀超服饰有限公司签订了协议，以"租赁+分红"的模式合作发展，既有效利用各村的闲置资源，也带动了区域内的劳动力就业。

（二）广平县农村集体经济发展成效

截至2021年底，广平县169个行政村共确定397个集体项目，建设26个产业扶贫基地，扶持19个农业产业化龙头企业，农业产业化率达71.8%。广平县农村集体经济收入2545万元，全县37个脱贫村实现村村有产业，脱贫人口务工人员比上年同期增加838人。脱贫人口人均纯收入11074元以上，高于6600元监测线，同比增长36.8%。广平县打造了一批乡村振兴示范区。依托南阳堡云溪谷度假区，建成1个省级现代农业园区、1个省级农业科技园区、3个省级农业产业化龙头企业、2个中国美丽休闲乡村、15个省级美丽乡村。并且持续发展农业特色产业，打造特色菜和循环农业两个产业集群，建设食用菌、高油酸花生、高效节水农业三个高效农业示范园区，培育富硒小麦、靶向养殖、富铬黑小麦、广平蒜头葱四个健康养生农产品。

三、广平县农村集体经济发展主要举措

近年来，广平县出台了一系列针对村集体经济发展的政策规定，制定了发展目标，提出了保障措施，为村集体经济发展提供指导。在政策引领下，广平县完善了村集体经济发展的保障体系，如表10-1所示。

表10-1 近年来广平县村集体经济发展的相关政策

时间	文件名称	主要内容
2019年4月1日	《开展扶持壮大农村集体经济整建制镇创建的编制方案》	该方案确定了村集体四年内的创收目标，2022年底全县所有村整体突破30万元以上。2016年以来已经开展试点的或年集体经济收入达到50万元的村，不被纳入扶持范围。纳入补助范围的村，每村财政补助的资金总额不低于50万元，采用先建后补、以奖代补、政府和社会资本合作、政府引导基金等多种方式。该方案确定了村党组织领导、村集体经济法人治理、经营运行、收益分配以及监督管理的工作机制，并提出了具体的对镇党委书记、村干部的政治和经济激励制度
2019年5月21日	《广平县扶持壮大农村集体经济四年发展规划》	该规划提出了到2022年底全县169个行政村集体经济收入全部达到50万元以上的目标，并且详细制定了阶段性目标。确定了土地承包、物业经营、资产盘活、资源利用、土地治理、项目兴业、有偿服务、乡村旅游、产业带动、电子商务等多种集体经济发展路径。确定了根据年度目标完成度对村集体进行奖励或惩罚的制度，并且进一步明确了村干部报酬与农村集体经济发展挂钩的激励机制

续表

时间	文件名称	主要内容
2021年6月24日	《广平县扶持壮大农村集体经济"十四五"发展规划（2021年—2025年）暨2021年工作要点》	该规划提出了到2025年底全县169个行政村集体经济收入全部达到50万元以上的目标，并对2021年的工作要点进行了详细部署。主要包括继续开展清产核资，探索创新"三变"模式，坚持党建引领完善"三化"机制，健全法人治理、利益分配、监督管理等长效机制。强调为村集体经济发展提供财政扶持、税收优惠、用地支持、金融服务等政策保障
2022年8月6日	《整县推进集体经济"三变三化"发展试点暨"书记党建项目"实施方案》	该方案提出了"12314"发展战略布局（即"一区"：打造南阳堡乡村振兴示范区；"两带"：309国道特色增速带和大牙线融合发展带；"三轴"：十里铺镇加工联动轴、广平镇经济联合轴、胜营镇服装联营轴；"一基地"：广平县"三变三化"整建制推进研学示范基地——后南阳堡村；"四大攻坚战"：集体产业培育提升攻坚战、农村集体收入破十攻坚战、示范片区样板培树攻坚战、"三变三化"创新引领攻坚战），并且提出了2022年全县70%以上的村集体经济收入达到10万元以上，其中30%以上的村突破20万元的发展目标，致力于整县推进"三变三化"试点

（一）提供基本保障：基础设施和公共服务

围绕教育、医疗、住房、饮水和兜底保障等方面，持续推动各项政策有效衔接，确保政策不折不扣落实到位。

1. 农村住房安全

2020~2021年，广平县共实施70个农村抗震改造房，完成146户危房改造，补助资金254.68万元。2021年汛期后，再次排查到98户危房，并全部进行改造。全县5.93万户农户住房安全有保障。

2. 饮水安全

广平县建设10处千吨万人农村集中供水站，组建农村安全饮水专业化管护机构，定期对供水管道及附属设施进行巡查和问题排查。每年委托具有资质的第三方检测机构对10处集中供水站末梢水水质进行42项指标检测；县水质检测中心每年对全县所有村庄末梢水水质进行26项指标检测。2021年投入资金320万元，实施农村饮水管网升级改造工程，保障村民用水安全。安全饮水方面，实现户户通自来水，每天供水不低于16个小时，水压、水量和水质均符合安全饮水标准。

3. 人居环境整治

广平县农村公路通车总里程达660公里，行政村通油路率、农村公路等级比例、农村公路列养率、各镇客运班车通达率均为100%。广平县持续推进农村人居环境整治，硬化52万平方米街巷，清理12万立方米积存垃圾，治理173个坑塘，改造5422座农村厕所；投入1063万元资金，支持建成7个省级美丽乡村精品村。

4. 社会救助

强化社会救助兜底保障，对脱贫人口中完全丧失或部分丧失劳动能力且无法通过产业就业获得稳定收入的人员，依规纳入农村低保或特困救助供养范围。截至2021年底，全县农村低保7457户8963人，特困人员1073户1097人，签定特困人员委托照料协议书1097份，签订率为100%，享受残疾人"两项补贴"共4999人。2021年1~11月，共发放低保金2542万元，特困供养金762.96万元，重度残疾人护理补贴158.48万元，困难残疾人生活补贴191.55万元。

5. 教育

广平县全面落实义务教育政策，义务教育入学率为100%，建档立卡学生义务教育巩固率为100%。严格落实学前教育、义务教育、高中教育、高等教育和职业教育补贴救助政策，2021年发放资助资金1342.59万元，资助22352人次，其中，脱贫家庭学生9765人次，资金590.4万元；发放"雨露计划"补贴资金100万元。投入1800余万元改善办学条件，实施4个农村寄宿制学校建设和1所学校扩容增位工程，新增农村用餐学生1800人、农村住宿学生880人；投入963万元用于营养改善计划，有2.65万名学生受益。招聘特岗教师100人，全部充实到农村教学一线，加强了农村师资队伍建设。

6. 医疗保险

实施脱贫人口参保全额资助政策，脱贫人口参保率和大病保险参保率均达100%。所有建档立卡贫困户基本医疗保险实现全覆盖，采取"先诊疗后付费""一站式"报销结算、家庭医生签约等模式。2021年共有7276人次脱贫人口享受到"一站式"报销结算服务，"三重保障线"合计报销支出4288.02万元，其中，基本医保报销支出3118.79万元；大病保险报销支出173.92万元；医疗救助报销支出995.31万元。广平县医疗保障能力全面提高，县医院提升为二级甲等医院，7个乡镇卫生院、169个村卫生室全部达到标准化建设要求。

7. 就业保障

建立脱贫人口就业帮扶机制。开展脱贫人口就业状况排查摸底，加强就业信息宣传推介，组织开展"春风行动""民营企业招聘周"等活动，累计发放招工宣传单2万余份。加强职业技能培训，免费培训脱贫劳动力1345人，其中1026人取得《培训合格证》，人均发放食宿交通补贴1500元。协调喜宝体育用品、中祥农业等劳动密集型用工企业提供就业岗位1000余个。2021年底，广平县9920人实现稳定就业，其中新增防贫监测员、保洁员公益岗位796个，人均月增收400元；37家扶贫微工厂带动就业684人，其中脱贫户266人。

（二）集聚要素资源：技术、人才与资金

1. 技术引进机制

依据《广平县2021年科技帮扶产业发展工作实施方案》，广平县充实调整县科技帮扶工作领导小组，加强科技帮扶排查，以数据分析为基础，制定帮扶方案；组建县级科技帮扶专家服务团，设立7个镇级科技服务站，派遣37名科技特派员进行技术服务，实现全县脱贫村科技特派员全覆盖；采取线上与线下相结合的方式，开展科技教育和科技培训工作，2021年共开展种养技术培训80余场次，培训2500余人次，示范推广12项农业新品种、新技术，累计示范推广面积达到12.8万亩。

2. 人才激励机制

广平县建立人才培育和激励机制，引导村干部、党员等带头人在农村集体经济发展中发挥引领和骨干作用，主要包括统计人才储备情况、明确政策激励以及完善监督考核。广平县对全县全日制本科及以上人才总量及从业状况进行统计，以乡镇为单位建立人才库，以万人拥有知识型人才率为指标对乡镇分析研判，实施亲情式开发、动态化管理，引进人才86人，挖掘、培育农村知识型、创业型、服务型"三类"人才3100余人，在政策激励层面，将优秀农村支部书记纳入乡镇事业编队伍或提拔为乡镇领导班子成员，并且建立农村集体经济发展与干部年度考核、选拔任用、评先评优、岗位报酬"四个挂钩"制度，将发展壮大农村集体经济情况纳入镇领导班子综合考核评价和党建述职评议考核内容。

3. 金融保障机制

广平县建立县、镇、村三级金融服务网络，规范贷款审批流程，对符合条件的脱贫户和易致贫返贫户应贷尽贷，满足发展生产需要。对信贷到期户及时做好提示，确保按时偿还信贷资金。对部分因特殊情况暂时无法偿还户，及时进行展期，严防逾期贷款发生。设立不良贷款比例上限，建立预警机制，严控信贷资金风险。截至2021年底，全县脱贫户累计贷款2367笔，金额5367万元，户贷比为23.9%，其中2021年新增75笔，金额300余万元，在全市率先实现了农村扶贫小额贷款全覆盖。广平县与中国建设银行广平支行、农发行广平支行合作，建立金融扶持集体经济、推动乡村振兴战略合作机制，以组织优

势获取金融产品优势，实现产业资源的有效利用；推行乡村振兴信贷产品"惠农贷"，为全县经营主体、农户等发放资金230余笔5750余万元，有效破解农村发展集体经济资金瓶颈。

4. 政策资金支持

利用扶贫资产和衔接资金，缓解资金制约。广平县制定了《广平县财政衔接推进乡村振兴补助资金管理办法》，加强对资金的监督管理，严格分配、使用、拨付流程，确保资金真正受益到户、精准到人。同时出台《广平县扶贫项目资产后续管理细则》，对2016年以来扶贫项目资产进行登记、确权，明确管护主体，严防扶贫资产流失。2016~2020年共形成各类资产3.5亿元，其中经营性资产1.9亿元、公益性资产9607万元、到户类资产6442万元，全面做好了风险管控和资金管理。2021年广平县财政衔接推进乡村振兴补助资金共计11681万元，入库项目79个，入库率为100%。截至2021年底，各项工程完成建设任务，完成报账11181.23万元，报账率为96%。县财政配套资金1480万元，较去年增长9.6%，高于全省平均增长幅度。

（三）落实产权制度改革：资源变资产、资金变股金、农民变股民

广平县完成了农村集体产权制度改革工作，明晰了集体资产的权属，通过清产核资，清楚了集体资产的总量；建立了集体经济股份分配制度，通过建立合作社章程和成立股份经济合作社，确定了集体经济股份分配制度和方法，保障了集体经济组织成员的集体资产收益权；调动了村民参与发展本村经济的积极性，为壮大村集体经济和农民财产性收入夯实了基础；完善了农村集体资产管理使用的监督制约机制。

1. 完成清产核资工作，资源变资产

以"程序规范、过程公开、账内清查、账外核实"为原则，广平县完成全县169个行政村的资产资源逐一核实登记，共清理登记2907宗机动地、坑塘、学校、砖瓦窑等资产资源，总面积为7391亩。如广平镇将城区内闲置广源广场地皮以280万元估值、126间办公用房、14间364平方米的门面房整体打包入股财富广场成立商贸综合体；南阳堡镇后南阳堡村利用旧村改造契机，开发建设居民小区，实现村民集中搬迁安置，由此腾挪出建设用地指标，建设厂房，发展集体经济项目；平固店镇周庄村利用村北闲置坑塘建设占地约5亩的垂钓园，利用村内7片空闲宅基建成2400平方米的食用油加工厂，将村东废弃砖厂建成养牛场，形成特色产业发展格局。

2. 整合政策资金，资金变股金

广平县成立镇级发展壮大集体经济办公室，各村成立集体经济组织。2019~2021年，在争取上级4550万元扶持资金基础上，县财政按照每村20万元标准兜底帮扶，实现全覆盖。在整合各部门涉农资金后，量化入股集体项目，吸纳财政扶贫到户资金入股，实现村集体和农户共同增收。广平县37个脱贫村全部成立菌菇专业合作社，每个脱贫户以1.2万元的补贴标准带资入社入股，建立了党支部领办下的专业合作社经营、村集体和贫困户受益与分红的利益联结机制。如东张孟镇整合500万元扶贫资金，在司庄村实施全菌菇产业链项目，建设培训学校、冷库、大棚等设施，实现菌菇培育、生产、培训、展览一体化。同时，为菌菇种植户提供技术指导服务，接受专家课程培训，实地观摩赤松茸等菌菇培育、生产、储存等各个环节。

3. 认定成员身份，农民变股民

以"有法依法、无法依规、无规依民"为原则，广平县认定集体经济组织成员27.44万人。广平县引导农户以土地经营权、宅基使用权入股，发展休闲农业与乡村旅游产业。如南阳堡镇后南阳堡村采取"支部+合作社+农户"模式，以八大产业为支撑，实现了"家家有资本、户户是股东、人人有股份、个个有就业、年年有分红"，在乡村旅游产业发展上集体增收超26万元；平固店镇大庙村实行"支部+旅游公司+农户"模式，让农户既能够作为股东获得分红收益，又能够让有意愿就地务工的农民获得工资性收入；大庙村40户200余人人均增收800元，集体增收3万元。

四、广平县农村集体经济发展问题与建议

（一）广平县农村集体经济发展现存问题

第一，日常经营业务问题。由于股份经济合作社不是在工商部门注册的，不能向合作单位正常开发票。以大麦村为例，每年可合作公司收取8万元租金，但是以股份经济合作社的特殊法人身份无法给承租公司开发票，只能依托村内其他公司向承租公司收费开发票。这种情况下，集体经济组织仍需缴税，增加了运营成本，对自身正常业务的开展也造成了影响。

第二，产业体系不够强大，特色产业优势不够明显。集体项目建设收入渠

道单一，村集体资金收益有限，并且部分村庄对上级转移支付资金的依赖性很强，缺乏自主经营能力。集体经济对推动群众致富、解决民生问题等贡献率还有待进一步提升。这导致了大多数农村的集体收入不够高、经营性收入占比较低。

第三，缺乏经营管理人才。县乡农经机构队伍整体较为薄弱，农村基层干部整体素质偏低，经营管理能力有限。同时，农村劳动力和人才外流严重，村集体经济发展受到制约。

（二）广平县农村集体经济发展政策建议

针对广平县农村集体经济发展存在的问题，提出以下政策建议：

第一，解决集体经济组织实际问题。应针对性解决农村集体经济组织日常经营业务问题，并且规范财务管理。建立农村财务收支预决算制度，严格财务收支审批，村集体资源资产发包应进行公开招标，收入应缴入村镇财管账户。

第二，建设完善产业体系。产业兴旺是乡村振兴的基础，是解决村集体经济发展问题的前提。应整合产业扶持等资金，支持特色产业发展。拓宽增收渠道。部分村庄盈利方式以固定资产入股合作的形式为主，但收入渠道较为单一。建议有条件的村成立村集体资产经营有限公司，进行企业化管理和商业化运营，增加村集体积累，促进农村集体经济实力发展壮大。

第三，强化人才支撑，建立激励机制。应注重人才选拔和能力提升，录用优秀人才、致富带头人等担任村干部，加强理论学习，提升村干部素质，切实解决村干部队伍存在的文化偏低、年龄老化等问题，增强村干部公信力。优化考核和激励机制，提高带头人的薪资福利待遇，同时也要把政治激励、精神激励和物质激励有机地结合起来，明确政治待遇，给予荣誉奖励，以及提取一定比例的盈利奖励经营管理人才。

第十一章　四川省巴中市巴州区农村集体经济发展调研报告[①]

巴州隶属四川省巴中市，地处大巴山南麓，四川东北部，辖区面积1294.91平方公里，下辖6个街道、14个镇、2个乡。截至2021年底，巴州区常住人口64.71万。近年来，巴中市巴州区多重发力实现集体经济快速发展。巴州区探索出了优势产业引领型、文旅融合特色型、生产生活服务型、联村联企发展型、低效园区转化型等多种发展模式，多方联动配合，打造优质集体经济发展环境，集体经济发展成果显著。但巴州区集体经济发展仍面临着村集体经济组织日常经营管理难、产业体系建设有待加强、缺乏管理人才等问题，对此提出相关政策建议。

一、巴州区农村集体经济发展现状

近年来，四川省巴中市巴州区以全国第二批农村改革试验区为契机，充分扶持壮大村集体经济项目，夯实村集体经济发展基础，助推村集体经济健康发展。

按照《中共巴中市巴州区委农村工作领导小组办公室关于扎实开展农村集体产权制度改革自查工作的通知》要求，巴中市巴州区于2021年在村组集体资产清"实"、账务调"准"、成员认"清"、组织建"强"、集体经济发展务"实"上着力推进。截至2021年，巴中区全区有集体资产的275个村（居）集体资产清理、成员身份认定、股权设置量化和基础信息录入工作已全面完成。

---

① 执笔人：谢可。

13个试点村集体资产总额39704.42万元，其中经营性资产17529.89万元，非经营性资产22174.53万元；资源性资产8.43万亩。13个试点村集体资产均采用统一股份形式量化到户。依照《巴中市巴州区关于做好村级建制调整改革农村集体资产核实和财务合并工作的指导意见》和《巴中市巴州区政府投入形成的农村集体资产移交暂行办法》，巴州区完成了全区136个（含13个试点村）合并村（居）集体资产和债权债务清理移交工作。此外，巴州区把集体经济发展纳入"书记项目"强力推动，确立2022年收入"倍增目标"，多重发力实现集体经济快速发展。年内全区集体收入2851.53万元，较上年增长123.29%，村均收入10.26万元，居全市前列。

二、巴州区农村集体经济发展存在的问题

巴州区农村集体经济的发展已然取得了一定的成绩，但是仍存在以下问题和短板：一是发展思路不够清晰。村集体都想把集体经济搞上去，但是绝大多数都停留在想法上，没有拿出真正行之有效的办法和措施，80%左右的村没有科学长远的发展规划，不能因地制宜培育挖掘集体经济增长源。二是发展不平衡。农村集体经济发展水平参差不齐，一些村没有规范化运作和集约化经营，收入悬殊。据2022年上半年集体经济收入统计，最低的村居人均仅10.1元，最高的村居人均558.0元。三是自我"造血"功能不足。一方面，一些村干部思想老套僵化，缺乏开拓创新精神，"等、靠、要"思想严重，对村集体经济发展缺乏新办法。另一方面，受区位条件限制，招商引资难度大，项目开发受阻，壮大集体经济难觅发展之道。四是缺少能人带动。一些村干部在村集体经济上投入的精力不够、研究不深，特别是懂经营、会管理、熟悉"三农"政策的人才较少，导致村集体经济发展比较缓慢。五是资产管理不规范。有些村财务监督管理制度还不健全，党务、村务、财务公开还不够透明，村集体的资源或资产没有得到合理利用，甚至出现长期闲置或被个人侵占现象，造成村集体资源、资产流失。

三、巴州区农村集体经济发展主要举措

近年来,巴州区出台了一系列针对村集体经济发展的政策规定,制定了发展目标,提出了保障措施,为村集体经济发展提供指导。在政策引领下,巴州区完善了村集体经济发展的保障体系。

(一)"五子"联动实现集体收入倍增

近年来,巴州区把集体经济发展纳入"书记项目"强力推动,确立2022年收入倍增目标,多重发力实现集体经济快速发展。年内全区集体收入2851.53万元,较上年增长123.29%,村均收入10.26万元,居全市前列。

第一,建强组织"搭台子"。扎实开展农村集体产权制度改革"回头看",采取"1+N"模式,对全区建制调整后的276个村集体、有需求的76个组集体全面登记赋码颁证,确保其正常开展经营管理活动。精挑"当家人",党组织书记跨村任职11名,146名优秀农民工村党组织书记兼任村集体经济负责人;配强"驻村人",选派200余名干部"一对一"派驻帮扶集体经济薄弱村;育强"带头人",出台《乡贤助力乡村振兴激励办法》,先后有大学生、退伍军人、致富能手20余人回村任职或者创业,率先在玉堂办事处印山坪村探索集体经济职业经理人试点。

第二,强化培训"换脑子"。全面掀起学习贯彻《四川省农村集体经济组织条例》热潮。分别对集体经济组织负责人、村第一书记、乡镇业务人员全覆盖培训"充电赋能"。召开全区集体经济发展现场推进会"比、学、赶、超"。在全区遴选、提炼10类34个典型案例汇编成《巴州区发展壮大农村集体经济案例选编》,为乡镇(街道)、挂联部门和集体经济组织管理人员提供借鉴。指导、配合乡镇(街道)抓好村(社区)发展壮大村级集体经济三年行动计划。

第三,配套政策"添法子"。发布了《巴中市巴州区专项扶持村集体经济组织发展壮大实施方案》等5份文件,全面推进、规范指导集体经济发展、扶持壮大、考核激励等工作。在全市率先出台《巴中市巴州区农村集体经济组织收益分配指导意见(试行)》,明确分配内容、方式、程序、监督,确保分配有序、民主。

第四,联结利益"闯路子"。强化业务部门指导,统筹部门力量挂联,压实

乡镇、村（社区）责任，铆紧"业务部门+挂联部门+乡镇（街道）+村（社区）"协同发展责任链条。因村施策，强化利益联结，白云村集体通过接管业主经营失败资产，既解决了群众追偿务工工资、土地流转欠费等诉求，又有效地盘活了业主荒废资产，还激活村集体闲置资产，实现成员增收、集体增资、业主增值、社会增效；朱垭村采取"村集体+国有企业"模式，实现优势互补，发展共赢；天马山镇天南、狮子寨等4个村集体联合组建寺南柳农业发展有限公司，承接项目、派遣劳务、订单农业，年内净利润为59.1万元；石庙社区为摆脱"没有集体土地不能发展集体经济"困境，成立物业管理服务公司开展场镇保洁服务年均收入10余万元。

第五，激励管理"实里子"。2022年，出台《巴中市巴州区农村集体经济考核办法》，建立"红黑榜"制度，对考核优秀通报表扬、发放奖励资金，后3个乡镇通报批评并纳入"黑榜"管理。出台《巴中市巴州区发展壮大村级集体经济奖励扶持办法》，将集体经济收入与干部奖励收益挂钩，激发广大基层干部积极性、主动性、创造性。统筹开展村级集体经济发展基金系统治理工作，切实发挥基金巩固脱贫攻坚和发展集体经济的作用。建成农村集体资产监管服务平台并正式上线运行，区级设立村级财务审核记账中心，全区农村集体资产已全部纳入监管，运行在阳光下。巴州区正全面推开"政经分离"工作。

（二）"三聚焦，破三难"促进农村集体经济快速健康发展

1. 聚焦"把钱找到"，破解农村集体经济"发展起步难"

为了满足干群发展农村集体经济的热切期盼，破解农村集体经济组织发展普遍缺乏启动资金的难题，巴州区通过优化环境引导业主出资，紧缩政府开支财政注资，用好政策项目带资，多渠道汇集资金5.8亿元，支持农村集体经济迅速起步，打开新局。

第一，内育外引，业主出资发展。把新型农业经营主体的培育作为集体经济发展的重要抓手。对服务部门开展"好差评"测评，进一步优化发展环境；开展业主诉求大起底，分层分类限时解难纾困；推进土地经营权入股，采取"村集体+国有企业"优势互补、共建共享模式发展枳壳产业，推进产业园区健康、可持续发展。2021年新培育新型经营主体164家，培养新型职业农民667名、职业经理人45人。按照"三重融合、三区同建"要求，建"三农"工作综合示范片3个，覆盖12个乡镇144个村，带动全区新植中药材2.5万亩，新培育优质果蔬基地3100亩，新建商品蔬菜基地2090亩，新建茶叶基地4892亩。

第二,强化支持,财政注资发展。把政府财政的支持作为集体经济发展的有力补充。区委、区政府决定从2021年起连续5年,区级财政每年安排一定资金,设立扶持发展壮大农村集体经济资金专户,量入为出,专款专用;率先在全省开展财政投入形成资产产权移交集体经济组织的探索,《巴州区政府投入形成的农村集体资产移交暂行办法》即将出台,沉淀多年的资产确权后将实质成为发展壮大村集体经济的资本。

第三,用足政策,项目带资发展。把国家项目的带动作为集体经济发展的重要载体。根据集体经济基础、区位优势、资源条件、发展潜力等因素,按照提质规范、激活发展、扶持壮大"三个一批"的发展路径,用5年时间批次推进。扎实对已实施中省扶持壮大集体经济项目的48个村持续跟进;切实提升中央财政支持农民合作社、家庭农场项目补助资金富村、带民效果;鼓励符合条件的村集体经济组织承接政府购买服务、200万元以下的农村小型公共基础设施项目的建设管理;修订《贫困村产业扶持基金管理办法》,让产业扶持基金3580万元实质转化为村集体资产。

2. 聚焦"把地盘活",破解农村集体经济"项目落地难"

为了破解农村集体经济发展项目选择及项目落地难题,巴州区确立了"道地药材、优质果蔬、生态畜禽、现代粮油"四大立区产业,构建了"三片六区两特色"现代农业产业布局,让集体土地围绕产业规划转,让农业项目围着主导产业干。

第一,充分保障发展用地。在依法征收农村集体土地时,按照实际征收村集体土地面积的5%预留国有建设用地指标,用于发展村级集体经济和被征地农民安置。增减挂钩指标的10%用于发展集体经济。村集体经济组织使用村内符合土地利用总体规划和城镇规划的土地,可不办理征地手续,只需办理农用地转用手续,涉及的农用地指标予以优先保障。

第二,强化土地流转管理。强化农村承包土地流转管理改革试验成果的转化运用。依托区公共资源交易服务中心,建立健全区、乡镇、村三级农村土地流转服务体系。抓牢市政府土地流转政策专项审计契机,全面深化土地流转资格审查、经营状况跟踪督查,以及预流转、二次流转、经营不善收储处置等制度,落实农业产业保险、配备产业发展员等举措,坚决遏制耕地"非农化",严格管控耕地"非粮化"。

第三,开展撂荒地集中整治。建立村集体撂荒地收储机制,出台了《关于推进2021年粮食生产扩面保供的实施意见》《巴州区发展道地药材种植九条措施(试行)》等相关文件,引导村级集体经济组织成立粮油专业合作社、农业生产服务社等服务实体，全面收储撂荒土地，引导适度规模种植有政策补助的粮油、大豆等农作物；立足"枳壳+"发展模式，突出发展中药材特色产业；将撂荒地变成集体、农户增收地。

第四，积极拓展土地权能。强化农村承包土地经营权抵押贷款试点成果转化，通过向适度规模经营业主颁发《农村土地流转经营权证》《农业特色产业所有权证》《农业标准化基地用益物权证》等10余项产权证书近3000本，设立风险补偿基金，全面激活农村产权抵押担保权能，建立产权评估体系，捆绑各类权证"一次授信多次放贷"，撬动融资3.45亿元，解决季节性资金短缺，促进农业产业持续发展。

巴州区下一步将持续在宅基地盘活利用、集体建设用地利用上深度发力，促进集体经济发展。

3. 聚焦"把人聚拢"，解决农村集体经济"持续发展难"

针对新型农村集体经济发展"领头人"一人难求以及发展信心不足、发展动力不强等问题，巴州区建立集体经济发展目标管理、表彰激励促进等机制，把有思路、能干事、肯干事、干得成事的人吸引到发展壮大新型农村集体经济发展的主战场上来。

第一，纵向"促"。把农村集体经济发展壮大情况作为乡村振兴的重要考核内容，考核结果作为区级部门、乡镇（街道）领导班子及干部职工年度评先选优的重要依据。明确村党组织书记为发展壮大本村集体经济的第一责任人，村集体经济收入与村干部工资待遇和驻村工作人员晋升、调动、工资晋级直接挂钩；村级换届后146名优秀农民工村党组织书记兼任村集体经济负责人，为村集体经济发展贡献生力军；将集体经济发展纳入村常职干部培训重要内容，通过分层分类培训，全覆盖为村常职干部充电赋能；选派200余名干部担任乡村振兴特派员，"一对一"派驻帮扶薄弱村；《巴州区发展壮大农村集体经济十二条政策措施》等配套文件即将出台。

第二，横向"育"。加强本土人才培育，开展新型职业农民培育、农民转移就业培训、义乌—巴州东西部协作乡村振兴干部和人才培训4期860人；积极开展人才回引工作，出台《乡贤助力乡村振兴激励办法》，先后有大学生、退伍军人、致富能手20余人回村任职或者创业；率先在玉堂办事处印山坪村探索集体经济职业经理人试点，让专业的人干专业的事，为村集体经济谁来引领发展探索路径。

第三，正向"激"。细化农村集体经济发展容错机制，解除发展集体经济后顾之忧；把村级集体经济发展好、增速快、后劲大作为村党组织评先定级的重要依据；授予原籍返乡发展集体经济特殊贡献人员"荣誉村民"称号，享受除表决权、分配权、土地承包权外相应集体成员权利；落实"基本报酬+绩效考核+集体经济创收奖励"的报酬补贴制度，允许从当年村集体收入增量中安排一定比例奖励有功人员，确保干有劲头，拼有奔头。

（三）"四盯"监督机制护航村集体经济健康发展

随着村集体经济不断壮大，自2022年以来，巴州区纪委监委探索出一套"紧盯决策过程、紧盯合同签订、紧盯监管服务、紧盯收益分配"的一体化、全过程"四盯"监督机制，推动管好村集体的"钱袋子"，护航全区村（社区）集体经济健康发展。

为解决村集体经济发展决策不科学的问题，巴州区统筹村级纪检力量建立划片交叉驻点监督模式，由乡（镇）纪委干部分片负责，村纪检干部交叉驻点，对驻点村集体经济发展决策过程中的论证调研、意见征集、会议决策等程序进行监督，有效防止决策"一头热""乱拍板"，确保决策科学有效。在村集体经济发展合同签订中，实行村纪检干部对初拟合同进行核实，乡（镇）纪委督促镇相关部门对合同进行复核，区纪委监委督促区级相关单位对合同进行合法性审查，再按照审查和复核意见修改完善，以确保村集体经济合同保收益、不踩雷。

巴州区纪委监委统筹"室地组"纪检力量，聚焦各村集体经济发展监管服务和村集体经济收益分配中存在的不公开、不透明等问题展开监督检查，严肃查处在监管服务中的不作为、乱作为、慢作为及优亲厚友、贪占挪用等问题，推动构建亲清集体经济发展环境。截至目前，全区村级纪检干部直报问题60余个，开展村集体经济发展监管服务交叉检查22次，督促整改问题45个。

区纪委监委发挥好村级纪检干部的"监督末梢"作用，在全区推广"四盯"监督机制，助力村集体经济健康发展，为乡村振兴打下坚实基础。据统计，2022年全区256个村（社区）集体经济收入同比增速超过50%，占比86%，农户平均增收240元以上。

（四）巴州区深化集体林产权制度改革的探索与实践

在完善林权流转管理制度方面，各试验区围绕建立林权交易市场、健全林权流转风险防控机制和工商资本流转林权监管机制进行了探索。四川省巴中市巴州区建立健全区、乡镇两级共享的林权管理系统，进一步完善区级农村产区交易中心和乡镇农村产权交易服务站，在村一级设立林权流转信息员，为林权流转参与者提供信息发布、市场交易、政策咨询、合同鉴证等公益性服务。同时，建立健全工商资本流转林权事中事后监管机制，对流入方资质、流转范围、流转期限、流转价格等进行审查，并建立了流转双方对林地林木保护和利用责任制。

在培育新型林业经营主体方面，各试验区不断加大对家庭林场、林地股份合作社等的扶持力度，并通过密切利益联结机制，探索林业规模化、产业化发展模式。四川省巴中市巴州区将新型林业经营主体纳入支农政策支持范围，优先安排交通、电力、水利涉农基础设施项目，改善生产经营基础设施；支持新型林业经营主体优先承担林业建设项目；对职业林农、职业经理人领办和创建的农民合作社、家庭林场和林业企业，符合现代林业产业发展条件的，加大财政支持比重，并给予新型林业经营主体贷款贴息和保费补贴。

四、巴州区农村发展集体经济成效

近年来，巴州区牢牢把握农村集体产权制度改革试点契机，积极挖掘"钱、地、人"潜力，破解新型农村集体经济发展起步、项目落地、持续发展难题，促进农村集体经济快速、持续、健康发展。截至2021年底，全区集体经济总收入1334.65万元，较上年增长505.08万元，增幅为60.88%，集体经济"空壳村"全面消除，年收入10万~50万元的村有11个、5万~10万元的村有22个、1万~5万元的村有184个。巴州区还把集体经济发展纳入"书记项目"强力推动，确立了2022年收入"倍增目标"，多重发力实现集体经济快速发展。2022年内全区集体收入2851.53万元，较上年增长123.29%，村均收入10.26万元，居全市前列。各乡镇（街道）围绕"集体经济倍增"要求，以产业为牵引，以项目为载体，不断发展壮大集体经济，促进群众增收。从近三年来的村集体经济收入来看，发展质量显著增强，收入总额大幅攀升。2020年集体经济收入为829.57万元，2021年集体经济收入为1263.24万元，2022年仅半年集体经济收入就超过了2021年的全年收入，达1695.38万元，其中收入50万元及以下的村（社区）有3个收入5万~10万元的村（社区）有57个，收入10万~20万元的村（社区）有26个，收入20万~50万元的村（社区）有14个。

巴州区集体经济发展的路径模式更加多元。各乡镇（街道）坚持因地制宜，找准发展路径，彻底改变了过去"集体资产租赁"的单一模式。如天马山镇狮子寨村积极抢抓天马山旅游景区开发机遇，通过组建茶旅党建联盟，创新成立集体经济平台公司，通过提供生活生产服务、发展特色种养殖等，可实现年集体经济收入近20万元；回风街道西华村的全自动有机面条加工生产线项目是今年落地见效的招商引资项目，通过"小产业"撬动"大服务"，采取"资源资产入股分红+稳岗就业支持收益"村企联营模式，助力集体经济年收入达10多万元；大茅坪镇白云村采用"村集体经济组织+农户+新型农业经营主体"模式，既解决了群众诉求和历史遗留问题，又盘活集体闲置资产，增加了村集体经济收入；枣林镇灵山村通过扶贫项目资金、闲置资产入股发展旅游产业，村集体获得稳定入股分红收益；水宁寺镇龙台村通过盘活"资产"，整合"资源"，2022年上半年实现村集体经济收入16.8万元。光辉镇石庙社区坚持"以商贸服务业为主发展带动集体经济"的思路，成立自堂寨物业管理服务公司，主营全镇垃圾清运服务，切实增加了集体经济收入。

五、巴州区农村集体经济发展政策建议

发展农村集体经济，事关乡村全面振兴，是一项长期而艰巨的任务。巴州区农村集体经济的继续发展需要紧扣集体经济收入增加的目标，再压责任，再添措施，再鼓干劲，推动村集体经济发展走深走实。具体而言需要做到以下几点：

第一，千方百计拓宽发展途径。当前，全区农村集体资产57.53亿元，资源性资产132万亩，但沉睡多，盘活少。需要摸清资源资产家底，根据当地实际、群众意愿、市场导向、环保准入等找准发展定位，创新探索发展途径，加快集体经济发展从单一发展到多元模式转变。要突出村集体产业选择的精准性。坚持因地制宜规划，利用村集体现有资源，找准产业项目，创新利益联结机制，避免投入大、产出少。要突出财政投入资金绩效的最大化。前期财政扶持村集体发展项目资金入股新型农业经营主体获取固定分红的多，自营产业的少，资金利用率不高。各地各相关部门要想办法、出硬招、补短板，寻求资金绩效最大化。要突出集体经济收入的可持续性。从集体经济收入数据来看，2022年上半年收入50万元以上的3个村（社区）收入来源是青苗费或征占用地补偿费，模式不可持续、不可复制、不能推广，必须创新可持续办法，增加集体经济收入。

第二，坚定不移做实风险防控。要规范集体经济组织建设。深入贯彻落实《四川省农村集体经济组织条例》，配套出台巴州区贯彻落实条例的实施方案，发挥出集体经济组织管理集体资产、开发集体资源、发展集体经济、服务集体成员"四大功能"，实现集体增利、农民增收。要健全风险防控机制。用好用活中省扶持资金、东西部扶贫协作项目资金、村集体经济发展基金，确保资金保值增值。资金不能重复投入已有项目村，要更多地向边缘掉角村倾斜。对已实施项目的116个村进行"回头看"，做好风险项目问题整改，提高资产使用效率。要加快农村集体资产监管服务平台建设。将所有农村集体资产纳入平台运行管理，落实村集体经济区级监管措施，强化农村"小微权力"监督制约，做到过程全留痕、可追溯，坚决防止资产流失。

第三，全力以赴抓好要素保障。要争取各类资金，扎实推进"政银担"合作模式，鼓励集体经济组织通过农业产业贷、乡村振兴贷、红色贷等融资渠道，破解集体经济发展融资难、起步慢问题。激发社会资本投入，以财政项目资金为"药引子"撬动社会资本投入，释放社会资本的乘数效应。要提升人才素质。分批次对集体经济组织领头人进行专题培训，加大对新型职业农民培养，培养一批扎根农村、服务农村的"土专家"、"田秀才"和农业职业经理人，着力解决集体经济发展谁来干、怎么干的问题。要强化督查考核。落实"业务部门+挂联部门+乡镇（街道）+村（社区）"集体经济协同发展的责任链条。对集体经济发展好的，要大张旗鼓奖励，纳入"红榜"管理；对集体经济发展较差的，要逗硬问责，纳入"黑榜"管理。

第十二章　脱贫地区农村集体经济发展问题与建议[①]

一、脱贫地区农村集体经济发展问题与挑战

当前正是巩固拓展脱贫攻坚成果和实施乡村振兴战略的政策转轨期、工作过渡期、机制衔接期，立足农业农村发展实际，做好巩固拓展脱贫攻坚成果同乡村振兴在思路、政策、机制方面的有效衔接，奋力开启全面建设社会主义现代化新征程，是我国目前脱贫地区发展的当务之急。对于脱贫地区的农村集体经济发展而言，主要存在的问题则是在脱贫攻坚期间的发展模式难以适应接下来全面推进乡村振兴的环境变化，如何稳住脱贫地区的集体经济发展向上趋势，仍然面临诸多挑战。

（一）多年帮扶凸显差别，平衡发展压力较大

尽管在脱贫攻坚期间，我国各级财政对脱贫地区的农村集体经济发展投入持续加大，但与实现乡村振兴战略目标任务的要求相比还存在很大缺口，其问题的关键在于有限的资金大量投入在原贫困村推动当地持续减贫，但是却加大了平衡广大乡村地区集体经济发展的挑战。

从云南省三县对比中能够发现，由于富源县作为国家扶贫开发工作重点县，不仅在脱贫攻坚期间享受了各类政策项目扶持，在当前脱贫攻坚与乡村振兴有机衔接的各类政策扶持中又继续享受了大量资金支持，自党的十八大以来得到

[①] 执笔人：孔祥智、谢东东。

了迅速发展。富源脱贫攻坚期间累计投入 142.08 亿元，而禄丰这一数字仅为 36.57 亿元，富源县共是 130 个脱贫村，禄丰则是 104 个脱贫村。2021 年，富源县的农村居民人均可支配收入是 1.65 万元，禄丰则是 1.56 万元。

楚雄市作为国家《滇西边境片区区域发展与扶贫攻坚规划》的嵌入市，脱贫人口 3.58 万人，脱贫村 51 个，之前属于连片贫困问题严重，更适合开发式扶贫治理，且从 2016 年以来陆续积极争取各级扶持集体经济试点项目。禄丰市脱贫村高达 104 个，因此农村集体经济分散贫困的问题较为突出。此外，根据《人类减贫的中国实践》白皮书相关数据，2020 年底，我国脱贫村村均集体经济收入超过 12 万元，如云南省，2021 年全省也仅有 72.31% 的村集体收入能够超过 5 万元。因此，对于脱贫地区来看，脱贫村恰恰已经获得巨量投入，在当地容易脱颖而出，在脱贫攻坚与乡村振兴有机衔接的过程中，又凭借大量扶持继续获得发展，这样造成了对于平衡好所有脱贫地区的农村集体经济发展造成了新的挑战。

（二）产业培育行政主导，市场竞争活力不足

从调研区域的集体经济围绕相关产业发展来看，各地集体经济围绕的相关产业发展取得了积极成效的同时，也不能忽视存在产业链条较短、要素活力不足、地域特色不够、产品同质化低水平竞争，并且由于行政强力推动，部分产能过剩问题较为突出，产业发展质量效益不高。

例如本次调研八县市，县县布局食用菌产业，云南和贵州 6 县市，县县布局水果产业。这也在一定程度上反映了在脱贫攻坚期间，由于行政力量的强力推动，培育产业大干快上，大量地方产业形成以短平快发展模式为主，同质化现象较为严重。例如，贵州关岭县的花椒产业，种植面积两年内增长了 266.7%，一年增加 11 万亩；贵州镇宁县的食用菌产业，2017 年 6 月实施政策开始布局，要求当年产能达 800 万棒，2020 年产能达 3000 万棒以上；河北广平县要求全县 37 个脱贫村均成立菌菇专业合作社。

对于涉农产业而言，总体上产业供给结构单一，尤其是同质化农产品供给时间集中，导致季度供给过剩，市场价格波动剧烈的问题同样影响后期产业发展效果。行政权力介入并主导的短平快的发展模式适合短期应对农民增收、脱贫见效，相较于市场自发的产业形成模式，脱贫地区产业的长期市场竞争能力不足。

此外，大量农村集体经济发展也借助了对口扶贫优势，例如镇宁县马厂镇凡旗村在航空工业集团派出驻村第一书记的帮助下，申请航空工业集团帮扶 400

万元,建设智能玻璃温室大棚 3500 平方米,种植小番茄水果,同时发展大棚种植凤梨、樱桃、蔬菜等特色产业,并通过航空工业集团强大的消费能力开展农产业定点销售帮扶。河北饶阳县邹村发展特色种植,借助农总行的对口扶贫优势机遇,获得中国农业银行总行捐赠资金 150 万元兴建果蔬恒温冷库进行资产出租,获得农总行 40 万元捐赠资金兴建温室钢架蔬菜种植大棚。总体来看,脱贫地区大量对口扶贫发展集体经济,

这一精准"滴灌"投入资金固然有利于初期产业培育,但是并不意味着内生发展能力得到同步提升,尤其是在全国涉农产业同质化竞争严重的背景下,这些大量产业能否未来赢得竞争,取得长效性、内生性发展,仍然有待市场和实践检验。

(三) 集体资产尚能保值,增值渠道有待拓宽

在脱贫攻坚过程中形成的大量固定资产,绝大部分地区都能在考核监管的机制防止资产流失、被少数人侵犯,但是农村集体经济发展模式中,集体资产止步于"保值",但很难做到"增值",集体经济发展的增收渠道有待拓宽,集体经济组织的市场主体地位有待巩固。

从调研区域实践中来看,在脱贫攻坚期间,扶贫项目资产管理工作由县扶贫开发领导小组统一领导,随着我国全面建成小康社会,广大脱贫地区巩固拓展脱贫攻坚成果同乡村振兴有效衔接,大量扶贫项目资产移交工作得以开展,以贵州三县市为例,各地均成立以县政府主要领导为组长的扶贫资产管理工作领导小组,全面完成扶贫资产排查登记,摸清资产底数,规范建立扶贫资产管理台账,结合农村集体产权制度改革,将符合条件的扶贫项目资产一次性确权到位,做好资产移交工作,由县级农业农村部门对归属于村集体经济组织扶贫项目资产的确权工作做好业务指导和监督管理工作,权属归村集体的扶贫资产档案由所在地乡(镇、街道)统一保管。县级纪委监委、审计和财政等部门根据各自职责,加强对扶贫项目资产管理的监督检查,同时又明确县级政府对本县域扶贫项目资产后续管理履行主体责任,乡镇政府主抓日常监管工作,总体上来看,防范农村集体资产损失、流失和被侵占的制度框架基本构建。

但是,囿于农村集体资产的特殊性质,尤其是在经营方式上面对风险要能够有效地规避,从而投资渠道较为单一。总体来看,通过资产出租开发获得租金收益,这一方式在调研区域集体资产盘活的实践中最为常见。

以云南、贵州为例,由于集体产权制度改革开展得较早,已经成立了在原工商行政管理部门注册的合作社来作为集体资产管理的主体,尽管并未按照中

央要求命名为股份经济合作社、经济合作社，但是已经作为农村集体经济组织负责全村集体资产的管理和运作，也即"村社合一"发展模式。然而，集体经济组织力量较为薄弱，市场主体地位作用发挥不够，自身对于资产开发和进入市场的专业化能力、经营能力都明显不足，集体经济组织的薄弱阻碍了农村集体资产增值。

总体来看，我国脱贫地区的农村劳动力外出情况极为普遍，村庄"空心化"问题较为严峻，集体社区内部的资源动员已越来越难以满足壮大集体经济发展的要素需求。实践中未能有效充分探索农村集体经济组织与龙头企业、农民专业合作社新型农业经营主在集体资产多元化开发上的合作、联合，集体经济的实现形式较为单一，相较于农村集体经济组织，新型农业经营主体在参与市场竞争、专业化经营、资产的整合管理开发上都具有优势，具有充分示范带动作用，能够弥补集体经济组织作为市场主体的先天不足。

（四）收益分配实践僵化，人才激励未能发挥

尽管调研区域对于农村集体经济发展的收益分配都做出了规定，明确要求对农村集体经济发展领头人给予奖励，但是各地实践中实施的收益分配制度受到多种因素制约，收益分配较为僵化，人才激励明显不足，农村集体经济组织带头人专业化水平不高，部分区域未能与全面推进乡村振兴的要求相符。

2016年底，中共中央、国务院印发的《关于稳步推进农村集体产权制度改革的意见》中，明确提出充分发挥市场在资源配置中的决定性作用和更好发挥政府作用，明确农村集体经济组织市场主体地位，可由县级以上地方政府主管部门负责向农村集体经济组织发放组织登记证书，农村集体经济组织可据此向有关部门办理银行开户等相关手续，以便开展经营管理活动。对于农村集体经济组织而言，作为一类特殊的市场主体，还承担了大量行政事务、公共服务、乡村治理等职责。为此，农村集体经济组织天然具有社区福利性、股权封闭性等特征，这一特殊的市场主体对人才吸引具有先天上的不足。

作为农村集体经济组织的领头人，恰恰是集体经济发展的关键，村庄富不富，全看党支部；支部强不强，要看"领头羊"，对于脱贫地区的农村来看，村干部岗位待遇较低、保障机制不健全，难以吸引优质人才加入。大量优质劳动力和各类乡村精英流出，村庄老龄化现象更为突出，脱贫地区农村基层干部队伍素质能力偏低，市场化、专业化开发管理经营集体资产的能力较为缺乏。总体上，所有调研区域的农村集体经济组织带头人同时作为村社干部，精力还要大量分散到其他行政事务上。

同时，各地在政策文件中都提出了对于农村集体经济的发展收益提取一部分作为村社干部的薪酬激励，例如贵州六盘水市出台的《六盘水市农村集体经济可分配收益管理使用办法（试行）》，明确提出当年村集体可分配收益中提取10%~20%作为村干部奖励资金，对集体经济发展好的农村党组织书记，在评先评优、事业单位招考中优先考虑和推荐。云南省富源县出台的《富源县发展壮大农村集体经济的实施意见》，明确提出农村集体经济发展收益分配模式制度设计按照"433"模式，即村集体经济收益在3万元以上的村（社区），收益超出3万元部分按公益金不低于40%、风险防控积累金不低于30%、村（社区）干部创收奖励金不高于30%的标准进行分配。但是现实中所有调研区域对村社干部的激励多年来未能付诸实施。究其原因，上级部门综合考虑财务审计、纪检监察、群众影响等因素，尤其是难以在实践中形成村集体经济组织带头人对农村集体收益的贡献衡量评价机制。例如盘州市虽然吸纳了部分懂经济、懂管理的人才回乡担任集体经济组织带头人，但因无经济报酬，加之集体经济组织过多地承接了上级交办的刺梨、核桃等硬性发展任务，短期内难以实现效益，而对于集体经济组织带头人而言，承担经营管理责任却难以享受发展收益，导致该部分人才难以长期融入发展。

在脱贫攻坚期间，大量扶贫项目资产的收益优先倾斜建档立卡户分配，以推动减贫事业发展。例如贵州关岭县在实践中探索形成了"721"扶贫项目收益分配模式，即建档立卡户分红比例为70%，村集体留存和公益性产业提取比例分别为20%和10%，截至2021年底，所有项目资产的收益仍然由建档立卡户享受。但是，建档立卡户的认定工作，早于数年之前结束，经过多年投入扶持，大量建档立卡户在村内经济收入明显好转，继续享受大量确权到村的集体扶贫项目，资产收益易滋生群众矛盾，影响村社内部安定团结，也与全面推进乡村振兴的要求难以契合。

二、壮大脱贫地区集体经济发展的政策建议

（一）保持帮扶资金投入，均衡推进壮大集体

对于广大脱贫地区的农村集体经济发展，未来资金投入上要兼顾好减贫事业的持续性和乡村振兴的均衡性。

在当前宏观经济增速下行的背景下，全国层面财政压力较大，尤其是本次调研脱贫八县市。总的来看，新城建设和基础设施投入惊人、地方债务普遍较重，相较于脱贫攻坚时期获得大量投入，未来预计能够筹措和撬动的资金较为有限。但是由于大量短平快的产业项目投入已经初步成型，未来更需资金投入形成长期经济效果。

一方面，积极开源，保持对脱贫地区的主要帮扶政策总体稳定，重点投入兜底救助类政策，落实好教育、医疗、住房、饮水等民生保障普惠性政策，增强脱贫稳定性，确保脱贫群众不返贫。健全防止返贫动态监测和帮扶机制，并根据脱贫人口实际困难给予政策倾斜，积极规避帮扶政策给区域集体经济发展带来的"悬崖效应"，即脱贫村与周边村庄享受扶持待遇差距过大这一影响乡村振兴全面推进和集体经济发展区域均衡性的问题。广大脱贫地区要积极提高财政资金使用效率、引导金融资本和社会资本投入等途径全面推进乡村振兴。同时加大对脱贫地区农村集体经济发展项目的支持力度，继续通过发展清洁能源等项目带动农村集体经济组织增收和农民致富。做好易地扶贫搬迁安置社区集体经济发展扶持工作，从就业需要、产业发展和后续配套设施建设提升完善等方面加大扶持力度，完善后续扶持政策体系，持续巩固易地搬迁脱贫成果，确保搬迁群众稳得住、有就业、逐步能致富。推动壮大安置社区集体经济，强化社区公共服务供给，提升安置区社区管理服务水平，促进搬迁群众社会融入。

另一方面，大力节流，针对大量集体资产的未来管护投入，建议原则上明确到户类资产由农户自行管护，村"两委"、驻村工作队加强指导和帮扶，集体公益类资产由相应的产权主体落实管护责任人和管护经费，通过调整优化现有公益性岗位等方式解决管护力量不足问题，优先聘用符合条件的脱贫户和边缘户劳动力参与管护，属于村集体的公益性资产管护经费，可由村集体经营收益、地方财政资金统筹解决。此外，对供水系统等易损耗、易损坏的公益性资产落实受益者责任，引导其参与管护，自觉缴纳有偿服务和产品的费用。对于集体资产收益重点，用于项目运行管护、巩固拓展脱贫攻坚成果、农村公益事业等。

（二）遵循产业培育规律，市场竞争提质增效

未来广大脱贫地区的集体经济产业发展要积极遵循市场竞争规律和产业培育规律，重点提升乡村产业发展效益，在应对市场竞争和风险挑战中提质增效、增强活力。

广大脱贫地区的农村产业发展，要着眼于县域经济的视角，以县为单位规划发展乡村特色产业，积极完善生产、加工、销售、消费全产业链支持措施，

强化创新引领，聚集资源要素，扩展产业增值增效空间，各地应积极树立产业发展求质量不求数量、求好不求快、求市场不求帮扶的发展理念。对已有产业，例如特色种植、畜禽养殖等实施提升行动，突出地域特色、品牌特色应对市场竞争，支持脱贫地区培育绿色食品、有机农产品、地理标志农产品，打造区域公用品牌。积极加快脱贫地区农产品和食品仓储保鲜、冷链物流设施建设，支持农产品流通企业、电商、批发市场与区域特色产业精准对接。

由于产业发展中需要大量公共投入，应积极鼓励县域内农村集体经济抱团发展，积极探索农村集体经济与龙头企业、农民专业合作社等新型农业经营主体开展合作与联合，探索混合经营、股份合作，以集体资产使用权的入股为纽带，引入了社会资本壮大资源开发力量，积极拓展农村集体资源性资产的保值升值渠道。在各地对口帮扶中，立足继续给予资金支持、援建项目基础的基础，创新优化产业帮扶方式，积极鼓励协作式发展，进一步加强产业合作、技术扶持、人才支援，积极推动由产业"输血"到协作"造血"的转变。

（三）培育引进经营主体，推动集体合作联合

大力培育、引进以龙头企业、农民合作社为代表的各类新型经营主体，积极推动农村集体经济组织与之合作，实现劳动与资本、技术、管理等联合，发展混合所有制经济，巩固集体经济组织这一市场主体地位，拓宽集体资产增值渠道。

无论是本次调研区域还是从山东、内蒙古等省份的发展经验来看，脱贫地区农村集体经济的发展，农村集体经济组织的壮大离不开与其他家庭农场、农民专业合作社、农业龙头企业等进行联合与合作，通过互相参股、入股，共同促进，协同发展。将集体经济组织的全部或一部分资产量化到经营良好的农业企业等新型农业经营主体，能够充分发挥新型农业经营主体在参与市场竞争、专业化经营、资产的整合管理开发上的竞争优势，推动资产增值，发挥示范带动效应。此外，各个县市的农业主导产业基本形成，如何围绕第一产业发展第二产业、第三产业，形成产业集群，是巩固脱贫攻坚成果，实现农业农村现代化的关键，也是脱贫地区农村集体经济发展的关键。因此，从大的方面讲，脱贫地区必须引进、培育有规模、有带动能力的新型农业经营主体群，形成产业集聚。

应在制度架构上积极建立起对双方主体的保护机制，以充分调动外来资本、人才、技术、管理等要素与农村集体经济联合发展的积极性，积极鼓励产权结构混合所有制改造，通过村集体与新型农业经营主体合作运营的方式，实现了

资源社区内动员向全社会动员转变，为农村集体经济引进外来优质要素开辟了通道。为此，积极鼓励探索农村集体资产跨村流转、处置的办法，推进农村集体资产所有权与使用权分置，允许农村集体经济组织依托各地农村产权交易中心县域内跨社区流转，扩大村集体资产处置范围，通过联村整合的方式推动与新型农业经营主体合作。鼓励创新农村集体经济组织法人地位实现形式，如依托农村集体经济组织和各类新型农业经营主体共同构建成立资产管理公司，专业化运营集体资产，拓宽农村经济集体增收渠道，推动资产保值增值。

（四）创新收益分配模式，突出制度激励优势

创新集体经济收益分配模式，处理好村集体内部社区矛盾，维护集体内部团结。突出制度激励优势，强化农村集体经济组织带头人队伍建设。

随着大量扶贫项目资产折股量化至农村集体经济中，收益分配和资产监管的制度设计积极朝"所有权与监管权，受益权与管护权相结合"的方向转型。坚持权责明晰的同时要突出制度激励，立足扶贫项目资产受益群众的特殊性的现实基础，充分调动受益群众参与农村集体经济发展积极性。同时，积极健全规范集体各类资产的登记备案、运营维护、收益分配，探索集体收益分配模式创新，农村集体经济所产生收益的分配，鼓励按照"村提方案、乡镇审核、县级备案"的流程制度设计，充分给予农村集体自主决定权利、群众参与权利，推动产权所有者集体决策收益分配而非行政力量主宰分配模式，在依法依规的前提下，真正贯彻对于集体经济组织带头人的激励举措，激发干事创业热情。

县委书记作为乡村振兴的"一线总指挥"，要切实加强对农村集体经济发展工作的组织领导并担负相关职责使命，积极高位推动农村集体经济发展。坚持党管人才，充分发挥党的思想政治优势、组织优势、密切联系群众优势，进一步加强和改进党对人才流动配置工作的领导，创新人才流动体制机制，在上下联动的组织体系下积极推动集体经济人才振兴工作。支部强不强，要看"领头羊"，积极健全农村集体经济组织带头人培养选拔机制，推动引进外来人才与培育本土人才相结合，鼓励发动优秀现任村干部、农村致富带头人、种养大户、退伍军人、返乡大学生等群体参与村"两委"班子和农村集体经济组织管理团队人才竞争，拓宽选人用人视野，有条件的地区积极在尊重群众意愿的基础上确保竞争择优。积极选优配强农村党组织带头人，强化政治引领，按照懂农业、爱农村、爱农民的要求，注重选拔党性坚定、政治觉悟高和会干事、作风正派、办事公道的村党组织书记。同时注重村党组织书记后备队伍建设，培育壮大农村创新创业带头人队伍，为壮大农村集体经济发展和全面推进乡村振兴提供坚强的组织保障和人员储备。

同时,积极为农村集体资产管理运营的人才搭建协作平台,增强集体经济发展人才凝聚力。建议各级党组织要以人才振兴为着力点,采取"党支部+合作社""党支部+企业"等多种形式,积极搭建资产运营、产业发展、技术应用的合作交流平台,引导各类人才投身壮大农村集体经济发展。通过教育培训、人才交流活动、外出学习等方式,搭建人才交流合作平台。强化保障留住人才,搭建适合乡村人才发展的工作平台,创造人才工作、研究和生活条件,制定好人才关爱政策,加大从优秀村党组织书记中考录乡镇公务员、招聘乡镇事业编制人员力度,充分发挥人才要素在广大脱贫地区农村集体经济发展中的重要作用。

(五)健全资产监管机制,维护成员合法权益

积极健全集体资产监管机制,加强和规范广大脱贫地区农村集体资产监督和管理,维护农村集体成员合法权益。

首先,积极发挥群众监督作用。在集体资产的运行维护中,要坚决坚持公开透明,引导群众参与,严格落实公告公示制度,提高集体各类项目资产后续管理和运营透明度,充分发挥农民的主体作用,切实保障受益群众对扶贫项目资产的知情权、参与权、表达权、监督权。选举公道正派、关心集体、责任心强、富有威信的群众担任集体经济组织监事会成员,积极发挥监事会这一农村集体经济组织监督机构的作用,按章程规定履行检查财务、监督主要管理人员执行职务的行为等职责。

其次,强化集体经济运行中的财务监管。农村集体经济组织应当建立健全财务收支预决算、开支审批、资金管理、票据管理、财务公开、坏账核销和内部控制等财务和会计制度,以易于理解和接受的形式公开财务信息,接受成员监督。广大脱贫地区的农村集体经济组织的财务活动应当依法依规接受乡镇人民政府和乡村振兴部门、财政部门的监督指导,接受审计等相关部门的监督,建立健全农村集体经济组织负责人任期和离任审计制度,稳步提升会计核算专业化水平。

再次,强化集体资产运营管理中的产权交易行为监管,建立健全县域集体资产产权交易平台工作机制,广大脱贫地区的农村集体产权交易应纳入平台统一对外发布交易信息,在此基础上接受登记报名、组织交易竞价、结算项目资金,推动农村产权全程公开交易。强化脱贫地区农村产权交易市场在规范流转交易、盘活存量资源、促进保值增值等方面的作用,推行线上与线下交易相结合，推进场所建设和服务流程标准化、工作队伍专业化，提升交易市场服务效率与水平。

最后，增强部门协同，形成监督合力。建议县级政府成立专门监管农村集体资产的机构，可以是内设机构，也可以在某个处室下面一个机构两块牌子，更好地统筹各类集体资产的监管工作，形成乡村振兴部门、农业农村部门、纪检监察部门、审计部门的监督合力。

附录 脱贫地区集体经济发展村级案例报告

案例 1 贵州省镇宁县桐上村案例报告[①]

贵州省镇宁县募役镇桐上村是布依族集聚村，下辖 8 个村民组，分别为桐上一组、桐上二组、卯弄幺组、纳汉组、马家庆组、二桥组、桐运组、花山组，共 322 户 1308 人。2019 年 12 月，桐上村实现贫困村摘帽，2021 年人均可支配收入超过 9600 元，村集体经营性资产规模达 101.77 万元，实现村集体经济收入 196708.72 元，作为脱贫村，桐上村在农村集体经济发展方面取得了突出成就。

一、桐上村集体经济基本情况

桐上村位于镇宁县城中南部，距镇政府驻地 15 公里，距县城 28 公里，镇乐公路横穿全村，虽然交通便利，有利于物资运输，但地理位置相对较差。桐上村地形以山地为主，土地面积为 9.25 平方公里，耕地面积为 1015 亩（其中田 296 亩，地 779 亩），人均承包地 0.78 亩，林地 9608 亩，荒山草坡 2817 余亩。该村属于季风性自然气候，平均海拔在 880~1150 米，土质结构大部分是黄壤。综合来看，桐上村发展农村集体经济的资源禀赋较为一般，经济基础也较差。

桐上村 101.77 万元的集体经营性资产在内容上具体包括安顺市税务局帮扶

[①] 执笔人：何欣玮。

瓜蒌基地水泥柱建设44万元、县农业农村局瓜蒌基地水泥柱建设10万元、桐上大棚7.5万元、老活动室10万元、九局花山矿业租用土地租赁款17.15万元，以及入股汇景纸业资金13.12万元。在形式上主要是以村股份经济合作社的方式运营。桐上村2021年完成"村社合一"合作社规范化建设，2021年6月2日桐上村股份经济合作社（以下简称合作社）以村集体经营性资产作为集体出资发起成立，作为独立的法人组织建立了合作社章程，选举了合作社理事机构，理事长由村支书（主任）、村股份经济合作社负责人"一肩挑"，理事、执行监事由村"两委"成员交叉任职，股权结构以村集体经济出资为主，合作社成员由村集体、所有建档立卡户、涉及土地流转农户组成。合作社吸收91户（318人）建档立卡脱贫户、桐上村村干部6人入股。

2021年，合作社通过以44万元帮扶资金入股瓜蒌公司，实现村集体经济收入15万元（每年5万元，提前支取三年分红），此外还通过自主经营蔬菜大棚以及汇景纸业分红，该部分带来村集体收入近5万元，充分实现了村集体经济增收的目标。在村集体经济经营收入利用方面，桐上村将集体资产运营总收入全部用于进一步壮大村集体经济，争取实现集体经营性资产的保值增值。同时，为进一步推进脱贫户不返贫，桐上村在集体经济产业中优先保障建档立卡户的就业，充分发挥就业在防止返贫上的保障作用。

二、桐上村集体资产运营管理特色

（一）坚持党建引领规范合作社高效运作

募役镇成立由党委副书记为组长，农业服务中心、财政分局、党政办相关同志为成员的工作组，全程指导桐上村合作社的运营，并对"交叉任职"兼职村干部进行跟踪考核。经合作社成员大会通过，制定考核管理制度和考核细则，按照瓜蒌种植的周期，分段量化按约定的产值及产业推广等生产指标经镇考核后对兼职村干部发放劳务报酬；按年度收益情况，年度经营有净利润的，按成员大会通过的考核方案，经镇考核兑现绩效奖励。其中，绩效奖励以当年度净收益的5%和上年度本县农村居民人均可支配收入的5倍就高原则为标准，确定年度绩效奖励资金总额最高限额，但奖励总额不能超过"村社合一"合作社净利润的30%。村干部现金入股的，享有个人股东分红的权利。合作社的所有经营性支出和劳务报酬、绩效奖励资金的分配都要经过村党支部前置研究，报镇党委审核同意后，报经合作社全体社员大会通过方能执行，确保党组织对"村社合一"合作社的领导。合作社财务管理由镇财政分局代管，按照《农民专业合作社财务会计制度（试行）》的规定，独立建账、独立核算，准确反映经营状况。

（二）坚持培育特色产业壮大村集体经济

2021年桐上村推进"村社合一"，合作社与优作惠农公司合作经营，将桐上村800亩土地承包经营权入股，共同经营桐上村特色产业瓜蒌种植项目，在合作过程中，合作社负责组织工人进行土地翻整、施肥、瓜苗管理维护等（工人工资、设备维修费用由公司进行支付），公司则负责提供瓜苗、技术指导、部分流动资金等。2021年瓜子总产量256000斤（320斤/亩），根据合作协议约定，合作社占有100亩32000斤产量收入权，预计能分到瓜子32000斤，剩余的归公司所有，双方所分的瓜子由各方进行销售，本项预计可为合作社增加年度盈利18.8万元，按照股份比例进行分红，其中村集体经济占比89.03%，村干部占比2.71%，建档立卡户占比8.26%，可为桐上村集体经济组织增收16.74万元。

（三）坚持探索构建利益联结新机制

积极探索、培育、建立和完善"龙头企业+合作社+农户（贫困户）"的利益联结机制，在募役镇将贵州优作惠农科技有限公司与桐上村农村合作社及农户进行整合，建立稳定的利益联结机制。具体而言，桐上村合作社将农户的土地统一流转给贵州优作惠农科技有限公司，农户获得保底分红即土地租金以及基于公司盈余的分红，合作社从中获取管理费用以及分红。瓜蒌项目一期项目共签订10年协议，预计亩产值为13600余元，220户村民通过土地入股每年预计可获得约66万元收益，坝区内农户（特别是建档立卡户）优先在坝区务工，增加农民收入，该项目每年可带动约60户家庭就业可获得126万余元收入，管理费用以及分红预计为桐上村村集体经济带来年均17万余元的收入。

三、桐上村集体经济发展面临的问题

（一）集体经济增收的内生动力不足

桐上村目前以及未来预计取得的集体经济收入主要来源于扶贫项目资金直接入股农业企业取得的分红以及村集体股份合作社统一流转土地取得的分红和管理费用，村集体自主经营的资产只有规模较小的蔬菜大棚，村集体经济收入很大程度上依赖扶贫项目资金的扶持与农业龙头企业的带动，村集体经济增收的内生动力不足。

（二）集体经济运营的模式较为固化

从桐上村集体经济组织与农业龙头企业合作的方式来看，桐上村集体经济运营模式较为固化，收入较为固定，增收潜力有限。在村集体经济收入中，瓜蒌公司分红固定为每年5万元，预期土地流转所得的分红和管理费用也较为固定。村集体经济收入的模式依然局限在租赁模式之下，所谓"入股分红"只是表面形式，实际上固定的收入分红体现了桐上村集体经济收入主要来源于资产租赁的本质。这一模式虽然稳定性强，但也使得集体经济收入来源相对固定，增收相对缓慢，农业经营产生的大部分收益均被农业企业占有，农民不能充分分享产业增值收益。

四、进一步壮大桐上村集体经济建议

（一）进一步推进村集体资产运营方式改革

一是创新工作思路，优化服务，探索生产合作、供销合作、信用合作三位一体发展模式，不断提升工作水平，增强村企联合的广度深度，充分挖掘特色产业项目各环节收益。二是充分挖掘发展潜力，培育新经济增长点。依托专业合作社，积极探索"党总支+合作社+基地+农户"的发展方式，探索发展村集体经济与发展产业相互促进的发展道路。三是要因地制宜，选准能发挥最大潜力、最能见成效的发展路子，积极创新项目共建、利益共享机制，培育新的经济增长点，推动集体经济不断壮大。

（二）进一步做强做大特色产业

大力开发现有集体资源，对现有资源进行深度整合，通过租赁、入股等方式进一步推进村集体将经济收入提升。发展项目强村，充分发挥本村交通条件优越的优势，推进以瓜蒌种植产业为基础的一二三产业融合，延长产业链，提高附加值。充分激发内生动力，坚持内部自我造血为村集体经济注入更多的源头活水，并支持合作社联合发展。

（三）进一步提高集体资产经营效率

充分引进先进人才壮大村集体经济。农村集体经济如何发展壮大，"有钱办事"是条件，"有人办事"更关键。选用政治素质好、事业心强、有经济头脑、懂经营会管理、"双带"能力强的优秀人才担任村党总支书记，活跃农村领导班子，探索适宜发展村集体经济的路子，担起引领农村党组织和广大群众发展经济的重任。同时充分完善保底分红、股份合作、利润返还等机制，积极发展社员和多种分红分股式整合资源，让合作社成为乡村振兴的助推剂。切实履行"两公开一监督"制度，搞好民主理财，管好用好集体资金，防止集体资产的流失。

案例 2 贵州省镇宁县高荡村案例报告[①]

高荡村位于镇宁布依族苗族自治县县城西南 12 公里处，属县政府驻扎地城关镇，是一个历史悠久的布依族山寨。距贵阳、安顺和县城分别为 144 公里、40 公里和 12 公里，村里共有 494 户农民，总人口 2220 人，据统计，2021 年有 609 人外出务工，占村人口的 1/4 左右，村人均年收入达到 18000 元，在镇中的人均排名处于较高位置。跟中国青年旅行社达成了长期合作，中国青年旅行社将游客引流到高荡村，然后合作社便可以利用这部分客流来摆摊、民宿、餐饮、烧烤等以增加收入。现在以村集体名义成立了烧烤摊，每年增收 80 万元。

一、高荡村集体经济基本情况

（一）高荡村基本情况

高荡村，贵州省安顺市镇宁县下辖村。位于县城西部，距县城 12 公里。全村总面积为 7.6 平方公里，耕地面积 540 亩。全村总户数 201 户，916 人，人均年收入 1600 元。2018 年 12 月 29 日被国家民委命名第六批全国民族团结进步创建示范区（单位）。

全村户籍人口共有 377 户 1148 人，常住人口 368 户 1106 人。全村"两委"班子健全，党支部 3 人，村委会 2 人，党员 40 名，村民代表 14 人。2019 年 12 月 25 日，高荡村入选第一批国家森林乡村名单。2020 年 8 月 26 日，入选第二批全国乡村旅游重点村名单。2021 年 3 月 18 日，入选中国生态文化协会公布的 2020 年全国生态文化村名单。

高荡村基本地理环境为丘陵，是布依族的少数民族聚集地，全村在 2019 年 10 月实现了贫困村摘帽，全村共有耕地 540 亩，人均承包地不到 1 亩。村主导产业为旅游业。高荡村现有建档立卡人员 1 户 1 人，目前已全部脱贫出列。

（二）高荡村集体资产基本情况

村集体收入来源为旅游附加增值，2022 年村预计总收入 1000 万元，合作社成立于 2019 年，主要目的是增加高荡风景区的附加价值，合作社在此期间鼓励经济较差的农户修建民宿，来解决游客的住宿问题，先后推动了 11 家农户建立

[①] 执笔人：李欣。

民宿，提供79个床位，每年能为每户农户增加10万元的收入。合作社也帮助6家农户开展了农家乐服务，每年也有12万元以上的收入。现在以村集体名义成立了烧烤摊，每年增收80万元。

二、高荡村集体资产运营管理情况

（一）高荡村集体资产运营发展情况

2012年，高荡被授予"千年布依古寨"称号；2013年，被列入"中国传统村落名录"；2014年，入选国家首批"中国少数民族特色村寨"，同时，高荡村还是贵州省30个"最具魅力民族村寨"之一。

2016年初至今，为贯彻省政府关于建设"山地公园省、多彩贵州风"创立贵州全域旅游，实现贵州旅游"井喷式"发展的战略规划。贵州青旅同镇宁县人民政府就高荡千年布依古寨，将其由贵州30个"最具魅力民族村寨"向知名景区转变的发展之路，展开了多方面的探讨和研究。拟通过以贵州青旅为主导，其他知名旅行社大力支持的渠道优势。将游客引入高荡景区，提升高荡古寨的游客可进入性。为当地村民开展各项服务和小商业创造客源基础。让当地村民尽快脱贫致富，将"精准扶贫"工作落到实处。

该项目的具体实施，由贵州瀑乡高荡文化旅游开发有限公司进行全面运营，镇宁县政府及当地村民自治组织对村寨居民进行协调和管理，通过对高荡古寨的运营管理。共同开发出一条，将贵州民族特色村寨游同旅游市场的有效对接，实现"特色村寨有客源、村寨居民能创收、就业岗位多元化、精准扶贫能实现"的可持续发展之路。

自2018年以来，高荡村凭借良好的旅游资源，又凭借中国旅行社正式运营带来的红利，在2018年仅8个月就接待了29万名游客，这不仅为高荡村带来了门票收入，还辐射带来一系列收益，高荡村趁此东风，鼓励村民卖自家的手工制品，在我们参观期间，便可以看到路边村民都在出售一些小的手工制品，村长介绍，基本上每天每户都有40元以上的收入，尽管收入并不是非常丰厚，但售卖者大多是老人，极大改善了年迈者的生活。

而在2019年一年，高荡村高速发展，接待游客40万人次，门票收入在1000万元以上，尽管这部分钱大多是旅行社的收入，但旅行社也为其修建了许多公共设施，比如篮球场等，进一步改善了村民的生活。在此期间，高荡村又进一步推动了民宿发展，陆续成立了11家民宿，提供79个床位，每年能为每户农户增加10万元的收入。合作社也帮助六家农户开展了农家乐服务，每年也有12万元以上的收入。

2020年受新冠肺炎疫情影响，游客只有15万人次，门票收入仅有300余万元，村集体积极做好景点相关配套措施，争取使游客在高荡村留更长的时间，以获取附加收益，由此村集体集思广益，开始筹备帐篷露营、组建烧烤摊等，并且每天都会组织篝火晚会，以此来增长游客在该村停留时间、刺激游客对民宿和吃饭的消费需求。2021年，旅游逐步恢复，有游客26万人次，门票收入510万元。

（二）高荡村集体资产收益分配情况

高荡村集体资产是由集体一同入股的，每户1股，1股投入1000元，这个股权是可以继承和转让的，由于2021年投入资金建设，一共投入70万元左右的资金，现在还未盈利，因此具体的分红情况还未确定，现还未进行分红。

三、高荡村集体经济发展面临的问题

现阶段高荡村发展集体经济面临的主要问题为党支部管理不规范、存在"等靠要"思想等。

第一，集体经济组织运营不规范问题。和大多数村集体经济组织一样，高荡村股份合作社的实际运营者为党支部。由党支部领办合作社，一方面可以增加集体收入，提高党组织服务群众的水平；另一方面增加了村"两委"的工作负担。当村"两委"工作本就较为繁重时，还要参与村集体资产的运营管理，反而会使村"两委"分散精力，不利于集体经济的发展和基层治理的深化。例如，集体经济成立至今，未有明确的成本收益方案，活动都有些含糊。

第二，缺乏资金。高荡村比起其他村庄存在很大的旅游资源方面的优势，但旅游需要大量的资金，高荡村的旅游资源比起大型景点还相去甚远，没有更多的娱乐设施能留住游客，在我们参观期间发现，仅仅一个小时，就可以大概游览完高荡村，村寨中建筑相对集中，没有广阔空间。一旦客流量随着知名度的上升大量涌入，村寨中没有可供游客集中和休闲的场所，容易引发安全隐患和抱怨。并且尽管高荡村已经竭力地在为每个建筑赋予故事，讲解石头房的来历，但仍能明显感觉到景点的单薄，如果游玩地点只是参观石头房，游客再次选择该景点的概率会降低，村支书也明显意识到这一点，其讨论结果是建立一个广场，但这需要500万元以上的投资，而调查团队在询问后得知，其实就算广场建成后，也只能延长游玩3个小时左右的时间，而这个时间对于自驾游的游客是一个尴尬的选择，如果想被列为自驾游的选择之一，后期还需要不断地投入。

四、壮大高荡村集体经济发展的建议

高荡村的发展在管理上还存在一些问题，这可以多学习其他村庄集体经济经验，提高会计账目水平，但主要需要不断在旅游业方面努力，可以从以下方面入手：

第一，民宿开发推广。当地居民可以利用自有民舍开展民宿服务，无偿提供设计和咨询支持，统一标准、统一风格、指导定价。销售方面给予支持或回购承租，保障居民利益。

第二，农家美食。居民可以在自有民舍，开展民族特色美食服务，有居民自选组织进行日常的卫生和质量管控，给予推广宣传，让居民受益。

第三，民房回购。政府已经租用和居民想出租的，只要功能完备，合作社进行承租让居民创收。

第四，充分利用现有停车场至古寨的资源。以 AAAA 级景区标准适当进行升级改造。规划游客动线、增加区域内交通、增加服务项目、提升布依族文化内涵、修缮部分房屋、新增配套设施、增加游客互动项目、打造游客景购休闲场所，实现开门迎客。

第五，对古寨至三孔桥进行美化链接。在沿河两岸增加服务配套如帐篷旅馆、河岸篝火、漂流、垂钓、放生等游客参与性强的旅游项目，增加景区元素构成，能让游客留下来，住民宿、享美食、听民乐、舞动布依。

案例3 贵州省关岭县马马崖村案例报告[①]

马马崖村位于贵州省关岭县西南面，地处山区，地块破碎，适宜经营林下经济。当地政府因地制宜，大力发展花椒种植业和中药材种植业，并将坡度较大的山地出租发展光伏产业。预计将为村集体带来较高的经济效益，并为贫困人口带来一定的就业机会。

一、马马崖村集体经济基本情况

（一）马马崖村基本情况

马马崖村位于关岭县西南面，距普利乡政府8公里、关岭县城45公里，共

---

① 执笔人：赵静禹。

489户1898人,是少数民族聚集区域,有汉族、黎族、布依族等,人口以布依族为主。该村地势险要,三面环山,南面有一出口与北盘江相连,交通条件较差,地块较为破碎,人均承包土地仅有1.7亩。马马崖村具有较为久远的历史,因"马马崖壁画"中有马,当地人称"马马崖",2014年,马马崖村被列入第三批中国传统村落名录。马马崖村存在长期劳动人口外流的问题;目前该村有劳动力931人,其中外出务工的有789人。该村于2018年实现脱贫摘帽,现有建档立卡户168户,监测户8户。现阶段马马崖村居民收入水平较低,村民人均年收入约7000元。

(二)马马崖村集体资产情况

贵州嘉信致同会计师事务所出具的审计报告显示,截至2020年12月31日,马马崖村委会的资产总额为938276.44元,其中有货币资金82万元,固定资产7.5万元。截至2020年12月31日,马马崖村种养殖农民专业合作社有资产总额206.7万元,其中有货币资金50.8万元,应收账款116.9万元。净资产为45.7万元。据马马崖村第一书记邹大勇介绍,马马崖村现有集体资产情况为:有办公用房屋6栋,900立方米冷库1座,价值约87万元,资源型集体资产荒山1200亩。村集体于2020年11月完成了清产核资工作,村集体经济组织于2018年成立。

马马崖村现有经营性集体资产项目若干,主要为3000亩花椒种植项目、丑柑种植201亩、中药材(天门冬)项目200亩以及荒山出租光伏项目。马马崖村现有公益性扶贫资产在建村民广场3000平方米;到户类扶贫资产主要为养殖业补贴,现有个人养牛800头,每头牛每天获得成本补助18元,预计在两年内获得收入2万元,发生总成本8000元。当地集体医疗保险标准为320元,建档户由村集体代缴并补贴50元。

二、马马崖村集体资产运营管理情况

(一)马马崖村集体经营性资产运行情况

马马崖村现有集体经营性资产项目主要有花椒种植、中药材种植、光伏发电。

花椒种植项目:关岭地处滇桂黔石漠化集中连片特困地区,属于典型的喀斯特岩溶地貌,马马崖村的石漠化较为严重,特别是地处边远的石山荒山,自然条件恶劣,规模化生产能力不高,丢荒数十年无人问津。关岭县在产业发展过程中,坚持加快山地农业产业体系,严防死守耕地红线,杜绝耕地非粮化、遏制土地非农化,推进山地特产种植业规模不断发展壮大。近年来,关岭县大力发展林下经济规模，努力打响"版贵花椒"品牌，截至2021年，花椒种植面积共有11万亩。2018年，普利乡因地制宜，谋篇布局，积极推进农业产业结构调整，确定了"半乡花椒半乡茶"的发展目标；以花椒产业作为产业发展的主抓手，在石山坡、荒山坡上大面积种植花椒，不仅能够重新激活丢荒的山地，在产业发展上取得突破，还能有效治理石漠化，获得良好的生态效益。在发展花椒种植项目过程中，马马崖村每亩花椒获得扶贫项目资金累计1200元。马马崖村现有花椒种植面积3000亩，截至目前尚未进入挂果阶段。据估计，每株花椒每年收成3~5斤，全村花椒项目年预计产值可达300万元以上。

中药材种植项目：关岭县大力发展中药材种植产业，经关岭县相关专员对当地土壤气候环境的调查，确定马马崖村适合种植天门冬。其中普利乡2021年计划发展中药材种植374.5亩，马马崖村有200亩天门冬种植基地。普利乡采取与种植企业、家庭农场和种植大户合作的方式发展中药材产业，由当地政府提供药苗和肥料，合作方负责种植和管护。并且依托贵州黔药源中草药投资发展有限责任公司提供技术指导和后期收购，确保药材种得出、产品卖得好、群众有收入。天门冬产业项目确立制定了最低产量要求，扣除相关成本后，盈利部分则是厂里的收益。同时，还签订了保溢价收购协议，当市场价低于保护价时，按最低保护价回收，当市场价高于保护价时，按市场价回收。种植天门冬需要3年的成长期，药材成熟后亩产能达1万斤以上。

其他种植业项目：除花椒、天门冬种植项目外，马马崖村还经营黄姜种植、丑柑种植项目。两个项目可分别获得年收入80万元、30万元。

光伏发电项目：为充分盘活马马崖村现有的大量荒山资源，当地还以发展清洁能源为补充，将坡度较大不适于发展种植业的地区出租给光伏发电企业，每年出租的1200亩山地可稳定获得集体收益12万元。

（二）马马崖村集体经营性资产利益分配情况

马马崖村经营性集体资产有马马崖村种养殖农民专业合作社运营，该合作社于2018年成立，2020年11月完成清产核资工作。合作社折股量化方案为每户固定1股，村集体公积金公益金提取比例为10%，不配置集体股。2021年度，全村集体资产运营总收入为12万元（即光伏项目租金收入），其中有8万元用于公益性事业和公益性服务开支，剩余收入留存，未进行分红。由于该村大部分集体运营性资产尚未产生收益，下面简述其未来的收益分配计划。

种植业项目：3000亩花椒种植项目于2022年起开始产生收益，200亩天门冬项目需要3年种植期，预计最早在2023年之后产生效益。黄姜项目和丑橘项目所获收入亦暂未发生分红。种植业项目2023年及之后年份预计按7∶2∶1的比例进行分配，即贫困户（建档户）分红比例为70%，村集体留存和公益性产业提取比例分别为20%和10%。与建档户签订的分红相关合同有效时间为3年，每4年续签一次，届时分红方案可能发生变化。具体的方案正在探索，未来会参考省级指导性政策文件。

公益性事业：马马崖村雇用2~3名贫困人员进行保洁工作，预计每年发给工资4万~5万元，由村集体承担。种植业项目将持续使用当地农业雇工，支付工资80元/工日。

三、马马崖村集体经济发展面临的问题

激励问题。马马崖村集体运营性资产名义上由村共同所有的合作社运营，但实际参与管理的是村干部成员。运营这些集体资产需要付出大量的时间和精力，但产生的效益却与村干部成员无关，在不能期望所有的村干部成员都具有极高的奉献精神的前提下，激励问题就由此产生。即使相关政策规定集体资产管理人员可以根据其经济效益获得一定奖励，但或者因为政策模糊不清，或者因为怕惹人非议，村干部成员往往不敢真的从收益中提取分成。因此，收入只看固定工资的村干部成员容易发生激励不足而资产运营情况不佳的问题。

人才流失问题。由于年轻人口的长期外流，马马崖村人口年龄结构偏老，缺乏具有较高学历的青年人才。人才流出的原因与激励的缺失有关，当地村支书工资仅为4300元每月，公务员工资为4500元每月，这一缺乏竞争力的工资水平无法吸引具有创新精神、可以成功运营集体资产的人才。村"两委"除运营集体资产外还要负责其他事务，实在无法分出足够的精力，集体资产运行账目常常因此不规范。

收益分配方案不明晰。马马崖村集体资产运营收益分配基本与当地政府出台的指导性政策文件看齐，而现在的相关政策体系还不完善。特别是在涉及利益分配的政策中，存在定义模糊、指向不明的问题。因此村"两委"不敢轻易动用收益，不利于集体资产效益造福大众。

四、壮大马马崖村集体经济发展的建议

对马马崖村集体经济发展建议如下：首先，应该明确收益分配方案，真正做到民办、民管、民受益。其次，允许村"两委"成员从集体资产运营中获得适宜比例的酬劳以解决激励问题。最后，当地政府应积极引导社会人才参与管理村集体经济，帮助村"两委"缓解经济压力。

案例4　贵州省关岭县月亮湾村案例报告[①]

作为一个普通的布依族村寨，关岭县月亮湾村通过抓住我们党打赢脱贫攻坚战的历史机遇，利用大量扶贫项目资金投入，不断强化积累，盘活集体资产，壮大农村集体经济，不断提升农村居民的幸福感和获得感，通过参与产业开发参股、劳务用工和资产租赁优惠等措施带动本村建档立卡户增收，着力推动共同富裕。

一、月亮湾村集体经济基本情况

关岭县月亮湾村位于关索街道办事处西北部，村委会所在地距离街道办事处7公里，距离县政府所在地也为7公里左右。本村辖区内平均海拔1200米，辖区总面积11.28平方公里。全村共有耕地6204.3亩，其中稻田3150亩、旱地3054.3亩，人均耕地面积1.8亩。月亮湾村是一个典型的布依族村寨，布依族占比96%，森林覆盖率高，现有林地7239.6亩，森林覆盖率达57.8%。全村环境优美、景色宜人，辖区内布姆当河贯穿全境，辖区有9个自然村寨，8个村民小组，2021年全村有835户3366人，少数民族人口3227人，占全村人口的96%。全村党员41名，领取报酬的村支"两委"干部7人，集体成员835户3300人。月亮湾村作为一个少数民族村寨，同时也是一个贫困村，2017年12月贫困村摘帽，全村目前还有易贫返贫监测户数20户。

（一）月亮湾村集体经济资产及收益状况

月亮湾村的集体资产主要得益于脱贫攻坚期间，党和政府在贫困地区投入了大量资金，开展了产业扶贫项目等，在扶贫项目资金帮扶之前，月亮湾村可以说是一个名副其实的集体经济"空壳村"。2017年，关岭自治县把食用菌产业作为"一县一业"产业扶贫主导产业，计划用三年的时间，着力抓好食用菌示范基地建设，推进食用菌产业裂变式发展，走出一条产业扶贫新路子，让食用菌产业成为关岭打赢脱贫攻坚战的主导产业，成为广大农民增收致富的支柱产业。为此，月亮湾村获得了400万元的产业扶贫食用菌项目资金，月亮湾村兴建了15座标准化食用菌大棚。与关岭县农投公司合作，联合市场主体，由月

[①] 执笔人：谢东东。

亮湾村出租，每年收取租金9万元。食用菌产业项目有力帮助村集体和村民增收，究其原因，食用菌产业作为一个劳动密集型的产业，有需要劳动力务工多、周期比较短、见效快的特点，在村集体增收9万元的同时，为建档立卡户提供了大量雇工就业机会。

同时，关岭县积极立足本县优势，关岭牛是国家级重点保护的78个地方畜禽品种之一，是贵州四大黄牛之首，值得一提的是，在第106届美国巴拿马太平洋万国博览会上，"关岭牛"品牌在数百个参展的农产品中脱颖而出，斩获巴拿马金奖。为此该县大力发展肉牛养殖产业，同时也得到了上级政府的支持，特别是贵州省将关岭列为全省肉牛产业重点支持县。关岭牛产业作为当地脱贫攻坚的第一民生工程和支柱产业来抓，全县从种草到饲料加工，再到养牛、销售、加工，推广规模养殖关岭牛，通过采取科技支撑、企业助战、群众参与等一系列举措，营造了非常良好的产业发展环境，月亮湾村又获得了180万元的肉牛养殖产业扶贫项目资金，该村将所有项目资金入股市场主体，在本村发展肉牛养殖，2021年集体增收18万元。

月亮湾村是全国少数民族特色村寨之一，也是安顺市乡村振兴示范村之一，这里布依族占比96%，布姆当河贯穿全境，连接大桥村，有着良好的生态环境，吸引了很多周边的百姓和游客前来打卡，为此，关岭县积极打造以山地生态、休闲度假、民族风情、农旅结合为核心的月亮湾乡村旅游品牌，同时积极修建沪昆高铁站至月亮湾村的公路，便于吸引游客至此观光旅游，大力发展旅游产业基础设施，相关产业链配套较为完善。关岭县月亮湾村景区开发项目点临河而建，项目建设完成后，景区将集休闲娱乐、风情民宿、沿河旅游观光、水上乐园、农家体验（稻田养蟹、稻田养鸭等）、餐饮美食街、酒吧街于一身，据月亮湾村负责人透露，未来仅商铺摊位收费可为村集体每年增收6万~8万元。

因此，月亮湾村的集体资产状况总体来看主要依靠扶贫项目和当地产业项目投资，附表4-1详细罗列了该村的集体资产情况，可以看出，该村集体经济主要资产涵盖了资源类资产、经营性资产和到户类扶贫项目资产。

附表4-1　月亮湾村集体资产及2021年收益情况

序号	集体资产及处理盘活方式	总投资情况及2021年收益情况
1	扶贫项目资金，与县农投公司和市场主体合作兴建食用菌生产基地，收取租金	食用菌产业扶贫项目投资400万元，2021年村集体增收9万元
2	到户类扶贫项目资产，县农投公司为本村建档立卡户发放300只鹅苗	县扶贫资金投资，到户类扶贫项目资产，村集体不增收

续表

序号	集体资产及处理盘活方式	总投资情况及2021年收益情况
3	扶贫项目资金,与市场主体合作发展肉牛养殖业,参与分红	产业扶贫项目资金180万元,入股市场主体,2021年集体收益18万元
4	资源类资产,乡村文旅项目资金,在本村发展乡村旅游业,兴建文旅康养综合体,本村占地400亩	县里旅游项目投资,项目投产之后,村集体收取部分区域摊位出租费用,预计年增收能够达到6万~8万元

资料来源:根据实地调研访谈资料整理。

(二)月亮湾村集体经济分配及支出状况

该村的180万元产业肉牛养殖产业项目资金每年大约能够分红20万元,2021年实际分红18万元左右,食用菌大棚出租2021年实际租金是9万元,这部分资金收益的分配,按照当地要求是采取"721"分配比例,由村集体统一分配。其中70%产业收益金的受益对象为建档立卡户,由村委会据实对参与农村公益岗位就业的贫困户考核后,以"一卡通"方式兑现到户;20%受益对象为村集体经济组织,作为村集体经济壮大收入,用于农村公益事业开支、村务开支、农村项目资产维护、村委会研判有助于脱贫攻坚工作推进的其他支出等;10%受益对象为参与产业生产环节务工的贫困户和参与产业订单合作的贫困户二次劳务奖补,具体分配标准由村委会合理议定,以"一卡通"方式兑现到户,具体在月亮湾村,则是对所有建档立卡户中的残疾户,每户多补贴200元。

二、月亮湾村集体资产运营管理的特色做法

(一)积极挖掘区位优势,整合山水环境资源

以月亮湾村为代表的关岭县村寨,气候环境良好,年均气温16.2℃,空气质量指数为优,负氧离子高,水、土壤均未受污染,森林覆盖率较高,素有"天然温室"之美誉,作为少数民族村寨,有独特的民族文化,发展文旅产业具有得天独厚的优势,为此,关岭县投入大量资金发展文旅产业,为月亮湾村整合区位环境优势和自然风光资源提供了得天独厚的基础条件,在此基础上,形成产业项目投入运营之后,为村集体提供长期稳定的摊位出租费用,激发农村集体经济发展的长期活力。

(二)多种形式盘活资金,政府推动企业合作

由于关岭县的大量涉农项目资金补贴均围绕该县特色支柱产业打造,为此,通过县农投公司出面合作市场主体,采取租赁经营方式能够有效规避市场风险,获得稳定收益,毫无疑问,在脱贫攻坚期间有力地推动了建档立卡户利用雇佣

劳动和产业项目分红等方式来提高收益，而面对企业谈判的时候，从村集体的角度来看，谈判实力由于自身经济力量较小，自然不如政府农投公司出面更容易获得有利的竞争谈判地位，因此，政府推动企业合作的方式有助于盘活月亮湾村项目资金。

三、月亮湾村集体经济发展面临的问题

月亮湾村集体经济发展面临的问题主要是该村的集体资产大量为扶贫项目资产或者当地发展特色产业的项目资金，但是收益分配仍然停留在脱贫攻坚期间的"721"收益分配模式，对于非建档立卡户或者易贫困返贫困检测户的集体经济组织成员，难以享受到相关分红，总体来看，以月亮湾村为代表的关岭县未能够实现脱贫攻坚与乡村振兴的有机衔接，滋生群众内部矛盾，背后恰恰反映了集体经济发展未能够准确把握形势任务的"两大变化"，一是受益对象上从帮扶脱贫群众转向所有农村居民，二是工作任务上从解决绝对贫困问题转向推动乡村全面振兴。为接续推进乡村振兴，真正实现脱贫摘帽不是终点，而是新生活、新奋斗的起点，固然需要在巩固拓展脱贫攻坚成果的基础上，但是更需要在分配制度上改革，做好巩固拓展脱贫攻坚成果同乡村振兴有效衔接工作。

四、未来发展壮大月亮湾村集体经济的建议

一方面，加强集体资产运营管理监督。积极推进集体成员民主参与，全面推进信息公开，健全公告公示制度，建立健全村务监督机制，管好集体资产。严格执行财务管理制度，建立民主理财和财务开支审批制度，街道层面同时加强对村财务和资产管理的监督工作。县级各有关部门也要加强对农村集体资产运营管理的监管，形成权责明确、有效制衡、齐抓共管的监管格局，完善决策程序，健全决策责任追究制度，对违反涉农资金统筹整合相关制度规定、造成涉农资金重大损失的，要对相关责任人予以问责。

另一方面，积极探索集体经济组织带头人队伍建设，规范集体资产收益分配使用。收益分配应坚持精准和差异化扶持原则，在用于防止脱贫不稳定户、边缘易致贫户、突发严重困难户以及其他困难群体返贫致贫的同时，积极鼓励采取参加村内项目建设和发展等劳动增收方式进行分配，激发内生动力。

案例 5　贵州省关岭自治县石板井村案例报告[①]

安顺市关岭布依族苗族自治县石板井村，位于关岭自治县顶云新区核心区。乡村振兴工作开展以来，石板井村村"两委"就结合村实际，定下了"以'顶云经验'为主导，大力发展旅游业，结合当地优势，有效开展农业、旅游、研学、康养深度融合"的发展思路，先后建成顶云经验体验园、石板井村大中小学生劳动教育基地、顶云经验研学基地等，通过农旅结合、研学旅行、苗医康养等方式，盘活了闲置资源，促进了旅游业的发展和红色文化的传播，真正做到有文化内涵的乡村旅游。在发展思路后，石板井村通过政府投入和社会资本，盘活闲置资源，大力与企业开展合作发展，不断壮大集体经济。石板井村2015年被中央精神文明建设指导委员会评为"全国文明村寨"；2016年被贵州省民宗委评为"全省少数民族特色村寨"；2021年被贵州省委授予"全省优秀基层党组织"；2021年被贵州省文体广电旅游局评为"AAA级旅游景区"和"贵州省甲级村寨"；2021年被安顺市委评为"安顺市特色田园乡村集成示范点"；2022年被贵州省文化和旅游厅评为"全省乡村旅游重点村"。

一、石板井村集体经济基本情况

石板井村全村辖区面积5.1平方公里，距离老县城5.5公里、距离高铁站4公里，地理条件优越、交通便利。全村12个村民小组，是"顶云经验"的发源地。全村共1014户4429人，其中建档立卡脱贫户82户364人。边缘易致贫户1户4人，脱贫监测户1户5人，均已消除风险。村内集体经济组织注册于2014年4月，最近的清产核资于2022年3月完成。全村现有土地5536亩，其中耕地面积2886亩，人均耕地面积0.65亩。2021年全村人均可支配收入为18640元，集体经济年收入52万元。村内集体经济现有村集体固定资产1360余万元，其中扶贫项目经营性资产200万元。村内集体经济主要为肉牛养殖场、顶云经验体验园与藤艺公司三个项目。此外，2022年初，石板井村村支"两委"还结合村群众劳务就业情况组建了关岭凯博劳务有限公司，在摸清专业技术人才的基础上，组建了施工队、运输队，并在近期各项目的建设中承担了劳

[①] 执笔人：李愿。

务外包的工作，在提供就业岗位的同时帮助了群众增收。

二、石板井村集体资产运营管理情况

（一）顶云经验体验园

顶云经验体验园是村内的旅游主导产业，以村企共建的方式运营。2018年，村"两委"通过锚定产业发展思路，确定了旅游路线，并通过对外招商引进了贵州欣大牧农业发展有限公司合作共建，争取100万元扶贫资金建成了顶云经验体验园，并通过逐年分红的模式收回投资成本。此外，村庄进一步结合发展思路大力引进社会资本，延长园区产业链。通过引进广东溥博文化有限公司，村庄盘活了闲置资源，建设研学酒店、大中小学生劳动实践基地和农耕体验园，其中投入全部为社会资本，投资总额达4000万元，其中一期投资就达800万元，在乡村振兴工作中为社会资本提供了极大的吸引力。当前，经验园的管理全权交与两家公司打理，而村集体可以获得每年30%的分红收入。

（二）其他资产

肉牛养殖场为村庄扶贫项目，总投资200万元。资产采取外包营运的方式，主要由县牛投公司负责运营，场地费12万元一年，属于村集体收入。山水汇晨藤艺公司为村庄外包项目，即村集体提供场地，公司负责运营且每年为村集体提供5%的分红收入。此外，村集体还享有一定的空置门面房屋，采取对外出租的方式，每年约6万元的集体收入。关岭凯博劳务有限公司为村庄自运营项目，为村内劳动力提供外包平台，收入按一定比例提供给村集体。

三、石板井村集体经济发展面临的问题

2021年至今，石板井村在乡村振兴工作中虽取得一些成绩，但与上级组织、领导要求和高质量发展还存在一定的差距。

一是群众没有充分发动参与。部分群众对于乡村振兴工作存在观望心理，认为自身没有收益，没有充分动员起来参与到建设工作当中，发动群众不够。二是产业发展尚未形成规模。目前打造的部分重点产业仍在建设期，需要一定时间投入运营，同时旅游业产业发展较为粗犷，还没有很好地把"顶云经验"的实质内涵融入到文化体系当中。三是村庄治理水平仍有待提高。农村人居环境亟待改善，农村排污、垃圾治理缺乏有效整治；社会文化治理水平亟待提升，传统乡土文化传承保护较少，少数农村陋习未改；特别是人才流失较为严重，乡村劳动力资源未得到较好配置。

四、壮大石板井村集体经济发展建议

(一) 党建引领是发展的根基

优秀的党建队伍是发展集体经济的根基,石板井村的经验主要有以下三点:一是扎实完成村"两委"换届工作。石板井村党总支部、村民委员会分别于2021年11月、12月完成换届工作,按照上级党委安排,班子整体实现"一升一降",达到了预期目标,新当选的支书为石板井村致富带头人,新班子在半年多的履职期间体现了较好的政治素养,具有较高的服务群众能力。二是积极吸引新鲜血液进入党员队伍。石板井村设党总支部1个,下辖党支部3个,党小组5个,党员63名,平均年龄48岁。2022年石板井村共发展6名入党积极分子,入党积极分子存量达9名,同时通过村"两委"干部的不断走访动员,5名年轻的大学毕业生、致富带头人向党组织递交了入党申请书。三是强化党员引领示范作用。石板井村坚持党建引领,在重大工作中成立以党员为核心的工作队,充分发挥党员先进模范作用,团结带领群众克服各项困难,推进工作落实。

(二) 民主治理是发展的沃土

民主治理是集体经济发展的制度保障,有利于团结群众,长效发展。石板井村经验如下:一是充分发挥群众自治。石板井村坚持在乡村振兴工作中充分发挥群众的主观能动性,通过完善村规民约、建立多种议事机构、组建乡村振兴顾问团等方式,不断推进乡村治理,"红黑榜""示范户""联户长"成为了群众口中的高频词,截至目前石板井村各组均建立议事机构,在开展各项工作中为村"两委"提意见和建议共45条。二是提供有效便捷服务。在乡村治理工作中,石板井村党总支部采取村干部坐班、首问落实制等工作制度,在便民服务方面同日常走访了解起来,把基层治理工作从办公室辐射到村民小组,转型为服务型角色。三是各族群众共建共享。在创建全国民族团结示范村、全国民主法治示范村的同时,加强对各民族文化的传承,用好用活民族文化广场、顶云经验纪念园开展布依族"三月三""六月六"传统民族节日活动,建设并完善各村民小组的文体广场,鼓励群众自发组织创立舞蹈队、运动队等文体组织,规范用好管好农家书屋,为群众提供精神食粮。

(三) 环境为旅游发展的基础

优美的乡村环境是旅游发展的基础,在改善人居环境方面,石板井村经验如下:一是结合实际制定规划。村庄邀请贵州大学建筑与城市规划学院勘察设计研究院设计《石板井村特色田园乡村建设村庄规划》和《石板井村特色田园

乡村建设村产业规划》，结合实际、科学研究，组织县直有关部门共同讨论3次，设计了符合该村实际的规划设计。二是依托基础巩固提升。石板井村基础较好，在2018年之前，12个村民小组就有8个村民小组完成了房屋外立面改造和改厨改厕工程，自2022年开展工作以来，石板井村不仅规范了农村建房的标准和程序，又向上申请了污水处理、人居环境整治、道路维修等基础设施提质工程，在不断优化环境的同时为发展旅游业打下坚实基础。三是持续深化宜居乡村。石板井村持续巩固宜居乡村创建成果，优化并坚持按照"一二三四"工作法开展工作，建强一个党组织，通过组织召开支部党员大会、党小组会及群众会等90余次，统一思想、凝聚共识；抓住群众思想认识不到位、不参与不配合和房前屋后室内环境卫生差这两个"堵点"定向攻坚；围绕清除房前屋后死角、改善家庭环境卫生、美化村容村貌三个方面进行巩固提升打造微景观40余处，硬化地面4片，制作创意墙面13面，建设观赏花卉园区1个；探索"村集体—村民小组—联户长农户"闭环管理制度，形成运转有效的宜居乡村创建工作体系。

案例6　贵州省盘州市沙淤村案例报告[①]

沙淤村位于贵州省六盘水市盘州县。通过针对性规划设计、发展定位，发挥基层自治组织村干部的基层自理作用、大力引进项目入驻沙淤居委会，发挥党员、村干部、网格员在乡村振兴工作的主导作用，先后获得了全国文明村寨、全省、六盘水市、盘州市脱贫攻坚优秀党组织、省级五好基层党组织、市级建设美丽乡村示范村等殊荣。

一、沙淤村集体经济基本情况

沙淤居民委员会下辖上沙淤、下沙淤、简槽沟三个自然寨，6个村民组（网格），拥有636户2224人；其中，脱贫户有188户733人。同时，村辖土地面积共计14.2平方公里，包括：耕地面积11600亩、林地11300亩。在劳动力组成方面，男性劳动力共计820人，占总人口的36%，女性劳动力共计760人，占总人口的34%；其中，常年外出务工300人，占比为18%。在居民收入来源

---

① 执笔人：彭乐瑶。

方面，在村人员多数以在周边城镇务工和本村产业务工为主要收入来源，2021年底农民人均可支配收入14600元。在全村居民文化程度方面，现有大学文化程度（含在读）125人，其中研究生2人，本科生71人，专科生52人。在村集体经济具体组成方面，沙淤居委会以党建引领，成立集体经济股份合作社1个，村集体经济总值达150万元。村"两委"人员配备齐全，其中，最高学历大学、最低学历初中；支部书记年龄46岁，"两委"人员最大年龄46岁、最小年龄29岁，平均年龄38岁；全居委会有中共正式党员49人。

（一）基础设施建设

截至目前，沙淤居委会按照"乡风文明、村容整洁"的要求，在基础设施建设方面已经做到了"五化""五通""六有"。"五化"即房屋美化、道路硬化、环境净化、村庄绿化和夜景亮化。包括：完成了"四在农家"的房屋改造，12条支路的硬化，厕所基本达到无害化，种植道路两旁绿化树500棵，安装太阳能路灯380盏。"五通"即路通、水通、电通、讯通和有线电视户户通。"路通"包括：671至麻玉岗、五星砂石厂至上关雎、大石洞至上沙淤、刘家大塘至村委会、保家坡至小箐沟、杜鹃林景区至五星砂石厂、沙淤景区内一二环等40公里的水泥路及柏油路的建设通车，产业机耕道16公里的建设，实现了组组通水泥路项目；"水通"包括：蕊湖1个、山塘5个、水池25个、水窖108个、水井2口、提水泵站2座，保证了沙淤村境内有水厂，人饮供水管网基本形成，同时街道境内的白河沟水库也是沙淤可靠的水源之一；"电通"包括：新立电杆80基、配变电压器5台、绝缘线8.5公里，供电线路主干道全部完成提级改造，上沙淤完成双回路供电建设；"讯通"包括：移动、电信、联通基站5座，实现全村无线信号全覆盖；有线电视实现全村"户户通"。"六有"即有农村活动室暨多功能活动室1个；有各类管理制度60余项；有业余文艺队4支；有新建文化小广场4个；有标准的宣传栏600平方米；有集体经济组织沙淤专业合作社。

（二）居民就业及收入情况

在居民就业方面，一是沙淤居委会有560人在外省和就近企业就业，每人年收入在3万~6万元。二是居民剩余劳动力即妇女、老人等在本居委会的企业和农业产业就业也可获得相应收入。

在居民收入具体来源方面，全村拥有魔芋产业共计2200亩，每亩需要10个工人，总共需要22000个工人，故此项居民务工收入可计176万元。烤烟产业共计2100亩，每亩需要8个工人，总共需要16800个工人，居民务工收入可计134.4万元。茶叶产业每年也能解决60人就业，共计2500个工人，居民务工收入可以得到20万元。烤烟烤房生产线每年可解决600个工人就业，居民务工收入可以得到4.8万元。林下姬松茸目前完成种植300亩，每天需要50个工人，居民每天务工收入可以得到4000元。同时，居民共计可获得土地流转费收入300万元。居民自身种植养殖平均每户每年也可得到1万元以上的收入。

二、沙淤村集体资产运营管理情况

一是沙淤村结合居民的建议和居委会的实际情况，鼓励居民大力发展养殖业如猪、牛、羊的养殖以及种植业如马铃薯、玉米、大豆、魔芋、烤烟等产业，让居民利用自己的劳动力和土地资源获得第一桶金。二是引进企业进驻沙淤，搞好居民和企业的协调服务，解决企业和居民在实施过程中存在的问题。解决本居委会剩余劳动力的就业问题，让集体和居民获得林地、土地资源红利，让居民获得就业收入。

截至2021年底，沙淤村的主要项目及资产运营情况包括：①利用乡村振兴和东西部协作政策资金，培育了野竹箐、小麦地、龙马产业合作社共计3个茶场万园田建设和茶叶园改造升级项目。②利用居委会集体林地资源，发展林下食用菌种植项目，未来拟建姬松茸栽培基地达2000亩。其中，一期投资1200万元栽培林下姬松茸，面积可达600亩；投资100万元建造菌种繁育室，面积可达15亩；投资150万元建造冷库，占地面积300平方米；投资40万元建造烘干室，占地面积100平方米；投资100万元建造加工厂房等配套设施；同时投资150万元用于建设林下浇灌设施、道路、电力等。③利用沙淤居委会的土地资源，引进魔芋种植公司，引导种植大户、居民种植魔芋2200亩。④利用沙淤居委会的土地资源，引进烤烟种植项目，引导种植大户种植烤烟2100亩。⑤利用沙淤居委会的土地资源，引导居民种植马铃薯1100亩、玉米2300亩、葡萄60亩、草莓70亩、生姜60亩。⑥引进"盘致火腿"进驻沙淤居委会，建设了一个占地300亩的大型养猪场作为盘致火腿沙淤腿源基地。该项目总投资达2.5亿元，其中中央专项资金和大小部协作资金占1800万元。⑦引进了盘州市志浩刺梨加工厂建设项目，建设了一座年加工5万吨刺梨的加工厂。包括冷藏库1座、加工厂房3栋、成品库1栋、办公楼1栋、员工宿舍楼1栋以及其他附属设施，共计投资约17000万元，其中包括：中央资金1000万元用于购买刺梨深加工榨汁线、集体资金78万元用于入股盘州志浩刺梨加工厂参与盘州志浩刺梨加工厂建设。⑧为了激发居民的内在动力，也在大力发展推动养殖业。居民户均养猪3头，年存栏1800头，出栏1200头。养羊户8户，年存栏6000只，出栏1800只。全居委会养牛195头，出栏50头。全居委会养鸡5000羽，出栏2400羽。⑨新建一座魔芋加工厂，名为绑胜实业有限公司，占地面积约1500平方米。⑩新建一座茶叶加工厂，名为野竹箐茶叶加工厂，其生产车间占地面积650平方米，现有三条生产线，20余台设备，且规划建设库房650平方米。⑪新建一个烤烟烤房生产线，现有烤房40组。⑫辖区内的"沙淤景区"具有四季有花、四季有果的特点，依托其厚重的古驿文化、三线文化，打造了"隽美沙淤、人文故里"的生态休闲度假区，景区生态丰富，景色宜人，旅游资源丰富。现有农家乐9家、民宿3个、小卖部10家。

目前，沙淤村集体经济共计250万元。预计今后集体经济收入由以下几个部分组成：①中央财政衔接1160万元资金、万园田建设专项资金78万元按量化分红的形式分别入股野竹箐茶场、小麦地茶场和盘州志浩刺梨加工厂，按每年固定分红61.9万元。②集体资金78万元入股盘州志浩刺梨加工厂，每年固定分红7.8万元。③松茸种植集体林地600亩，流转费每年3.6万元。④集体房屋出租租金0.6万元。⑤2022年底以后，沙淤居委会每年集体经济可达73.9万元以上。

三、沙淤村集体经济发展面临的问题

目前，沙淤村居委会发展集体经济的问题主要体现在以下几个方面：

第一，在引进项目及发展产业方面，除了有相应的规划，落实情况还需加强。要结合当地定位及市场反应适时适当、因地制宜调整，并给予引进的项目及产业一定的政策扶持。

第二，在人才引进和保障方面，还需有一定发力。一方面，村集体吸引乡村人才、培育能人的方法和措施还不够多，使村集体乃至整个乡村都极其缺乏管理型人才。所以应该鼓励大学生返乡发展乡村产业或创业，鼓励有意向和兴趣的种植大户、能人、居民加入集体经济发展的产业。另一方面，在对人才的保障方面，一些有能力的、懂经济管理的能人被引进后，由于没有经济报酬或者合作社等集体经济组织自身收益不够，导致该部分人才因上级遣派的任务压力和生活压力难以长期留村发展。

第三，在政府补贴资金及村集体资金的使用方面，由于政府整体的容错纠错机制落实不够到位，干部对于村集体资金使用、发展村集体项目上存在顾虑，担心由于市场、自然灾害等原因导致项目少或者失败而被问责，所以不敢放开手去做。导致即使村集体经济壮大后，资金使用仍有所制约，村集体不管有钱或没钱都不知道该如何使用这部分资金。造成了对于资金使用方面的困境。

四、壮大沙淤村集体经济发展的建议

要想在乡村振兴中脱颖而出，全面实现农业强、农村美、农民富的宏伟蓝图，沙淤居委会应从以下几个方面入手：

第一，需要对居委会作出全面系统的规划，包括特色产业规划和村庄规划。要深入群众，与群众交流联系、及时了解群众提出的建议和意见，围绕"沙淤田园署芋旺，杜鹃花海茶芬芳"的形象定位，以产业种植加工有机结合为基础，以田园生产和家园生活为载体，以乡村旅游为发展方向，把沙淤居委会建设成为生态、宜居、充满活力的特色田园乡村，从而打造出沙淤农旅融合、多业态乡村振兴示范村。

第二，要改造和打造村域公共活动空间。比如对村庄入口、道路景观等场所进行修复，给居民提供多样化的文娱休闲场所如文化广场、文娱队伍等，向游客展现美好田园生活新面貌。

第三，要引入农业产业龙头企业，依托其技术、资金支撑和拓展能力发展村集体经济。同时，还要结合当地定位及市场反应适时适当、因地制宜调整，并给予引进的项目及产业一定的政策扶持。从而助力沙淤产业由小农经济向现代化、农业产业化、规范化、商品化过渡。

第四，要提高居民法治意识、依托基层自治制度。以法治为基础，大力宣传普及《刑法》《民法典》《村民委员会组织法》等法律法规，推动形成全民守法遵法的社会氛围。完善居民公约，合法合理适用居民自治制度，利用基层自治制度优势多元化解居民的矛盾纠纷，健全沙淤村自治、法治、德治的"三治融合"的基层社会治理体系，发挥"一中心、一张网、十联户"在基层治理中的作用。

第五，要积极引进人才、推动人才保障机制。一方面，要推动农业专业人才、懂经济管理的能人服务乡村，大力培养本土人才和后备力量，传承发展传统技艺，健全乡村人才工作机制，完善人才服务乡村激励机制。另一方面，要保障人才留乡后，在生活及发展产业方面的进一步支持，让人才能真正留在乡村。

第六，要博采众长、取长补短。根据沙淤居委会的综合条件，结合沙淤居委会前期产业的发展趋势，到周边村寨学习取经，借鉴好的做法、好的经验，引进产业种植大户和相关企业示范带动产业发展。使得沙淤农业产业在有力的宣传和引领下，朝着规模化、正规化、商品化迈进。

案例 7　贵州省盘州市岩博村案例报告[①]

岩博村位于盘县北部，坐落在盘州市北部美丽的淤泥河畔，巍巍藏龙山下，这里平均海拔 1800 米，全村六个村民组，人口 350 户 996 人，距离县城 98 公里，总面积 11.1 平方公里，有汉族、彝族、白族、苗族、仡佬族五个少数民族，少数民族占总人口的 71%。昔日贫穷落后的岩博村在党委书记余留芬同志的带领下，经过 17 年的艰苦奋斗如今已成为全国闻名的富裕村，实现了岩博村的华丽转身。近年来，岩博村人民在村党支部带领下，以村办企业为依托，大力调整农村产业结构，走出了一条"支部引领、工业带动、能人推动、共同富裕"的发展路子，成为实施工业强省战略的"岩博样本"。

一、岩博村集体经济基本情况

余留芬书记从带领群众创办矸石砖厂、岩博山庄、养殖场、火腿加工厂、岩博酒业、农村合作社企业到今天响应国家全域旅游的号召，开发彝人谷搞旅游，发展第三产业，岩博实现了产业兴村、产业强村的重要转变，岩博人走出了一条"找准资源、利用优势、发展产业、摆脱贫困、共奔小康"的发展路子，为全村全面建成小康社会打下了坚实的基础。截至 2021 年底，岩博村集体资产约有 1.3 亿元，具体包括：一是自营林场价值 2000 万元；二是自营岩博酒厂，村集体占股 1 亿元；三是村集体所有的办公楼和基础设施，价值 200 万元；四是投资"山地越野"乡村旅游项目，共出资 300 万元，其中 80 万元为扶贫项目资金。从分红看，岩博村 2017 年向村民股东分红 90 万元，2018 年向村民股东分红 1080 万元，2019 年向村民股东分红 3000 万元。由于岩博村于 2020 年投资 1 亿元建设党建培训中心，因此 2020 年后集体经济没有分红收益。

为响应脱贫攻坚与发展壮大集体经济的政策号召，在村党委的带领下，岩博村制定了集体经济组织股权分配方案、贫困户识别程序 7 条、贫困户退出程序 6 条等若干分配制度。针对无资金、无劳动力的贫困户，村党委帮助其向银行争取贷款入股岩博酒业，实现每年固定分红。此外，村里还实行集体分红。全村每年拿出部分集体经济收益进行二次分红。2017 年，岩博村党委拿出

[①] 执笔人：魏广成。

247.5万元进行集体分红，全村户均获益6750元。经过数年的发展，岩博村脱贫攻坚工作取得了重要的成效。2014年，岩博村有贫困户71户217人，当年脱贫59户181人。2016年，全村共有贫困户17户32人，全部是政策兜底户，同年全村人均收入达1.5457万元，村集体资产6200万元，集体经济积累472万元。2017年底，全村人均可支配收入18600元，村集体资产达7600万元，村集体经济积累达610万元。现已脱贫67户211人。

岩博村在余留芬带领下，在脱贫攻坚的奋斗中先后获得全国妇联基层组织示范村、贵州省先进基层党组织、贵州省党建工作示范村、贵州省"五好"党支部、六盘水市先进党支部等荣誉称号（农村集体经济组织省级示范单位）。村党委书记余留芬同志2011年被中共中央组织部授予"全国优秀共产党员称号"，2018年被中华全国妇女联合会授予"全国三八红旗手标兵荣誉称号"。余留芬同志还被连续当选为党的十七大、党的十八大、党的十九大代表。

二、岩博村集体经济发展的主要举措

（一）坚持解放思想，转变观念谋划产业发展

岩博村耕地面积少，山高坡陡，耕地破碎贫瘠，农民增收渠道单一。2002年初，新一届村"两委"产生后，紧紧围绕"农村奔小康，岩博怎么办"，多次召开村民代表会议进行讨论。为切实找到一条符合村情的发展路子，村书记余留芬先后组织村班子到江苏华西村、福建省招宝生态农庄有限公司、西安新希望集团、北京农职院等先进发达地区、企业和院校考察取经，其中华西村就去过2次。回来后，村支"两委"班子又多次组织开展讨论，经过思想的激烈交锋和碰撞，大家最终形成共识：一是岩博村贫困的原因是产业结构太单一，光靠抓农业不可能实现脱贫奔小康；二是先进发达地区之所以率先实现小康，无一不是大力发展村办企业的结果；三是岩博村资源较为丰富，交通较为便利，具备发展村办工业的基础和条件。基于以上共识，村"两委"认为，要尽快摆脱岩博贫困落后面貌，必须依托自身优势，大力发展村办企业，走工业强村富民的路子，才能最终拔除"穷根"、摘掉"穷帽"。

（二）坚持因地制宜，找准路径调整产业结构

岩博村有一个集体林场，一直承包给外地人经营。2002年，承包人要价23万元急于转手。村支书余留芬想方设法筹足资金赎回林场，并办理了间伐许可证。通过林木间伐，村里当年就还清了借款并有盈利。紧接着，村"两委"又利用林权证向当地信用社办理抵押贷款20万元，向周边企业老板引进资金300万元，先后办起了矸石砖厂、小锅酒厂、火腿加工厂。2008年，由村干部带

头，发动群众投资入股 2000 万元，成立了岩博村农民专业合作社，主要发展养殖业、大棚蔬菜、经果林等，向农业产业化领域迈进。合作社通过积极发展订单农业，将鸡苗分发到农户家中饲养，生产的绿壳鸡蛋实行保护价回收，带动了周边村寨 1000 余户农户养殖业发展。同时，依托良好的生态环境建起了休闲山庄和多功能酒店，年接待游客 3 万人次以上。

（三）坚持市场引领，打造品牌提升产业层次

随着岩博村各类产业的发展壮大，村"两委"认识到，要继续扩大企业生产规模，实现产业长远发展，必须要有品牌支撑。火腿加工厂建成后，岩博村充分利用"盘县火腿"被评为全国三大名腿之一，并入选国家地理标志产品这一重要契机，对生产工艺和流程进行了重新设计，注册了"岩博野猪火腿"和"盘县高原火腿"两个商标，受到了消费者的欢迎。为提高"小锅酒"的档次，增加附加值，岩博村改变此前散装销售的做法，委托专业机构设计了精美包装，并注册了商标，申请了专利，产品畅销省内外。今年，村"两委"决定投资 5000 万元对酒厂进行改造和扩建，到 2015 年形成年产 5000 吨、产值达 6 亿元以上的生产规模。在省、市领导的关心下，村里已聘请原茅台集团董事长季克良担任酒厂技术顾问，酒厂改扩建设工作正在抓紧推进。

近年来，岩博村还在充分利用社会资本优势方面做了充分的探索，主要体现在以下三方面：一是股权改革找资本。在发展产业中，岩博村党委采取"招商引资+集体入股+村民入股"的方式，与盘江集团、盘兴能投公司进行股权合作，建成年产白酒 5000 吨、产值达 3.25 亿元的岩博酒业。把财政投入的 300 万元资金经评估入股到村办企业，积极运作岩博酒业在"新三板"上市。二是与"市"俱进找商机。岩博村坚持立足市场、紧盯市场、深耕市场，抢抓全域旅游新机遇，争取资金 3.2 亿元于 2016 年启动盘县岩博彝人谷旅游项目建设，建成后预计每年实现营业收入 6000 万元，将带动 1012 户 3450 人年均增收 3000~5000 元。三是资产抵押做强村企。岩博人创造性地走上了"三变"改革之路，一变即资源变资产。上任后，余留芬书记借款 17 万元赎回占地 1480 亩的岩博林场，目前林场市值已达 480 万元。余留芬书记带动 1800 余亩村民土地入股合作社、岩博酒业，种植刺梨 1459.95 亩，20 亩集体土地经营权折价 40 万元，入股岩博养殖场，将岩博小锅酒厂以 170 万元的评估价入股岩博酒业。二变即资金变股金。吸纳村民资金 3071 万元入股岩博酒业，协调特惠贷款 1500 万元帮助 842 户村民入股岩博酒业。三变即农民变股东。1012 户村民通过资金、资源、劳务等入股 5 个村企，变为股东，股金累计达 8000 余万元。在村党委的带领下，充分利用资源优势，以"三变"改革为着力点，现已实现农户"三

变"改革全覆盖，农村产业不断发展壮大。

（四）坚持大胆探索，创新机制壮大产业实力

实现乡村振兴，善于补短板，把实现产业振兴作为重要一环。余留芬书记在带领群众脱贫过程中，注重发展农村产业，通过产业带动群众脱贫致富，让广大群众在实施产业强村的实践中不断增加收入，让群众深切感受到创业带来的获得感，从而调动大家干事创业的积极性，充分激发出群众干事创业的内生动力，增强群众致富脱贫的信心和决心。从2003年起，岩博村党委书记余留芬同志就尝试带领群众进行艰苦创业，利用地方资源优势创办村集体企业岩博矸石砖厂。结合农村养殖特点，实现传统养殖业的换代升级，实现绿色生态养殖，走现代产业之路。村里办起了大型养殖场、火腿加工厂。余留芬书记还充分挖掘彝族传统酿酒工艺，通过聘请技术人员，与贵州大学进行校企合作，优化资源，吸引社会资金，将岩博小锅酒业进一步做大做强，开了岩博村村办企业混合式所有制的先河。如今岩博酒业已发展成为年产量达5000吨、产值达3.25亿元的上市企业，成功解决了260余位村民就业，同时吸收3450位村民入股企业，广大群众成为岩博酒业的主人，这更加调动了他们的创业积极性。岩博依靠产业带动群众脱贫的先进经验得到了习近平总书记的充分肯定。

在尊重群众意愿、确保群众利益的基础上，统筹兼顾集体与群众利益，积极引进先进的经营管理理念，为企业发展壮大注入不竭动力。一是建立利益共享机制。不论是砖厂、酒厂、火腿加工厂还是合作社，村"两委"成员均带头率先入股，采取"集体+农户"的股份合作制形式，广大村民既是生产者、劳动者，又是企业所有者、管理者，确立了村民在企业中的主体地位。二是建立滚动发展机制。村办企业集体股、个人股每年产生的收益，除兴建村公益设施和改善民生支出外，全部用于扩大再生产。正是这种"滚雪球"发展模式，使得岩博村走上了跨越式发展道路。三是建立现代企业管理机制。大胆引进现代企业管理模式，由余留芬兼任董事长，村班子成员分别任各个企业的总经理，由村民代表组成监督委员会对企业的管理和运行监督。

（五）创新联村党委建设，带动周边脱贫

2013年，岩博村采取"村企联建"的方式，联合境内5家企业组建了全县第一个村企联建村党委，提升了农村党组织发展统筹能力。致富不忘乡亲，2016年，为更好地带动周边村发展，在县乡党委的支持下，余留芬书记联合鱼纳、苏座2个相邻的贫困村，将它们纳入岩博村党委共同发展，组建了岩博联村党委，携手抱团脱贫致富。通过强村带弱村，帮助苏座村、鱼纳村842户村民筹资入股岩博酒业。党的十九大召开期间，习近平总书记到贵州代表团还特

意向余留芬同志了解岩博通过"联村"带动贫困村脱贫的情况。

此外,岩博村还实施村企人才"双向进入"机制,村党委把14名有技术、懂管理的党员引进村企任管理人员,从企业中吸纳4名有思路、懂发展的管理人员进入村党委班子,让能人积极向村党委靠拢。通过2016年换届优化班子结构,现村班子中大学生2名,35岁以下优秀青年4名。岩博村党委通过实施企业培养、管理人员帮带、党组织培养、村干部帮带的"双培双带"工程,培育后备干部13人。通过人才制度改革优化,村"两委"领导班子更具创新力,更有感召力,更增加了脱贫致富的内生动力。全村各族人民的心更加像石榴籽一样紧紧地团结在一起。

(六)实施人才强村战略,发挥人才优势助力脱贫

在当下,"人才资源是第一资源,人才更是第一生产力"成为人们公认的事实。岩博村实行更加积极、更加开放、更加有效的人才政策,余留芬书记在大力培养本地人才的同时,还不断吸纳一些优秀人才聚集到岩博村,为建设美丽岩博贡献力量。近年来,组织企业人员到云南、四川、浙江、福建等地学习培训200余人次,邀请季克良、黄永光等酒业知名专家实地开展技术培训41次,在村党员培训中心开设了技能培训班、培训养殖户、种植户600余人次,培训各类技术人才1500余人次,实现了技能培训全覆盖。培养了300多名"土专家""田秀才""技术骨干",其中,31人获得农业中级职称,带动53户农户自主创业。岩博以大手笔实施了"十万年薪引人才""持股引才"等计划,引进50多名大中专毕业生,让"小山村"引进"大博士"变成现实。在美丽岩博形成一股人人渴望成才、人人努力成才、人人皆可成才、人人尽展其才的良好局面,形成各类人才的创造活力竞相迸发、聪明才智充分涌流的局面。

三、岩博村集体经济发展的主要成效

(一)经济实力全面增强

2021年,全村农民人均纯收入达30000元,是2001年的20倍;村集体经济从无到有,村集体资产达13000万元;50%的农户资产在百万元以上。目前,全村仅运输车辆就达138辆,每年运输收入达2000万元以上。通过十余年来的努力,岩博村从一个以种养业为主的纯农业村、贫困村,发展成为一个三次产业全面发展,在全县乃至全市闻名的小康村、富裕村。

(二)基础设施全面改善

以"四在农家·美丽乡村"建设为抓手,先后完成村寨道路硬化近20公里,自来水管道建设12公里,建设沼气池120口,建垃圾池20个,完成村寨

植树造林2000亩。同时，实现了改路、改房、改水、改厕、改灶、改电、改圈"全覆盖"。村里还组建了卫生保洁队伍，落实了保洁费用，专门负责全村的环境卫生管理，实现了道路硬化、四旁绿化、村庄美化。目前，村里除建有设施齐备的综合办公楼外，还拥有集培训、会议、酒店和休闲于一体的市级党员教育短期实践培训基地。

（三）社会事业全面进步

由于村办企业的快速发展，全村劳动力全部实现就近就地就业，无一人外出打工。对于本村考上大学的学生，村集体均给予一定的奖励。新型农村合作医疗、新型农村社会养老保险覆盖率均达100%，农民自筹部分全部由村集体负责缴纳。兴建了农村篮球场和公共健身场所，农村卫生室、村多功能活动室、文化陈列室、农家书屋一应俱全，文化服务体系不断完善，农民幸福指数不断提高。

（四）民主法制全面加强

农村党组织、政权组织健全完善，村规民约得到全面执行。完善了农村民主议事制度，重大事项由村民代表会议集体研究决定。群众调解委员会和治安联防队作用充分发挥，"平安和谐村寨"创建深入开展，成为无上访、无吸毒、无违反计生政策的"三无村"，社会保持和谐稳定，先后获得"全国妇联基层组织建设示范村""全国文明村镇"等27项荣誉称号。

案例8 贵州省盘州市舍烹村案例报告[①]

作为"三变"改革的发源地，舍烹村立足本村独特的喀斯特自然景观、浓郁的少数民族传统文化，积极探索农村"资源变资产、资金变股金、农民变股东"的发展模式，完善旅游基础设施配套，发展农旅融合产业，提升乡村宜居氛围，提升乡村治理水平，为实施乡村振兴战略奠定了良好基础。

一、舍烹村集体经济基本情况

舍烹村地处普古乡东大门，全村辖8个村民组、6个自然村寨，居住有498户1507人，有彝族、苗族、布依族、白族、汉族等多个民族。全村占地面积

---

① 执笔人：何欣玮。

6.1平方公里，耕地1326亩，水田897.3亩，林地3817亩。过去的舍烹村是普古乡边远、贫穷的少数民族村寨之一，村民房子大多为茅草房，没有一条像样的通村道路，农村集体经济空心化，发展无力，想创业的农民缺门路、缺技术、缺平台。2012年，舍烹村"两委"积极引进本村的致富能人陶正学回村创业，充分开发利用本村现有资源以及各类扶贫项目资金，推进农村"三变"改革，实现了村集体经济壮大和村民增收。

（一）舍烹村村集体经济资产及收益状况

截至2021年底，舍烹村村集体经营性资产包括股金179万元（其中大连帮扶项目资金60万元，这60万元入股取得的分红6万元按每户1000元全部发给60户建档立卡户，不为村集体经济创造收益，实际村集体经营性股金为119万元）以及各类自然资源，包括林地3817亩、湖面250亩、湿地343亩、河滩500米。2021年，舍烹村村集体经济收入情况如附表8-1所示。

附表8-1　2021年舍烹村村集体经济收入明细　　　　　　单位：元

序号	项目产生时间	项目明细	收益金额
1	2015年8月25日	村集体经济资金70000元入股到贵州娘娘山高原湿地生态农业旅游开发有限公司，每年按12%分红到舍烹村集体	8400
2	2016年2月2日	江源洞至银湖大坝水面入股到贵州娘娘山高原湿地生态农业旅游开发有限公司，每年固定分红12000元	12000
3	2016年2月2日	银湖大坝至落水洞水面入股到贵州娘娘山高原湿地生态农业旅游开发有限公司，每年固定分红10000元	10000
4	2016年2月2日	舍烹村箐沟头至拨多河沟入股到贵州娘娘山高原湿地生态农业旅游开发有限公司，每年固定分红5000元	5000
5	2016年2月2日	舍烹村湿地340亩入股到贵州娘娘山高原湿地生态农业旅游开发有限公司，每年固定分红3400元	3400
6	2016年2月2日	舍烹村生态林3817亩入股到贵州娘娘山高原湿地生态农业旅游开发有限公司，每年固定分红3817元	3817
7	2016年2月2日	盘州市普古银湖种植养殖农民专业合作社每年每亩20元固定分红到舍烹村村集体，共计1326亩，年固定分红26520元	26520
8	2016年3月24日	村集体经济资金20000元入股到贵州娘娘山高原湿地生态农业旅游开发有限公司，每年按12%分红到舍烹村集体	2400
9	2019年2月1日	村集体经济资金100000元入股到盘州市普古银湖种植养殖农民专业合作社，每年按12%分红到舍烹村集体	12000
10	2016年8月15日	2016年8月15日，舍烹村将县财政局奖励发展资金1000000元入股到贵州宏财投资集团有限公司，年固定分红9.6%	96000
		合计	179537

资料来源：根据舍烹村访谈资料统计。

（二）舍烹村集体经济分配及支出状况

舍烹村集体经济收入全部作为集体股，用于进一步壮大村集体经济以及村集体各项公益性事业与公共服务开支，不进行分红。2020年舍烹村村集体支出共37510元，具体情况如附表8-2所示。

附表8-2 2020年舍烹村村集体经济支出明细   单位：元

序号	项目产生时间	项目明细	收益金额
1	2020年5月28日	舍烹村环境卫生保洁员补助	23600
2	2020年12月18日	舍烹村公路维修补助	310
3	2020年12月21日	舍烹村困难党员补助	3600
4	2020年9月7日	舍烹村受灾群众补助	10000
		合计	37510

资料来源：根据舍烹村访谈资料统计。

二、舍烹村集体资产运营管理的特色做法

（一）通过探索"三变"实现舍烹村产业兴旺

2012年，舍烹村就开始探索"三变"改革，进行农村产业革命，在产业发展中一直以"扩权赋能、股份合作"为核心，以实现村民增收致富为目标，并形成了紧密的利益联结机制。一是按照"龙头企业+合作社+农户"的合作方式将六组、七组、八组土地入股盘州市普古银湖种植养殖农民专业合作社，发展杨梅、核桃、刺梨等产业484.54亩，土地保底分红262万元，采摘收入300余万元。二是一组至五组土地入股本村集体股份合作社，种植蜜橘252.99亩、刺梨293.03亩、优质水稻800余亩，产值900多万元。村委会负责为园区做好土地流转服务，宣传、发动群众参与种植刺梨、猕猴桃等，协调农民专业合作社和旅游公司用工问题。三是舍烹村依托在娘娘山景区核心区的优势，村"两委"积极向上级有关部门争取资金，广泛动员村民发展农家旅馆、农家乐等，共发展包括农家乐、农家旅馆在内的经营主体、小微企业113家。

（二）盘活农村集体资产增加村集体经济积累

舍烹村着力探索村集体资源入股的道路，以充分盘活农村资源，提升乡村治理能力。一是通过村"两委"召集全村党员和村民代表共同商量做出表决后盘活本村集体资源，将村集体生态林、湿地、水面、山塘、河沟等集体资产，主要是集体生态林3817亩、银湖水面120亩等，量化入股到娘娘山旅游景区发展温泉别墅、休闲养生等旅游业态，按比例分红。二是劳务派遣合作，通过派

遣劳务参与银湖合作社特色产业土地的管护，银湖合作社每亩土地补助给村委会 20 元作为农村集体经济积累，特色水果挂果产生利润后按每斤提取 0.05 元作为村集体经济积累。到目前，舍烹村集体积累达 460 万元。

（三）提升农村善治水平

在培育壮大集体资产规模的同时，提升乡村治理能力同样重要，村集体经济的健康持续发展离不开完善的乡村建设。在这方面舍烹村同样做了大量工作，例如，在脱贫攻坚环境治理工作中，村"两委"在集体收入中拿出 5000 元购买生活物资发放给环境卫生做得好的家庭进行鼓励。在农村文明户的评比中，通过农户申请、网格初评上报，村"两委"最后一道把关的机制，使舍烹村群众的文明素质、法纪意识大大提高。在严禁乱办酒席方面，舍烹村也实现了清零。此外，在村集体经济收入增加到一定的数量后，村"两委"决定拿出一定的比例进行分配，结合村民的文明卫生户评比分值、遵纪守法户评比分值、生态保护与森林防火等方面以量化的方式进行，有力地推动了治理水平的提高。

三、舍烹村集体经济发展面临的问题

（一）集体经济增收缺乏人才支撑

随着舍烹村村集体资产的不断壮大和村集体经济收入的不断增长，发展壮大村集体经济对集体经济组织管理人员的素质要求正不断提高。目前制约舍烹村集体经济进一步发展壮大的主要因素是人才的缺乏，现有的村集体经济组织管理层对于村集体资产的运营管理能力有限，缺乏充分整合村集体资金、资源，进行自主经营的能力。此外，由于村集体经济收益分配难以体现管理人员的贡献，因而确保村集体资产不流失成为村集体经济组织管理人员的首要任务，增收动力不强，村集体经济组织的管理岗位对于外来人才也缺乏吸引力，集体经济进一步发展缺乏人才支撑。

（二）集体经济的进一步发展壮大面临瓶颈

自 2012 年"三变"改革推进以来，通过充分盘活村内已有自然资源以及充分利用扶贫项目等项目资金，舍烹村集体资产规模走上了不断发展壮大的"快车道"。近年来，这一快速增长模式已逐渐不可持续。村内固有的自然资源已逐渐被开发殆尽，进一步开发的空间不足，同时随着脱贫攻坚胜利结束，大连方面的帮扶项目等扶贫资金支持也逐渐缩减，利用外来项目资金壮大村集体经济的路子也逐渐变窄。此外，随着村集体经济的逐渐壮大，集体资产面临的经营风险、内部监督成本也不断提高，如何保护好、运营好集体资产也成为亟待解决的问题。

四、未来发展壮大舍烹村集体经济的建议

(一)配强人才队伍,为发展壮大农村集体经济实现富民强村提供人才保障

农村要致富,关键在支部,支部强不强,关键看"领头羊"。发展壮大农村集体经济,促进农民增收,关键在于要有一个坚强有力的农村基层党组织和一支高素质的农村干部队伍。在推进乡村振兴的大背景下,要迅速发展和壮大农村集体经济,农村班子干部的市场意识和经济洞察力至关重要。一是可以通过完善收入分配方式,在分配中体现对壮大集体经济的激励等手段,充分调动村"两委"发展壮大集体经济的积极性和能动性。二是可以通过提高工作待遇、强化乡村建设等手段进一步吸引外出人员返乡就业创业,为本村集体经济发展注入新动能。三是可以定期组织交流培训活动,提高本村集体经济管理人员的知识水平与专业素养。

(二)加强管理,盘活资产,为农村集体经济的健康发展创造更大的效益

要壮大村集体经济,项目建设是基础,经营管理是关键,如果管理不善,就不能发挥出应有的效益。为此,一是应当坚持市场化管理,逐步摆脱单一的"投资—分红"发展模式,推进集体资产市场化运营,多样化发展,多管齐下,提高管理效益。二是民主理财,村财务公开,管好集体资产。应严格执行财务管理制度,建立民主理财和财务开支审批制度,对于数额较大的开支必须经村"两委"班子集体讨论决定。每季度把村财务公开一次,主动接受群众监督。镇上由纪委和财政部门牵头采取定期或不定期抽查的方式,加强对村财务的监督,纠正账目不清等不良行为,防止贪污挪用、乱支滥花、大吃大喝、铺张浪费等现象发生。

案例9 贵州省盘州市贾西村案例报告[①]

贾西村是典型的山区脱贫村,通过有效盘活资金、土地、人才等要素,实现村集体经济的逐步发展壮大。在政府支持下,贾西村联合本村合作社以及镇平台公司,发展刺梨特色产业,实现种植、加工、旅游的三产融合发展。在种植端,解决了村集体荒山以及农户耕地的流转问题,形成规模种植;在加工端,研发多种刺梨产品,提升了产品价值;在旅游端,结合地区特色优势,逐步开发乡村休闲旅游。

---

① 执笔人:李琦。

一、贾西村集体经济发展基本情况

贾西村位于贵州省盘州市盘关镇东北部，村总面积9.86平方公里，平均海拔1860米，距离盘州市城区32公里，森林覆盖率为76%。贾西村共有14个自然寨，11个网格①，彝族、苗族、布依族、白族等少数民族占比为24%，全村总户数738户，总人口2315人，人均承包地0.77亩，村民人均年收入15150元。其中建档立卡人口178户624人，2018年10月贾西村摘帽，易返贫致贫监测户为4户13人。贾西村以刺梨种植和观光旅游为核心产业，种植刺梨6626亩，融入盘州刺梨全产业链发展。先后荣获全国"一村一品"特色产业（刺梨）示范村镇、全省脱贫攻坚先进党组织、全省文明村、全省乡村旅游重点村等称号。

贾西村集体经济发展获得了政府的重点扶持。2021年贾西村承接了绿色防控杀虫灯项目和水肥一体化建设项目，项目资金共计335万元，该项目资金为一次性补助。项目主要内容包括购置安装杀虫灯、水池、一体化施肥器、微喷灌水管等设施。同时贾西村接受了东西部协作财政援助资金项目补助，主要包括刺梨加工生产线以及梨乡广场建设两个方面内容。刺梨加工生产线建设主要为设备采购，项目资金510万元，该项目以延伸刺梨产业链为目标，带动周边劳动力就业，优先吸纳贫困户和边缘户务工。梨乡广场建设项目资金80万元，在项目工程实施过程中吸纳就业，对完善村内公共设施，满足村民公共文化活动需求具有重要意义。

二、贾西村集体资产运营管理的特色做法

贾西村集体资产主要包括以下几类：一是经营性资产，为镇政府划拨门面房，价值15万元；二是资源性资产，为500亩荒山地以及1000亩用材林；三是公益性资产，为占地6亩的小学和幼儿园，占地20平方米的村卫生室，以及3个大型运动娱乐场所和11个小型运动娱乐场所。贾西村集体经济经营以经营性资产和资源性资产租赁为主，即以政府支持的门面出租以及村集体荒山地出租获得租金和分红收益。其次为资金入股，贾西村将政府量化扶贫款120万元投资宏财公司，2018年起每年向农户分红7.2万元。最后是发挥村集体的组织协调作用，收取协调服务费。如2013年村集体协助采矿企业与村民对接的过程中收取2万元采矿协调费用，由于采矿企业在打桩、修路时占用和损坏了农民

---

① 即村民小组。

的耕地，因此村集体参与协调赔偿。

（一）经营性资产租赁

当地政府向贾西村划拨镇上门面，占地40平方米，价值15万元左右。贾西村将门面租给经营门窗的个体工商户，租金为7200元/年。出租门面的收益由镇财政所统一管理。镇财政所为各个村集体建设了账户，本村集体不可以随意取用。村集体资金收益用途受到限制，村集体只能用此项资金购置办公用品等，不能用于投资。

（二）资源性资产租赁

贾西村与本村盘江天富刺梨合作社联合，依托国有宏财聚农公司，形成"龙头企业+合作社+农户"模式。村集体以500亩荒山地（加上其他小组的荒山，共计1500亩）、4726亩耕地的土地经营权入股天富农民种植专业合作社。2014年开始，2016年流转土地完成，其间不断做村民工作，解决村民实际问题。流转价格为荒山100元/亩，耕地400元/亩/年。2022年，刺梨种植面积6226亩，成立天富刺梨园区，被评为省级高效农业示范园区和科技示范园区，成为国家级刺梨出口基地，辐射带动盘关镇7个村5.6万亩。

三方构建了"保底收益+二次分红利润"分配机制。在二次分红时采取公司和合作社共占85%（其中国有宏财聚农公司占51%、合作社占49%），参股农户占10%（按户均分）、村集体占5%的利益联结机制。2021年实现销售收入720万元，2022年预计生产刺梨2500吨，实现销售收入1000万元。截至2021年底，园区累计发放资金3400万元，其中，发放土地流转费2250万元，种植、除草等务工费1150万元，带动村集体经济发展的同时促进农户增收。

贾西村致力于发展精深加工以及乡村旅游，进一步推进产业升级。为了延长刺梨产业链条，提升产品附加值，天富刺梨园区与国有宏财聚农公司在贾西村投资建设一条刺梨加工生产线，主要加工刺梨鲜果、储藏原汁等产品。该厂总投资约5600万元，盘关镇人民政府以510万元东西部协作资金购买生产设备入股参与发展。项目建成后可直接带动50人就业，间接带动约300人就业，优先吸纳具有相应劳动能力的建档立卡脱贫户和边缘户到加工厂务工。生产线建成投产后每年按投入的东西部协作资金（510万元）的5%进行资产收益分配，每年分红25.5万元，分红期限为2022年8月至2027年7月。分红收益由盘关镇人民政府统筹管理使用，主要用于贾西村村集体经济发展和乡村振兴建设。如果盘关镇人民政府当年股份收益低于25.5万元时，由贵州天润山地农业开发有限公司保底支付25.5万元的保底分红。该产业线的建成标志着当地刺梨产业纵向一体化的进一步发展。同时，贾西村将100万元壮大村集体资金于2020年投资建设胡芦山庄，但由于受到新冠肺炎疫情的影响，尚未开始营业。

三、贾西村集体经济发展现存问题

贾西村集体资产得到有效运营管理，集体经济逐步发展壮大。但是贾西村在村集体运营及分配方面仍存在一定的问题。一是经营性资产营收资金的使用受到限制。贾西村将镇上划拨门面租给个体工商户，租金由镇财政所统一管理。但是此项资金的使用受到限制，不能用于经营投资活动。二是贾西村股份经济合作社虽然于2018年成立并完成清产核资工作，但是尚未运转，尚未建立起完善的分配机制，也未向本村农户分红。

四、贾西村集体经济发展的建议

从贾西村的发展情况来看，发展农村集体经济要以资金、人才、项目为抓手，因地制宜拓展发展路径，形成产业融合发展格局。根据贾西村的发展经验，提出以下建议：

第一，畅通资金供给渠道，构筑资金支持体系。用好用活四类资金，加大财政资金投入、撬动社会资本、育强集体积累，解除村集体经济发展桎梏。加大对贫困村以及边缘村的财政支持力度，完善农村集体经济发展专项资金管理办法。鼓励社会资本发挥资金优势，以参股或带动的方式与村集体经济组织合作经营。保障市场主体和村集体经济组织双方的利益，将无故拖欠村集体到期项目投资本金的市场主体纳入失信"黑名单"。

第二，强化管理人才支撑，建立引进培育机制。对外引进优秀人才返乡创办经济实体，带动本村产业发展；对内培养致富带头人和管理接班人，选拔有责任心和管理能力的村干部引领发展。提高村集体经济发展带头人的薪资和福利待遇，探索村集体经济发展带头人激励机制，给予村集体经营管理人才奖励和激励。

第三，强化基层党建引领，增强基层组织实力。农村集体经济发展需要稳定的基层组织和强大的管理实力。通过加强党建引领，增强基层群众凝聚力，参与和支持基层工作，为乡村振兴提供和谐的社会发展环境。

第四，因地制宜选择项目，促进产业融合发展。对于自然资源禀赋优势明显的村庄，应积极营造良好的投资环境，引进外来资金，合理有效利用资源，根据地区特色打造支撑产业壮大集体经济。部分村庄盈利方式以固定资产租赁的形式为主，虽然可以取得一定收益，但是可持续性不高。建议有条件的村成立村集体资产经营有限公司，进行企业化管理和商业化运营，变存量为增量。

案例 10　云南省富源县外山口社区案例报告[①]

作为深受城镇化影响的富源县的一座普通村庄，外山口社区立足本村独特的地理区位条件和历史机遇，不断强化积累，盘活集体资产，壮大农村集体经济，着力提升社区居民公共服务和公益服务供给，在政府支持下大力改善生活设施，不断提升社区居民幸福感和获得感，通过参与产业开发参股、劳务用工和资产租赁优惠等措施带动本社区建档立卡户增收，着力推动共同富裕。

一、外山口社区集体经济基本情况

外山口社区地处曲靖市富源县县城北部，隶属胜境街道，作为一个非贫困村，辖区范围内常住人口 5174 户 29957 人，其中社区户籍人口 2495 户 10837 人。社区建档立卡户 131 户 503 人。社区建有标准化小学 1 所，幼儿园 3 所，同时富源县直属中学 2 所，社区卫生室 1 个。从社区集体经济发展的角度来看，社区通过成立农业综合开发服务社和瑞和祥房地产开发公司，积极盘活集体资产并开展建设。

（一）外山口社区集体经济资产及收益状况

外山口社区的集体资产收入来源主要分为三部分，第一部分是通过规模化流转农村居民土地，发展统一种植辣椒，并延长产业链条发展加工，利用特色产业带动农民增收壮大集体收入。第二部分是发展资产租赁，将本社区有区位优势的土地和建筑，包括回迁房小区的大量商铺和村废弃小学校舍进行租赁，获得集体资产租金收入。第三部分是集体资产再投资，兴办停车场等，社区有农贸市场 1 座，每年可收取摊位费，兴办停车场每年不断创收。总体来看，外山口社区集体资产较为丰厚，但是社区发展的真正"第一桶金"则是依赖集体资产拆迁所获资金，其中包括 2010 年以来富源县北部城镇化大量拆迁和 2015 年沪昆高铁富源区域建设拆迁，社区大量集体建设用地征用以及集体耕地征用，村集体利用大量资金投资，包括兴建停车场、入股房地产开发公司兴建楼盘等盘活资金。值得一提的是，社区的房地产开发公司在资金不足的情况下，为了招拍挂国有建设用地使用权兴建商品房楼盘，通过社区下辖各居民小组融资，

[①] 执笔人：谢东东。

2018年开始将各个居民小组的融资金额连本带息支付。由社区成立的瑞和祥房地产开发公司通过招拍挂国有建设用地使用权，在本地开发房地产，已建楼盘商品房价格为3500~4000元/平方米，若是本社区居民拆迁货币化安置，购买价格下调3%。

就外山口社区的集体资产状况来看，附表10-1详细罗列了外山口社区的集体资产情况，可以看出，本村集体经济主要资产涵盖了资源类资产、经营性资产（包括盘活的公益性资产，例如村小学校舍等）。

附表10-1 外山口社区的集体资产及2021年收益情况

序号	集体资产及处理盘活方式	总投资情况及2021年收益情况
1	126亩耕地资源型资产，村集体统一流转种植辣椒和软籽石榴，发展特色种植业	2021年村集体收益2500元
2	4800平方米社区商铺，对外出租商户，收取商铺租金	社区房地产企业投资1380万元，2021年商铺租金收入60万元
3	停车场A，对外出租车位，收取租金	总投资40万元，2021年车位租金30万元
4	停车场A，对外出租车位，收取租金	总投资50万元，2021年车位租金35万元
5	社区幼儿园，租赁门面房商铺	幼儿园整体投资1100万元，政府补助400万元，社区出资700万元，2021年商铺租金6万元
6	原废弃村办小学，合作食品加工企业，出租校舍作为厂房，占地3亩	2021年租金4.5万元
7	胜境综合农贸市场1座，出租摊位和商铺	2021年租金9万元
8	社区小区商品房出租	2021年租金24万元
9	居民小组活动室5所	总投资1100万元，用于办公和党建学习，公益性资产，尚未开发经营

资料来源：根据实地调研访谈资料整理。

（二）外山口社区集体经济分配及支出状况

外山口社区集体经济收入全部作为社区公益服务和公共开支，其中结余部分，社区用来进行补贴所有成员的城乡居民医疗保险，不再对成员进行分红。社区的集体成员根据户籍决定，每位集体成员的城乡居民医疗保险由社区补助100元，仅2021年此项福利开支共约100万元。值得一提的是，外山口社区各个居民小组同样也在其中支付一定福利，100元的补贴金额，各个居民小组出资60元，社区的集体收入补贴40元。

社区集体收入支出的第二大部分则是社区工作人员工资，我们访谈中详细列出了社区干部工资情况及社区此项开支，本社区下辖14个居民小组，均为支部书记与小组长一肩挑，小组长工资每月2400元，其中县财政补贴600元，社区补贴

1800元，社区主任工资则是4665元，其中县财政补贴3665元，社区补贴1000元，根据该社区被访者透露，社区集体收入每年支付工资大约30人共36万元。

因此，总体来看，本社区集体经济每年大约开支主要为136万元，主要收入达160万元，每年账面盈余20万~24万元。

二、外山口社区集体资产运营管理特色做法

（一）积极挖掘区位优势，集体投资兴业创业

早在2011年，外山口社区借助胜境街道新区建设等城镇化进展中自身独特的地理交通等区位条件，紧紧抓住县城本社区辖区开发的历史机遇。外山口社区居民委员会出资800万元成立富源县瑞和祥房地产开发有限公司。当然，第一桶金以来富源县2010年开始北部新城大量基础设施建设中对原来本社区辖区范围内的拆迁以及征地款项，但是由于大量土地和集体资产都是以原生产小队也就是村民小组一级，因此，外山口社区居民委员会难以负担800万元的投资全额，积极鼓励各个居民小组投资，为此募集资金大约400万元，这笔资金于2018~2019年陆续连本带利返还给各个居民小组。成立房地产开发公司之后，积极通过招拍挂的方式获得国有建设用地使用权，兴建一个集贸易市场和商住一体的小区，规划用地面积5.25万平方米，建筑面积78239平方米，总投资1.6亿元。建成后，社区提供大量商铺出租，300余套住宅出售，售价为3500~4000元/平方米，通过创业，资金沉淀资产在以后获得大量租金，长远壮大农村集体经济。

（二）大力改善公共服务，集体帮扶脱贫群体

由于外山口社区下辖14个居民小组，社区辖区范围较大，人口众多，因此，公共服务和公益事业开展要积极立足主要居民小组，为此，外山口社区联合主要居民小组共投资1100万元，在余家屯、刘家湾、窑上、汤家屯和外山口5个村民小组建设居民服务中心，中心集基层党建、文体服务、老年活动等于一体，更好地为居民提供服务。此外，外山口社区利用集体收益，没有采取集体成员分红的做法，而是采取补贴所有集体成员的城乡居民医疗保险，每位成员都享受100元来自社区和居民小组的补贴，但是对于建档立卡户，则是由社区和居民小组全部承担城乡居民医疗保险的开支。此外，幼儿园的入学费用，建档立卡户子女入学每年优惠600元。外山口社区还积极利用集体资产开发为建档立卡户提供就业岗位，积极联系社区辖区内的经贸公司为建档立卡户提供非农就业岗位，社区内部将废弃村办小学校舍打包出租给食品保健品公司，优先面向建档立卡户招工，与此同时，包括商品房小区和社区开发保洁岗位等在

内的公益性岗位，带动就业 21 位，助力建档立卡户年均增收 1000 元左右。

三、外山口社区集体经济发展面临的问题

外山口社区集体经济发展面临的问题主要是集体资产规模实力较为雄厚，当然得益于城镇化建设中的社区地理区位优势。但是，这些成绩与社区工作人员，尤其是社区和居民小组两级的干部队伍联系也较为紧密，但是受限于集体经济发展中集体资产运营管理中的人员绩效激励问题，难以进一步发挥集体资产市场化运营的潜力。由于该社区集体经济政经分开工作尚未铺开，社区、居民小组两级涉及集体资产的管理运营收益分配，监督工作也未能随之提升，主要依靠村账镇管的方式，集体成员的内生动力尚未激发。

四、发展壮大外山口社区集体经济的建议

一方面，加强集体资产运营管理监督。积极推进集体成员民主参与，全面推进信息公开，健全公告公示制度，建立健全村务监督机制，管好集体资产。严格执行财务管理制度，建立民主理财和财务开支审批制度，街道层面同时加强对村财务和资产管理的监督工作。县级各有关部门也要加强对农村集体资产运营管理的监管，形成权责明确、有效制衡、齐抓共管的监管格局，完善决策程序，健全决策责任追究制度，对违反涉农资金统筹整合相关制度规定、造成涉农资金重大损失的，要对相关责任人予以问责。

另一方面，积极探索集体经济组织带头人队伍建设，规范集体资产收益分配使用。收益分配应坚持精准和差异化扶持原则，在用于防止脱贫不稳定户、边缘易致贫户、突发严重困难户以及其他困难群体返贫致贫的同时，积极鼓励采取参加村内项目建设和发展等劳动增收方式进行分配，激发内生动力。

案例 11　云南省富源县小冲村案例报告[①]

云南省富源县小冲村集体曾是软弱涣散党组织，但是通过合理利用政策扶持，建设起大棚、养猪场等设施，与农业企业合作，获取租金收益，村集体经济逐步发展壮大，农民收益也多了一层保障。

---

① 执笔人：李琦。

一、小冲村集体经济发展基本情况

小冲村隶属曲靖市富源县后所镇,距离镇政府 7.5 公里,辖 14 个村民小组、21 个自然村,总户数 1729 户,总人口 6369 人,由汉族和彝族组成,汉族人口占 92%。小冲村委会党总支下设 5 个党支部,现有正式党员 104 名。全村总面积 26.8 平方公里,耕地面积 4821 亩。小冲村平均海拔 2200 米,属高海拔、低纬度地区,年温差小、日温差不大,年平均气温 23℃,年平均降水量 1200 毫米,无霜期 300 天,日照 10 小时,为典型的高寒贫困山区村。村内土壤具有保水、保肥性强,透气性好等特征,主要种植的农作物有玉米、马铃薯等。小冲村经济收入以农户外出务工为主。2021 年村民人均年收入 1 万元。小冲村集体资产以资源性资产和非经营性资产为主,资源性资金即 10 亩建设用地,为公共管理与公共服务用地,无"四荒地"、林地等土地;非经营性资产约 50 万元,主要包括村委会办公楼、卫生所和村小学等建筑。

二、小冲村集体资产经营情况

小冲村集体经济经营以资产租赁为主,即依靠政策和项目资金建设大棚、养猪场等设施,租赁给农业企业,每年收取固定租金。其次是发挥村集体的组织协调作用,在土地流转等经济活动中收取服务费,如 2022 年种植大户通过村集体流转村民土地,支付村集体土地流转服务费,收费标准为 20~30 元/亩,村集体的土地流转服务费收益约 3 万元。

(一)种植合作:大棚出租

小冲村利用扶持资金建设大棚,与嘉津生态农业有限公司合作,向公司收取大棚租金。在这种租赁模式下,村集体极大地降低了经营风险,公司的沉没成本也得以降低,并且公司向村民提供岗位,解决村民就业问题。

小冲村流转村民的 500 亩耕地,并集资 400 万元建设大棚进行出租。400 万元投资由三部分资金组成,包括镇平台公司,即嘉惠投资有限公司出资的产业整合资金 250 万元,沪滇合作项目资金 100 万元,以及整顿软弱涣散党组织[①] 250 万元资金。由嘉津生态农业有限公司承租种植草莓、水晶瓜等经济作物,大棚租金为 25 万元/年,其中村集体收入 16.5 万元/年,承租期限为 10 年,即

---

① 是指对班子配备不齐、书记长期缺职、工作处于停滞状态;书记不胜任现职、工作不在状态、严重影响班子整体战斗力;班子不团结、内耗严重、工作不能正常开展;组织制度形同虚设、不开展党组织活动的基层党组织,尤其是对村务财务公开和民主管理混乱、社会治安问题和信访矛盾集中的农村党组织进行的整顿工作。

2020年1月1日至2029年12月31日；土地租金为700元/亩/年，每亩逐年增长20元。嘉津生态农业有限公司成立于2019年12月3日，主要开发农业相关亮点项目，专业评估不同地方气候和现有条件，引进适合当地发展的重点涉农产业，打造地标性品牌，解决农产品质量和销售问题。公司目前主要种植草莓和水晶瓜，经济价值较高，并且回收周期短。针对云南蜜瓜和草莓生产主要产地，进行技术交流和辅导，改善地方品种老化、质量和市场竞争问题，推广新品种，增加市场竞争力。

嘉津生态农业有限公司2019年入驻小冲村，租赁大棚主要种植水晶瓜和草莓。每年夏秋季节主要产出水晶瓜，冬春季节的草莓供游客采摘，轮作种植，投资1390余万元。水晶瓜和草莓种植属于劳动密集度较高的产业，因此需要雇佣较多当地村民。公司以60~70元/日的标准向村民支付工资，近3年时间在农村地方第一次分配中实际创造近200多万元工资的发放，显著促进了农村就业增收。

草莓和水晶瓜种植带动了当地乡村旅游产业的发展，具有良好的发展前景。每逢草莓采摘季和水晶瓜采摘季，每天平均有三四百人到小冲村草莓种植基地采摘。结合独特地形、山水田园相映衬的山间坝子，小冲村成为网红打卡点，乡村旅游产业得以初步发展。为创造引进企业的设施条件，小冲村在基地建起后投入22万元建造3口深井，为基地提供深层地下水作为灌溉用水。同时，为企业牵线搭桥，促成企业与镇上冷链物流企业合作，建设冷库和深加工厂，公司预计支付车间租赁费用每年8万元。小冲村逐步形成一二三产业融合发展格局。

（二）养殖合作：租赁养猪场

小冲村在养殖方面主要与温氏食品集团股份有限公司进行合作。小冲村规划10亩建设用地，投资360万元，其中政府产业帮扶资金90万元，村集体扶贫贷款155万元，温氏集团垫资80万元，大户个人投资40万元，村集体积累资金投资20万元，建设养猪场租赁给温氏集团，村集体每年收取3.6万元租金。

温氏集团养猪分公司于1997年成立，将温氏一体化养殖公司经验创新应用到养猪产业中。之后，温氏集团不断提高养猪管理专业化水平，提升管理效率，完善了养猪管理业务。温氏集团致力于建设标准化的养殖小区，实现养殖机械设备与物联网技术的集成应用。管理人员通过集中监控全部养殖栏舍的实时环境状态，远程操作养殖栏舍的温度控制和通风系统，以及自动喂料系统投放饲料，实现精细化管理。小冲村引进温氏集团，为壮大村集体经济又提供了一层保障，实现公司和村集体的双方共赢。

三、小冲村集体经济发展存在的问题

小冲村通过合理利用政策扶持和项目支持资金，完善设施建设，分别引进种植和养殖公司，通过获取租金、解决村民就业等途径，既发展村集体经济，也推动农民增收，有效防止了脱贫户返贫。但是小冲村集体经济发展仍面临着以下现实问题：

第一，发展模式较为单一。村集体经济目前正处于起步发展阶段，其发展模式以投资建设大棚、厂房、养殖场等固定资产为主，发展模式单一，后续缺少流动资金，壮大村集体经济也受到制约。

第二，自身经营能力不强。受到经济发展水平、资源禀赋等因素的影响，小冲村缺乏自主经营能力，在项目选择上只能保守选择获得租金固定收益，难以激发出村集体经济组织的内生发展动力。

第三，经营管理人才缺失，激励机制不健全。村干部具有为民服务的意识和热情，但是受到经营管理能力的限制。一方面可能较难找到适合本村发展的经营方式，另一方面更倾向于规避风险，担心项目选择不当造成亏损，制约了集体经济发展的步伐。并且，由于顶层设计未建立完善的薪酬奖励激励机制，不能完全调动村干部发展农村集体经济的积极能动性。

四、推动小冲村集体经济发展的建议

从小冲村的发展情况来看，发展农村集体经济既要引导组织因地制宜拓宽发展路径，又要完善人才储备。因此，针对小冲村目前存在的发展问题，提出以下政策建议：

第一，因地制宜发展集体经济。小冲村土壤具有保水、保肥性强，透气性好等特征，所以合理利用自然资源，开发草莓、水晶瓜等种植业，并向一二三产业融合方向发展。因此，村集体要创收，应该因地制宜，依据自身资源禀赋，合理打造优势产业。

第二，拓宽增收渠道。当前村集体盈利方式以固定资产租赁的形式为主，建议进一步成立村集体资产经营有限公司，进行企业化管理和商业化运营，变存量为增量，提高村集体资金和资产管理水平，最大化村集体资产收益，提升运营活力。增加村集体积累，促进农村集体经济实力发展壮大。

第三，强化人才支撑，建立激励机制。建立人才外引内育机制，引进大学生、退伍军人等人才返乡创业或担任村干部；在农村内部培养致富带头人和管

理接班人，鼓励创办经营实体。同时，在收益分配上明确激励机制，提高村带头人的薪资和福利待遇。如使管理者薪资与集体经济收入挂钩，提取一定比例的盈利奖励经营管理人才。

案例12 云南省楚雄市东华镇本东村案例报告[①]

近年来，东华镇本东村认真贯彻落实习近平总书记关于乡村振兴重要论述精神，以"七个第一"为工作理念，充分发挥农村党组织主体作用，坚持党建引领，立足资源禀赋优势，用足用好政策，主动作为，选准产业、项目和载体，大胆创新工作思路，不断增强发展壮大集体经济的内生动力和"造血"功能，促进农村集体经济不断发展壮大。在农业产业结构调整中，本东村紧紧围绕镇党委的发展定位与布局，大力发展特色经济林果和农产品基地建设，形成"农旅双链"的经济发展模式，并构建形成产业发展与村集体经济"双提升"的良性互动格局，全面消除集体经济"空壳村"现象，走出了一条发展产业壮大村集体经济，激活乡村振兴新动能，带动群众增收致富的新路子。

一、本东村集体经济基本情况

本东村地处坝区，距元双公路2公里，距弥楚高速3公里，东大公路穿村而过，交通便利，具有较强的区位优势。全村辖14个村民小组，3048人，党员117名，人均承包地1.5亩，于2019年10月脱贫，其易返贫致贫检测户数为5户。村内集体经济组织注册于2017年4月，并与当年10月完成清产核资工作。2020年，本东村集体经济收入5.18万元；2021年，本东村集体经济收入13.5万元，同比增长160.6%。截至2021年底，村内集体经营性资产300万元，其中扶贫项目资产280万元，主要为枇杷生产车间与温室大棚两个项目。

本东村枇杷生产车间为2021年扶贫投资项目，总投资130万元，建成分型车间与加工车间各一个，村内流转枇杷种植土地1600亩。2021年枇杷总产量达280吨，产值800余万元。枇杷产业发展成了绿色生态产业、健康产业、致富产业，走出了一条农业增效、农民增收、农村发展的新路子。温室大棚同为2021年扶贫项目，总投资150万元，

[①] 执笔人：李愿。

二、本东村集体资产运营管理情况

（一）枇杷种植生产车间

本东村成立楚雄市兴蕴枇杷种植专业合作社，以"公司+合作社+协会+农户+基地"，实行"统一种植、统一管理、统一销售"。合作社通过集中土地流转，建立了1000亩核心示范基地，开展人员培训、质量认证、技术推广，充分发挥合作社示范带动和科技引领作用。广大农户以土地入股入社，所有社员的产品统一交给合作社，合作社以市场保底价和市场正常价两个保证进行收购，解决农户销售难问题，同时，在销售环节享有二次分红。此外，合作社还向村集体支付一笔占总投资额7%（130万元）的固定收益，用作场地租金，其中，固定收益的10%会继续返还给社员农户，这就使社员和合作社命运紧密联系在一起，走出了一条农民增收、农业增效、农村发展的新路子，打造极具文化特色的一二三产业融合发展的田园综合体。

（二）其他资产

本东村其他资产主要为温室大棚与集体空置场地。在建温室大棚已与村办公司签订合约，实现"公司+农户"的发展模式，公司每年向村集体支付占项目总投资额（150万）7%的固定费用，用作场地租金，此外，在公司工作的当地农户还享受额外的优惠补贴。集体空置场地出让为村内2016年进行的项目，村集体利用村庄区位优势，将控制场地出让给周边镇市或企业进行培训、教育等活动的举办，年收入近3万元。

三、本东村集体经济发展面临的问题

（一）用地约束存在乘数效应

随着农村的经济发展，一些规划所受的土地约束也越来越大，而用地约束的成本不仅体现在"菜单成本"上，还存在着乘数效应。一方面，云贵地区的人力资本水平较低，其土地盘活方法、机制十分有限，常常出现规划与现实冲突的情况，这就需要不断调整规划，必要时还要在组织部门、国土部门之间进行走动协调，这无疑增加了其"菜单成本"与"皮鞋成本"。另一方面，很多适合产业发展的交通便利的用地被限制，这就导致了需要另寻场地。以本东村为例，为了使项目落地，村庄不得不为新的场地进行水电、道路等基础设施投资，耗费了大量的成本。

（二）集体资产经营水平较低

当前，村庄集体经济的法人由村"两委"担任，但村"两委"承担的公共服务较多，很难有更多的精力投入到后续的资产管理。另外，资产管理是一门专业性较强的工作，在人力资本不足的情况下，村集体资产台账管理、经济合同管理不规范时有发生。总的来说，村集体资产管理能力不强，资产性、经营性收入都有待提高。

（三）产业分工不够清晰

枇杷合作社作为镇办合作社的分支，其自有规划能力有限，难以进行高效的产业分工，会造成农户的生产风险。具体而言，本东村共有核心种植区1600亩，相对于全镇13000亩来说占比不高，因此在规划中并未将深加工等产业链条考虑进来，然而枇杷属于鲜果，不能及时进行深加工就会造成腐烂等损失问题。农户果多，周围规划落地的深加工车间缺乏便是较为突出的矛盾。总体而言，整体产业规划中缺乏清晰的产业定位与配套的保障措施。

四、壮大本东村集体经济的建议

（一）党建引领，夯实根基

发展农村集体经济，是加强基层基础保障、增强基层党组织整体功能、提升农村组织服务群众能力的有效途径。本东村党总支坚持党建引领，充分发挥党组织战斗堡垒作用，不断推动农村集体经济创新发展，并取得实效。围绕建设一支懂经济、善经营、会管理、能力强的农村干部队伍的目标，2021年换届中，本东村进一步选优配强村党组织负责人，把干劲足、年纪轻、作风好的干部选进村"两委"班子。

（二）产业发展，增强动能

本东村积极探索发展壮大村集体经济和促进农民增收的新途径，便于促进村集体、农户、合作社等不同主体之间构建优势互补、利益共享的联结机制，推进适度规模经营的长期稳定，实现小农户和现代农业发展有机衔接，进一步发挥财政、信贷、扶贫、招商引资等扶持政策杠杆作用，撬动特色优势产业提质增效。

（三）盘活资源，长效运营

本东村把发展壮大村集体经济作为抓基层打基础、管当前利长远的大事来抓，进一步加强集体资产管理，整合优化土地资源，对闲置房屋、仓库、土地等农村集体资产和其他闲置资源进行集中清理登记，并依法经营和处置农村集体资产，通过租赁发包等方式，使集体产权、资源进入交易市场，进行流转交易，实现保值增值。

(四) 项目扶持，提高效能

随着种植面积扩大和市场订单激增，狭小的收购场地严重制约了枇杷产业专业化、规范化发展道路。面对困境，州、市、镇三级多次深入调研，充分发挥财政资金撬动作用，加大政策扶持，统筹整合资产、资源、资金，引导支农、产业等各类项目向农村集体经济发展项目适度倾斜。

(五) 人才回引，增强后劲

本东村着力优化人才发展环境，打好"乡情牌"，夯实人才返乡创业基石，拓宽返乡创业平台，鼓励在外人才带技术、带成果回乡创业发展。通过党建引领、典型带动、乡情激励、项目对接、产业配套等措施，为返乡创业者提供坚强后盾，进一步推动人才回归、人力就业、项目落地、资金回流、技术回乡、智力回哺，政府为其搭建"发展平台"，分层分类跟踪培养服务，将优秀的"归雁"培养成带领群众致富的"领头雁"，为乡村振兴奠定坚实基础。

案例 13　云南省楚雄市莲华村案例报告[①]

一、莲华村集体经济基本情况

2018 年 10 月，云南省农村综合改革乡村振兴试点试验示范项目落地东华镇莲华村委会。该村紧邻东华集镇，距楚雄市城区 15 公里。全村土地面积 12.57 平方公里，海拔 1850 米，年平均气温 17.5℃，年降水量 800 毫米。全村有 15 个小组 1026 户 4013 人，有耕地 5360 亩、林地 9825 亩，主要种植烤烟、水稻、莲藕等农作物，同时还种植梨、桃、沃柑、枇杷等经济林果。

在过去，莲华村的集体经济非常薄弱。为了发展壮大集体经济，几位乡贤回乡投资，成立了楚源乡农业开发有限公司投入资金。该项目总投资 3123 万元，其中省级财政资金 1000 万元，楚源乡农业开发有限公司投入资金 2096 万元，村集体投入资金 27 万元。围绕乡村振兴 20 字方针，该项目建设共五方面内容：一是生态文明建设方面投资 695.72 万元，用于道路硬化、户厕改造、停车场、排水沟、公厕、路灯、活动广场、电力升级改造、饮水工程、河道景观改造等基础设施建设。二是推动村集体经济发展投资 2137.712 万元，用于休闲

---

① 执笔人：魏广成。

旅游农庄和电子商务中心建设。三是构建乡村治理新体系投资145.92万元，用于文化活动室、老年协会建设和村规民约等制度建设。四是乡村传统文化建设投资42.64万元，用于建立骠川花灯文艺队、民俗文化宣传、群众文化活动等。五是农民增收机制建设投资101.64万元，用于生态水产养殖、生态果蔬、花卉种植和新型职业农民培训等。

二、莲华村集体资产运营管理举措

（一）集体资产运营模式

该项目采取"政府投入+公司投资+农民入股"的方式建设，由该村创业成功返乡村民成立楚源乡农业开发有限公司牵头筹建，"农户+村集体+出资人"共同组成股份公司的模式运行，农户在不改变土地承包经营权和自主自愿的前提下，将土地按每亩每年1000元的租金，用前三年的土地租金为股本入股，按照股本金额的多少，占有相应比例的股份。三年以后，农户每年收取地租并按持股比例分红，且土地租金每年递增50元。村集体则以集体名下的土地经营权，按照农户入股的标准，作为集体资产入股，在公司持有一定的股份参与分红盈利。通过探索，莲华村成功走出了一条财政资金少量投入，撬动社会资本集中投入，带动农民积极加入的乡村振兴试点道路。

项目建设在充分发挥莲华村自身悠久历史文化优势和生态产业特色的基础上，合理布局、重点打造，辐射带动整个村委会发展。核心区分为"四大"功能区，即生态水产养殖区。改造原有荷塘、鱼塘，养殖小龙虾、稻花鱼、泥鳅、鳝鱼、牛蛙等水产品，再配有捉泥鳅、钓小龙虾、钓鱼等休闲垂钓体验项目。依托水产区水面和道路绿化景观形成生态农业观光水景。生态果蔬采摘区。利用地势较平整的土地，种植鹰嘴桃20亩、蒙自石榴20亩、枇杷20亩、广西沙糖桔20亩、日本甜脆柿子20亩、昭通苹果20亩及时鲜蔬菜形成果蔬种植园供游客采摘体验。花卉种植示范区。以月季、三角梅为主导花卉种植，打造七色彩虹景观效果，形成网红打卡地。生态美食体验区。与莲华村集体发展项目相结合，将原有老村委会提升改造，以公司租赁作为休闲娱乐生态餐厅，并建成特色小吃街，不断完善核心园区功能布局。

项目从构建农村生态文明、乡村治理能力、乡村传统文化等方面着力实施，满足广大村民对社会服务和精神文化的需要，建设村小组新时代文明实践点、为民服务中心、文化广场、乡愁书院等公共服务设施，真正做到利民、便民。村环境卫生得到有效整治，村容村貌焕然一新，基础设施建设明显改善，特色产业建设成果显著，文明新风创建活动广泛开展，村规民约普遍建立推行，党风优良,政风清廉,乡风文明,党群干群关系更加和谐。开园以来成功举办了楚雄市2019年农民丰收节,2019年、2020年东华镇乡村美食文化节系列活动,得到了社会的广泛赞誉和好评。

(二)集体经济盈利情况

该项目2019年末实现年产值700万元;2020年实现年产值1200万元;2021年实现年产值1400万元。莲华村委会的村集体经济收入从2017年的5万元增加到20万元,莲华村民小组村集体经济收入从2017年的3000元增长到4万多元。带动周边农户就近就业,直接受益群众59户178人,每年务工收入385万元。通过不断完善基础设施建设,发展乡村旅游业,提供旅游服务、特色餐饮、农副产品外销等获得产值,旅游人数已达到35万人,实现旅游收入800万元;同时有力促进产业发展,扩大群众就业,增加农户收入,项目直接受益群众59户178人,公司成立扶贫车间,帮助7户贫困户实现脱贫,同时项目还带动周边农户就近就业,每年务工收入实现230万元。

三、莲华村集体经济发展存在的问题

尽管莲华村在发展壮大贫困地区集体经济的过程中做出了诸多探索,取得了显著的成效,但是存在着一些亟待解决的问题,需要在将来的工作中进一步完善与改进。

(一)农村集体经济收入来源比较单一

莲华村主要的收入还是依靠乡村旅游项目的分红收益。村集体经济的好坏是由公司的经营状况的多少来决定的,并没有广开思路,探索新方法、新途径。尤其是自2020年以来,在新冠肺炎疫情的影响下,乡村旅游项目的盈利能力大大下降。因此,依靠单一的产业优势发展壮大集体经济,难以使集体经济得到长久稳定的发展。

(二)农村集体经济发展空间比较狭小

除乡村旅游项目外,莲华村绝大多数尚未外出务工或就业的农民仍然以微薄的农业收入为主。另外,由于该村地理位置较为偏远,村集体土地、山林和公房等资产价值低,开发成本高,难以带来收益。另外,由于莲华村的地形以山地为主,道路较为崎岖,这也制约了集体经济进一步发展。

(三)村干部观念陈旧且能力不强

莲华村干部认为党的政策是鼓励发展个体经济、民营经济,发展集体经济已经过时,认为搞市场经济就是谁有本事谁致富,只要经济发展了,农民富裕了,有无集体经济无关紧要。在思想方面,由于保守和小农意识根深蒂固,普

遍存在"靠山吃山,靠海吃海"的陈旧观念和"小富即安"心理,缺乏干大事、创大业的开拓进取精神,没有大力去开拓新思路,只会抱怨没有资源、没有资金、没有政策,只会抱怨农村工作难做,村干部难当,他们对如何发展壮大村集体经济没有明确的思路,"老办法不能用,新办法不会用",面对新形势只能束手无策。

(四)农村集体资产管理制度不完善

由于目前上级部门对集体经济资金管理较为严格,部分村干部不敢用集体经济资金,对村集体资产不关心。另外,缺乏对集体经济组织的激励机制。带头人为发展壮大集体经济付出了较多的心血,但不能得到收益,进而使部分干部群众对发展集体经济丧失了信心。

四、壮大莲华村集体经济的对策和建议

根据莲华村发展壮大集体经济过程中存在的问题,本文提出针对性的对策和建议以供参考。

(一)强化政策支持与引导力度

集体经济单纯的种养殖业务不仅效益低、风险大,服务群众能力也有限。通过政策引导,因地制宜引导农业企业,发展农业一二三产业融合发展。让专业的人做专业的事,不仅可以大规模降低农业生产成本、提高生产效率,也有利于降低集体经营风险。

(二)提高集体经济市场经营能力

深化农村产权制度改革,积极探索"三变改革"壮大村集体经济的有效路径,指导好各乡镇(街道)农村组织负责人因地制宜发展集体经营。转变村干部思想观念,将脱贫攻坚为重点的发展转移到高质量发展上来,以市场为导向、规范经营,发展村集体经济。

(三)完善集体经济发展体制机制

探索有效改革措施积极引导社会人才和资本注入集体经济。积极探索莲华村发展壮大农村集体经济效益奖励机制,提高村干部发展农村产业积极性。探索"政""企"分离,将村"两委"与集体经济剥离开来,村"两委"主要从事公共服务,合作社主要从事村集体经济发展,将市场的事交由市场主体来完成,确保村集体经济发展和可持续。

案例 14　云南省楚雄市挖铜村案例报告[①]

云南省楚雄彝族自治州子午镇挖铜村为脱贫贫困村，2021 年以前，村集体经济基本为零。通过切实坚持以历次全会和省、州、市、镇、各级党委、政府会议精神为指导，团结带领全村党员、干部、群众解放思想、转变观念、坚定信心、扎实工作，树立社会责任，帮助群众实现从"等着政府帮我干"到"我要主动积极干"和"关心村集体事务"的蜕变，从根基上打牢建设"美丽彝乡、幸福挖铜"的基础。

一、挖铜村集体经济基本情况

云南省楚雄彝族自治州子午镇挖铜村所辖行政区域面积达 28.6 平方公里，该村所在的地形地貌为山地，是少数民族聚集地之一。包括 12 个自然村、16 个村民小组，总户数 391 户，总人口数 1427 人，其中：少数民族（彝族）人口达 1375 人，占全村总人口的 96%。挖铜村距镇政府驻地 15 公里，距离县区政府所在地 32 公里，距离最近的 218 省道 10 公里，距离最近的县道 10 公里，距离集市 9 公里。挖铜村也是楚雄市 18 个建档立卡贫困行政村之一。在 2019 年 12 月挖铜村脱贫摘帽之前，有建档立卡贫困户 158 户 538 人，目前易返贫致贫监测户数为 5 户。目前劳动力外出务工比例达 45%，村民人均年收入 10600 元，在本乡镇中收入属于中等。同时，村内设有村党总支 1 个，下设 5 个党支部和 14 个党小组，共有党员 75 名（含预备党员 1 名）。村集体经济组织于 2021 年 4 月完成了清产核资工作，清产核资时该村有工作经费共计 26 万元，无相关负债，同时集体组织成员有 9 户、共计 9 人。截至 2021 年底，该村集体经营性资产规模达 250 万元，全部为扶贫经营性资产。该村耕地总面积 2662 亩，人均承包地 2 亩，以粮烟种植和畜禽养殖为主要经济来源。

二、挖铜村集体资产运营管理情况

挖铜村 2021 年村集体经济收入共计 8.2 万元，村集体资产主要包括以下几个方面：一是扶贫资产出租项目，不仅增加了村集体收入，也让养殖户带动了

[①] 执笔人：彭乐瑶。

周边群众发展养殖产业。包括出租鸡场1个,获得租金收入1万元;出租牛场1个,获得租金收入2万元;出租养羊中转站1个,获得租金收入3万元。二是在市委、市政府和市人社局的关心和帮助下,为提高挖铜村群众的种植及养殖技术,在该村举办了2个场次的种植、养殖技术培训班,共计110余人参与。使挖铜村群众的种植、养殖技术得到了明显提升,同时政府还给村集体发放每人200元的场地租用费,也为该村村集体经济增加了2.2万元的收入。

2022年,村集体经济收入主要来源于以下几个方面:一是继续出租三个养殖场地,即鸡场、牛场、养羊中转站,可增加收入6万元。二是积极对接镇社保中心和市人社局,争取在该村办培训班2期增加2.5万元的收入。三是通过镇党委政府2022年引进两个新产业努力获得村集体经济的相关增收。第一个新产业是种植万寿菊,该村抓住了发展机遇,在16个村民小组中,发动了群众209户推广种植了万寿菊共计254亩,预计每亩产量可达3.5吨,可实现总产量88.9万公斤,以1元/公斤来计算可实现群众收入增加88.9万元。同时,村集体也与企业经过协商谈定,要在动员发动、育苗、种植、中耕管理、收购等环节配合企业做好宣传发动、技术培训、组织收购、提供收购场地等工作。在这些环节完成配合后,公司会给予村集体以每公斤0.1元的费用来增加村集体收入,预计将在这方面获得8.8万元的增收。第二个新产业是蔬菜种植,该村2022年上半年从村集体事项参与积极性高的群众中发动了部分村民进行青花菜品种的种植,共计10亩,还带动了部分周边群众参与种植。该种蔬菜的种植一年可以种4季,在2022年9月底的烤烟、玉米收完后,动员发动群众继续种植青花菜300亩,预计每亩产量可达3吨,可实现总产量90万公斤。以3元/公斤的市场价计算,该项目可实现群众增收270万元。同时在青花菜的种植上,村集体也与企业谈好,在动员发动、育苗、种植、中耕管理、收购等环节配合企业做好宣传发动、技术培训、组织收购、提供收购场地等工作。同时企业会给予村集体每公斤0.05元的费用来增加村集体收入,预计该项可使村集体增收4.5万元。2022年,在各级党委政府的关心支持和村"三委"班子的共同努力下实现村集体经济收入21.8万元。

挖铜村配置了集体股,并且集体占比100%。2021年全村集体资产运营成本共计9000元,该村集体资产收益中集体成员分红比例达20%,集体成员每股分红1133元,该村分红金额在本乡镇排名中等。分红比例的标准为:收益10万元以下分红比例为20%、收益10万~20万元分红比例为15%。

在对扶贫项目的资产收益分配方面,已有明确的制度进行村庄的民主决策。一方面是"四议两公开"政策。由村党总支委提议、村支委和村民委商议、党员大会审议,决议和实施结果公开。一般全部流程走完可达一个星期左右。另一方面是村民代表会议,主要由村民小组长和村民代表参加。人数多的村民小组由2~3位代表参加、人数较少的村民小组由2位代表参加。采取举手表决是否同意的方式进行相关决策。

同时,建档立卡户相较于其他农户在本村可享受一定政策支持。对于脱贫不稳定户有一定的政策倾斜,主要包括医保补助、不同阶段学龄政策补助(初中生生活费补助1500元/年,中专大专也有"雨露计划"),60岁以上的老人可获得1500元每年的养老金补助,结对帮扶的单位对于个人每年会有4~5次慰问,为其解决实际困难。

三、挖铜村集体经济发展面临的问题

首先,挖铜村缺乏一批懂农业、有技术、会经营的专业性技术人才。一方面,村集体吸引乡村人才、培育能人的方法和措施还不够多,使村集体乃至整个乡村都极其缺乏管理型人才。所以应该鼓励大学生返乡发展乡村产业或创业,鼓励有意向和兴趣的企业、种植大户、能人、居民加入集体经济发展的产业。另一方面,在对人才的保障方面,一些有能力的、懂经济管理的能人被引进后,由于没有经济报酬或者合作社等集体经济组织自身收益不够,导致该部分人才因上级遣派的任务压力和生活压力难以长期留村发展。

其次,挖铜村的村集体获取一定的创收后,该部分资金还需要引进企业来带动。该部分企业能给予村集体资产及产业一定的技术及资金支持,在育苗、种植、中耕管理、收购等环节具有较多的经验,能做好宣传发动、技术培训、组织收购、提供收购场地等工作。

最后,在引进项目及发展产业方面,除了有相应的规划,落实情况还需加强。要结合当地定位及市场反应馈时适当、因地制宜调整,并给予引进的项目及产业一定的技术及政策扶持。

四、壮大挖铜村集体经济的建议

要想在脱贫攻坚后的乡村振兴中脱颖而出,全面实现农业强、农村美、农民富的宏伟蓝图,挖铜村应从以下几个方面入手:

第一,要积极引进人才、推动人才保障机制。一方面,要推动农业专业人才、懂经济管理的能人服务乡村,大力培养本土人才和后备力量,传承发展传统技艺,健全乡村人才工作机制,完善人才服务乡村激励机制。另一方面,要保障人才留乡后,在生活及发展产业方面的进一步支持,让人才能真正留在乡村。

第二,要引入农业产业龙头企业,依托其技术、资金支撑和拓展能力发展村集体经济。同时,还要结合当地定位及市场反应适时适当、因地制宜调整,并给予引进的项目及产业一定的政策扶持。从而助力挖铜村部分产业由小农经济向现代化、农业产业化、规范化、商品化过渡。

第三,要继续强化支部引领作用。要坚持其对村集体经济的党建引领作用,在民主决策尤其是收益分配等问题上要发挥班子规范化引领作用,努力争取各级党委在项目及资金方面的帮扶。村党支部领办的村集体经济可以适当提高党员和普通社员数量的比例,鼓励村民以土地、资金等资产入股,通过合理的股权量化及收益分配方案,让尽可能多的贫困户入社受益,在账务上要保持公平、公正、公开,使群众的利益得到最大化保证,保证集体资产不流失。从而在一定程度上确保集体资产的保值增值。

第四,要因地制宜、取长补短。根据挖铜村的综合条件,结合前期产业的发展趋势,到周边村寨学习取经,借鉴好的做法、好的经验,引进产业种植大户和相关企业示范带动产业发展。使挖铜村各项产业能在有力的宣传和引领下,朝着规模化、正规化、商品化迈进,促进村集体经济的进一步增收。

案例15 云南省禄丰市乌龙潭村案例报告[①]

云南省禄丰市寨脚社区乌龙潭村,不断强化积累,盘活集体自然资源,建设乡村文旅产业,探索"支部+协会+合作社+党员+群众"模式,通过支部引领、党员带头、协会搭台、果农"唱戏"等有效举措,投入发展桃产业,壮大农村集体经济,不断提升农村居民幸福感和获得感,通过深度产业开发本地资源,全力打造乡村振兴示范村,着力推动共同富裕。寨脚社区先后入选"旅游名村""云南省文明村""云南省旅游扶贫示范村""云南省美丽乡村"等名单,为不断提升美丽乡村建设质量,寨脚社区立足于"滇中桃源·魅力土官"的发展定位,依托土官自然风貌和乌龙潭片区万亩桃园,重点实施片区整合、品牌塑造、产业培育,做大桃产业,深挖桃文化,培育、培优、培强桃经济,不断推进乌龙潭村乡村振兴。

---

① 执笔人:谢东东。

一、乌龙潭村集体经济基本情况

禄丰县土官镇寨脚社区乌龙潭村与昆楚高速公路毗邻，距昆明60公里，辖2个村小组128户507人；四周山势起伏小，生态植被好，土壤疏松肥沃，现有耕地585亩、林地6862亩。乌龙潭村认真践行新发展理念，坚持"绿水青山就是金山银山"的发展理念，以桃产品为发展媒介，成功打造乡村振兴示范村，实现"山区变景区、产品变商品、争创绿色标杆"的华丽转身，形成了"生态好、旅游活、民受益、村振兴"的良好局面。

1994年，土官镇寨脚社区现任党总支副书记赵存荣抓住国家治理"四荒地"的机遇，承包村集体荒山1.8亩开始种植桃树，掀开了寨脚社区桃产业发展的序幕。如今赵存荣拥有桃园40亩，年平均纯收入达10万余元，是乌龙潭村桃子种植大户之一，作为致富带头人，成为村干部，肩负壮大农村集体经济的使命职责。2001年赵存荣进入寨脚社区工作，作为一名村干部，他充分发挥桃子种植大户的区域影响力和带动力，建立"村党支部引领、种植能手带动、贫困户参与"的抱团发展机制，组织贫困群众进果园现场看、实地学，"点对点、一对一"推广桃子优良品种，教授种植技术。在他的带动下，乌龙潭、玉碗水、官田村等180余户群众也开始种植桃子，其中还有16户建档立卡贫困户因此实现脱贫摘帽。因此，寨脚社区的集体经济发展，带头人的作用至关重要。

2018年开始，针对乌龙潭村桃产品市场销售难题，村集体在寨脚社区牵头成立了乌龙潭优质桃种植营销协会，由协会搭建市场交易平台，通过引进6个大商户上门收购，切实帮村民解决了"桃子销路难"的问题。在协会平台的基础上，村集体统一规划，积极与农技中心合作，立足本地发展实际，广泛征求农户意见和建议，不断在实践中完善优质桃的生产标准和管理，对于桃的品种选育、嫁接技术、中耕水肥、整形修剪、病虫害防治管理、果品分类上面统一管理，大力推动老品种改良和新品种引进，着力提升产品品质。目前，乌龙潭村已种植桃树上万亩，其中有油桃、水蜜桃、黑美人等多个优质品种种植面积超过5000余亩，以桃产业为核心的生态农业持续壮大，种植桃子亩均收益4000元以上，农户增收几万元到几十万元不等，真正实现了脱贫致富。该村在生产领域扎实推进规模化特色农业产业布局，加快农业规模化、集约化、产业化发展步伐大力发展高原特色蔬菜、经济林果等产业，有效盘活农村土地资源。巩固优化桃子、樱桃等集群式推广，大力朝美丽乡村体验型和效益型的庄园农业方向发展。据统计，2021年该村共有桃园10000余亩，人均5.1亩，户均19.69亩，亩产1.2吨，平均每户年产桃11.8吨，按均价1元/公斤计算，桃产业总收入12000万元,每户收入118000元,人均桃产业年收入29535元。

二、乌龙潭村集体资产运营管理的特色做法

(一)积极挖掘区位优势,整合山水环境资源

立足乌龙潭村实际,禄丰积极谋划"桃文旅文章"。乌龙潭村立足"滇中桃源·魅力土官"发展定位,以寨脚社区乌龙潭片区万亩优质桃园为载体。以乌龙潭村为代表的禄丰土官镇当地村庄,气候环境良好,年均气温16.2℃,空气质量指数为优,负氧离子高,水、土壤均未受污染,森林覆盖率较高,围绕"彝州东大门""昆明后花园"的区位优势,距离昆明市区仅90公里。禄丰当地积极挖掘乌龙潭村附近的山水环境资源,坚持规划先行,突出桃文化元素,依托寨脚社区乌龙潭一带优质桃园,编制完成了《禄丰县土官镇乌龙潭乡村生态文化旅游区控制性详细规划(2015-2030)》,明确以美丽乡村建设为抓手,建设以乌龙潭村为核心,辐射芹菜塘、玉碗水和温水塘村生态旅游产业发展,打造"滇中桃花源",互动开发土官乡村生态文化旅游资源,带动全镇生态旅游服务业遍地开花。

(二)大力投入基础建设,延长产业发展旅游

为了进一步整合当地资源发展文化旅游业,当地积极改善基础设施建设,打造"桃花源"。禄丰县、乡两级部门切实加强以交通、水利、电力、环保、林业、通信为重点的基础设施建设,打牢乡村旅游可持续发展的基础。以乌龙潭村为中心,投资540万余元实施玉碗水、温水塘、芹菜塘、白涵厂等通村道路硬化建设项目;投资2000余万元,在乌龙潭片区新建乡村文化大舞台、塑木桃文化长廊4组、水上栈道300余米、太阳能路灯60盏等设施,硬化文化活动场地6000平方米,当地建设旅游公厕3座、桃文化展览馆1个、乌龙潭村史馆1个、游客中心1个、桃子交易市场1个、停车场1个、世外桃源景观门2座,种植观赏性桃花等绿化树2000余株,在桃花林中修建观赏游园道1318米,观景亭1座,凉亭3个,村间道路、赏花游路全面硬化,实现污水垃圾有归处,基础设施和人居环境不断提升,生态宜居的"滇中桃源"呈现新景象。

(三)深入挖掘乡村文化,文旅融合塑造品牌

禄丰当地积极依托土官镇寨脚社区乌龙潭一带连片种植万亩优质桃园为载体,通过积极深度挖掘文化底蕴,培植"桃品牌",挖掘桃福寿文化、生态文化、当地苗族文化等多元文化内涵,围绕特色文化旅游开发产品,推动民族文化、古丝绸之路过境文化、"桃文化"融合发展。当地不断创新桃文化旅游节的办节模式,通过成功举办10届桃文化旅游节,形成了"三有四月赏桃花、五至

十月品桃子、一年四季吃农家菜"的乡村旅游模式，不断提高乌龙潭万亩桃园的知名度。在产业发展的过程中，当地积极鼓励和扶持乌龙潭一带农户大力创新发展桃产业、开办生态农家乐，并积极引导融合现有民间文艺表演队，组建民俗风情表演队，加大民俗表演队的培训、管理力度，逐步形成专业表演，配合农家乐接待表演，互动开发土官乡村生态文化旅游资源，打造出土官"三月赏花、五月品桃、七月尝菌、四季垂钓、美味农家"的乡村文化旅游发展模式。据统计，2020年片区内30家农家乐收入突破500万元，景区累计年接待游客5.5万人次，实现旅游业总收入6000余万元。

三、乌龙潭村集体经济发展面临的问题

目前，就寨脚社区乌龙潭村来看，当前发展最大的问题是集体经济涉及的相关产业已经较为明晰，但是集体经济组织作为市场主体和管理集体资产的主体，其自身对于资产开发和进入市场的专业化能力、经营能力都明显不足，集体经济组织的薄弱阻碍了农村集体资产增值。集体经济组织发展薄弱则主要体现在人才要素方面，对于文化旅游产业开发配套相关工作都缺少专业化运营人才。

四、发展壮大乌龙潭村集体经济的建议

积极探索集体经济组织带头人队伍建设，发挥人才引领。农村基层党组织积极充分发挥人才引领作用，立足土官镇省级农民工返乡创业园和县级党员实训示范基地的优势，积极继续培育产业发展人才。壮大企业家致富带头人队伍，为集体经济振兴提供牵引，推动招商引企，引进市场主体对本村桃文旅产业进行合作开发。

同时注重专业指导，继续与云南农业大学等科研团队合作，围绕桃产业产品品种改良、桃子种植管理、提高质量产量等问题展开合作，在实践中提升农户专业化、专门化、精细化水平，为土官桃产业转型升级注入新活力、带来新机遇。

案例 16　河北省饶阳县张苑村案例报告[①]

张苑村隶属于饶阳县王同岳镇，位于饶阳县西南部，大广高速西侧，距离饶阳县县城 10 公里，人口 395 户 1262 人。主导产业为玉米和小麦。近年来，该村相应大力发展村集体经济号召，由国家投入资金，修建了光伏站和水力发电站，预计为村集体年增收 15 万元。

一、张苑村集体经济基本情况

（一）张苑村基本情况

饶阳县位于河北省中部，全县辖 7 个镇和 1 个省级经济开发区，197 个行政村，总面积 573 平方公里，总人口 30 万，耕地 58 万亩。设施果树业是饶阳县最大的特色，全县有设施蔬菜播种面积 34 万亩，年产各类蔬菜 240 万吨。

张苑村隶属于饶阳县王同岳镇，位于饶阳县西南部，大广高速西侧，距离饶阳县县城 10 公里，人口 395 户 1262 人，全村"两委"班子健全，党支部 3 人，村委会 3 人（党支部书记兼任村委会主任），党员 28 名，村民代表 25 人。全村共有耕地 2600 亩，村主导产业为传统粮食作物种植。张苑村现有脱贫户 10 户 23 人，于 2020 年全部脱贫出列，实现稳定脱贫。

随着村集体收入的持续增加，抓村容村貌建设更加有底气。近年来，共完成道路硬化 7500 平方米，修建护坡 2200 米，建设文化广场 4000 平方米，安装路灯 230 盏，建成标准化卫生室 1 个，建成标准化图书室 1 个，安装党建宣传栏 10 个，安装健身器材 30 套。购置垃圾清运车 6 辆，垃圾桶 40 个，垃圾倾倒点 3 处，组建了村保洁队现有保洁员 5 人。改善了群众的生产生活条件，广大群众看到了实实在在的变化，得到了实实在在的实惠。

张苑村基本地理环境为平原，全村人均承包地 2 亩。张苑村现有建档立卡人员 10 户 10 人，现在已全部脱贫。

（二）张苑村集体资产基本情况

村集体收入来源为集体土地承包和政府外拨，饶阳县王同岳镇张苑村集体经济合作社的土地投入重点是村集体有 125 亩未分配土地，张苑村利用国家所

[①] 执笔人：李欣。

给扶贫资金，在125亩土地上建立了16座温室大棚，由于目前村里面情况还不允许直接由党支部负责种植，为避免种植失败带来的负面影响，张苑村党支部另辟蹊径，将大棚出租出去，仅此一项，每年为村集体带来收入14.7万元。

张苑村集体经济合作社的固定资产投入主要包括光伏电站和大棚建设的投入，这部分资金主要来自扶贫办。

在合作社发展过程中，该合作社分别获得过40万元的光电站建设资金和510万元的大棚建设资金，无银行贷款和民间借贷。

目前合作社的现有资金可以满足其进行生产经营的需求，因此合作社既没有负债也没有借贷需求。

二、张苑村集体资产运营管理情况

（一）张苑村集体资产运营发展情况

2022年初，河北省委县委高度重视，将党支部领办合作社纳入深化改革重要内容，由于张苑村合作社确实经济比较依靠政府，而当地政府的确对该县合作社比较重视，例如常委组织部长亲自协调推动，多次组织专题会议安排部署，先后6次组织农业农村局、乡村振兴局、财政局、各镇区等进行座谈交流，县委组织部3次组织骨干人员到山东蓬莱等地考察学习，进一步坚定信心、统一思想，有力有序推进工作开展。

由于当地建立乡村振兴局、市场局、审批局等有关部门协调联动机制，强化工作合力，在农村集体经济发展、农业经营主体发展、农民增收等方面，加强政策指导，给予必要支持，张苑村才能得到更好发展。

按照"试点先行，分批推进，全面铺开"工作思路，张苑村不管是光伏还是大棚都是先引进一小部分，等到开始盈利，张苑村才会接着用扶贫资金继续推行，这在最大程度上降低了风险，使扶贫资金在当地发挥出最大作用。

发展村集体合作社利村利民，如何不断巩固工作成效，持续拓展放大规模效益？工作推进中，注重探索可复制、可推广的经验模式，根据村情实际、群众意愿、产业资源等，结合土地流转、托管经营、旱作雨养等多种方式，探索了两种类型经营模式。

第一种，盘活集体资产经营管理型。

对部分有集体资产资源收归集体由合作社统一经营管理，通过注册品牌、商超对接等渠道提高附加值，增加集体收入。张苑村无论是将自己的集体土地转租出去，还是出租光伏，都是典型的盘活集体资产方式。

第二种，吸引第三方公司合作经营型。

张苑村吸引了第三方公司来此投资光伏电站，公司修建了 300 千瓦的光伏电站，以每亩 800 元的价格租赁 6 亩土地，且带动了当地劳动力就业。

在村"两委"、驻村工作队的密切配合下，结合村产业基础，产业发展方向不断明晰，实现了年年有新增集体收入项目。在清产核资工作开始之时，张苑村还有 18 万元的负债，仅过四年张苑村的集体经营性资产规模便达到了 480 万元，2019 年为村集体修建 100 千瓦光伏电站，当年村集体收入增加 1.9 万元。2020 年在地里占地面积 2 亩，修建温室大棚 28 个，出租棚一项为村集体增加收入 14 万元。2021 年在原有棚室基础上，进一步盘活村集体资产，通过土地发村集体包增收 2.25 万元。2022 年收回集体地 77.4 亩，计划新建棚室 16 未分配座，8 月进场施工建设，仅此一项预计增加村集体收入 14.7 万元。

（二）张苑村集体资产收益分配情况

张苑村集体资产成立于 2018 年 8 月，没有配置集体股，村集体公积金公益金提取比例为 50%。2021 年全村集体资产运营总收入约 15 万元，全部为租金收入。2021 年租金收入集体成员未分红，但建档立卡户会享受分红待遇，但近两年由于资金有限，还未正式分红，2022 年进一步壮大集体经济，增加的收益会在建档立卡户中享受分红。2021 年共收入 20 万元左右，运营成本较低，大概在 5000 元以内，而这盈利中 15 万元被用作公益性事业，剩余 5 万元被用作壮大村集体经济。

未来的集体资产收益分配方案为：50% 的收益用来发展村集体公益事业，50% 对脱贫户额外分红。

三、张苑村集体经济发展面临的问题

现阶段张苑村发展集体经济面临的主要问题为资金欠缺，对资金的处理灵活度不够，缺乏较好的项目。

基于合作社现状，主要存在以下几个问题：

第一，资金短缺。张苑村集体合作社想要进一步发展，还缺少资金，现有资金都用作了大棚等的建设，无法满足下一步发展需求。并且张苑村对资金使用灵活度很差，为了避免差错，几百万的资金，上级只允许建设光伏发电站或者大棚，且都是以租赁形式，因此收益率很低。

第二，人才短缺。合作社管理人才短缺，缺乏长远规划和科学管理。现阶段仅依靠租赁获利，难以突破。

第三，该合作社专业度不高。应该不断学习其他合作社的经验，或者加入其他联合社来增强力量。不能仅依靠国家资金，只进行租赁来解决发展问题。

四、壮大张苑村集体经济的建议

第一,加大当地金融政策的扶持。融资需求迫在眉睫。据调查,正规金融机构贷款年利率一般为 10%,民间借贷利率一般为 12%,高利贷一般为 38%,融资成本不可谓不高,尤其是高利贷触目惊心。针对合作社贷款难、贷款利息高、贷款额度小的问题,应改进当地贷款政策,加大扶持力度。除了贷款方面,还应加大农业保险扶持力度。

第二,提升当地人力资本,完善就业市场信息交流。加大短期职业农民培训扶持,加大长期基础教育扶持,建立完善就业市场双向信息流,降低劳动力市场雇佣者和被雇佣者之间的信息不完全性和信息不对称性。

第三,政府应放大资金使用灵活度,给张苑村更多的发言权,使其可以寻找更多机会,而不是墨守成规。

案例 17 河北省饶阳县邹村案例报告[①]

邹村位于河北省衡水市饶阳县,是中国农业银行总行定点帮扶对象。在全体村民以及农行总行派出的驻村第一书记、邹村党支部书记、村委会书记的共同努力下,邹村通过发展种养殖产业、开辟扶贫车间、建造恒温仓库、引进光伏发电项目,配合党支部的党建引领作用,走出了一条脱贫攻坚、引领乡村振兴的邹村之路。

一、邹村集体经济基本情况

河北省衡水市饶阳县邹村,位于河北省东南部,地处黑龙港流域。全村村民小组数量为 5 个,拥有 1039 户村民、共计 3491 人,全为本村村集体成员。村辖行政区域面积共计 6308 亩,于 2018 年 9 月成功摘帽贫困村、于 2019 年 10 月全员脱贫,目前无易返贫致贫监测户。邹村距离北京 200 公里,村委会距离乡镇政府所在地 2 公里,距离县区政府所在地 12 公里;距离最近的省道 2 公里、县道 1 公里,村内辖有集市。在劳动力就业及收入方面,劳动力外出务工占比为 17%,其余村民均在村内工厂工作或从事种养殖产业等,村民人均年收

---

① 执笔人:彭乐瑶。

入 20000 元左右，在本乡镇中排名较高。本村的集体经济组织注册于 2021 年 3 月，并于 2021 年 6 月完成了清产核资工作，总资产截至 2021 年底估值约 800 万元。村集体现金由乡镇进行管理，没有负债，在账务审核方面由村民代表大会进行监督，确保公正公开。配置了集体股，并且村集体占比 100%，村集体公积金公益金提取比例达 5%~6%，扶贫项目资产收益用于建档立卡户的专项补助开支占比为 1%~2%。同时，邹村是饶阳县唯一成立党委的村。村"两委"班子健全，党支部共计 5 人、村委会共计 5 人，全村党员有 143 名，村民代表有 40 人。

二、邹村集体资产运营管理情况

截至 2021 年底，本村集体经营性资产规模共计 31.6 万元，其中扶贫项目经营性资产规模达 19.6 万元，其他资产规模约 12 万元。在全体村民以及农行总行派出的驻村第一书记、邹村党支部书记、村委会书记的共同努力下，邹村因地制宜、规划引领，招标发展项目，走出了一条脱贫攻坚、引领乡村振兴的邹村之路。本村各类集体资产的主要内容包括以下几个方面：

第一，饶阳县五公镇邹村的农村光伏电站项目，2021 年此项目共计收入达 10.8 万元。五公镇邹村农村光伏电站一期位于村金穗路东侧，为"双轴跟踪式光伏电站"，2019 年 3 月开工建设，2019 年 6 月建成并网，装机容量 145.6 千瓦。该项目由中国农业银行总行定点帮扶资金出资，投资共计 100 万元。该电站共建有水泥立柱 26 个，每个立柱安装 0.28 千瓦光伏板 20 块。"双轴跟踪技术"能够让光伏板"实时跟踪追日"，日落后及大风天气，光伏板可自行放平。2021 年该电站共发电 28 万度，售电收入 10.1 万元。该电站采用"单轴跟踪模式"，建有水泥立柱 328 个，每个立柱安装 0.45 千瓦光伏板块，总装机容量 295.2 千瓦。电站投资 150 万元，预计年发电 48.92 万度，新电站计划采用余电上网模式，并且已与村内企业达成相关协议。

与传统固定式光伏电站相比，新模式的光伏电站优点在于，一方面是发电效率高。发电量较固定式光伏电站提高 40%。另一方面是节约土地。虽然该电站一次性投资高出 30% 左右，但该村建设模式是在路边建设，不占用农田，比同规模的光伏电站每年少支付地租 6000 元，长远来看，综合成本并不高。同时，邹村的农村光伏发电项目还实现了互惠互利。邹村已与村内的企业达成协议，生产电量供给企业生产，协议电价 0.45 元/千瓦时，比上网电价 0.36 元/千瓦时高 0.09 元，使电站收益有所增加。企业用电每千瓦时比电网电价 0.7 元/千瓦时低 0.25 元左右，使企业也降低了生产成本。

第二，果蔬恒温库，2021年共计收入2.1万元。该项目共投资约150万元，为中国农业银行总行捐赠资金。恒温库于2021年4月完工，冷库建筑面积共计826平方米，主要分为5个14.5米×7米和2个14.5米×11米的储藏室，可单独出租，亦可整体出租。

第三，蔬菜钢架大棚项目，2021年共计收入2.5万元。该项目共投资约40万元，为中国农业银行总行捐赠资金。钢架大棚2019年12月建成，共有5个大棚可供租用。通过将其租赁给建档立卡户，可以解决其缺乏资金的难题。每年可生产葡萄1万斤左右，可为农户带来5万元左右的收入。

第四，村集体机动地的租赁项目。邹村共有4600余亩村集体耕地，其中有270亩用于机动地，占比为5%。邹村通过对这批机动地进行复耕和平整后，用于对外出租。质量较好的机动地租赁价格为560元每亩，质量一般的机动地租赁价格为300元每亩。

第五，农作物种植项目。邹村共有4600余亩耕地，主要种植玉米、小麦等农作物，配合于大型农业机械进行收割，设施种植面积共计1000多亩。

第六，邹村的扶贫车间项目。该项目共投资约60万元，为中国农业银行总行捐赠资金。村集体购入先进线缆生产设备，租赁给大型线缆企业，租金签订为5万元一年，通过与贫困户签订长达10年的协议，带动了12户贫困户成功脱贫。同时，该项目可以使得大型线缆企业产能增至3~4倍，增加了企业的营业收入。每年可为村集体增加租金收入5万元。

在村集体资金项目收益分配方面，已有制度可以实现明确的村庄民主决策。主要决策由村民代表大会做出，包括党员代表、街长、巷长、村"两委"成员共计60~70人进行决策。同时，各个项目的开支也会于每个月、每季度在村委的公示栏进行相应公示，确保村集体资金的各项收支集体成员心中有数。

三、邹村集体经济发展面临的问题

第一，在引进项目及发展产业方面，除了有相应的规划，落实情况还需加强。要结合当地定位及市场反应适时适当、因地制宜地进行调整，并给予引进的项目及产业一定的政策扶持。

第二，农业产业组织化程度偏低。在果蔬种植方面还是以每户3~5个棚室为主，组织化程度较低、不利于抵御市场风险，较难实现规模化经营。需要积极探索党支部领办合作社的路径，要更多发挥基层党组织的示范引领带动作用。

第三，要加强区分意识。确保区分农村产权制度改革后的农村股份经济合作社和村党支部领办合作社。要确保村集体经济组织的"集体"性质保持稳定，保证群众利益最大化及村集体经济集体资产不流失这两条底线。对于党支部领办的合作社,要调动乡村干部的积极性。

第四,在人才引进和保障方面,要强化人才的智力支持作用。一方面,村集体吸引乡村人才、培育能人的方法和措施还要继续加强。乡村较为缺乏管理型人才,所以应该鼓励大学生返乡发展乡村产业或创业,鼓励一批懂农业、有技术、会经营的专业性技术人才和能人、居民加入集体经济发展的产业。另一方面,在对人才的保障方面,一些有能力的、懂经济管理的能人被引进后,由于没有经济报酬或者合作社等集体经济组织自身收益不够,会导致该部分人才因遣派的任务压力和生活压力较大难以长期留村发展。所以应对此有所重视。

四、壮大邹村集体经济的建议

第一,要继续引进企业、发展产业。通过项目招标等方式,利用基础重点发展农村优势工业产业如电线、电缆、光伏产业等。该种产业生产周期快、收益较高。邹村已引进电线、电缆企业共24家,带动了本村及附近村共计600余人的就业。其中女性劳动力工资为4000~5000元/月,年轻男性劳动力工资为6000~7000元/月。邹村还引进了铜丝、配套设备企业共40家,也为邹村劳动力就业及村经济的发展做出了一定贡献。故应该继续发挥区位及政策优势,因地制宜重点发展产业。

第二,要继续强化支部引领作用。邹村作为饶阳县唯一成立党委的村,要坚持对于村集体经济的党建引领作用。对于党支部领办的合作社,一定要坚持村党支部集体领办。要注意区分农村产权制度改革后的农村股份经济合作社和村党支部领办合作社的区别,提倡村集体以资金、资产入股村党支部领办合作社,并在该类合作社中占据一定的股份比例、由村党支部主导合作社的发展方向。村党支部领办合作社可以适当提高党员和普通社员数量的比例,鼓励村民以土地、资金等资产入股,通过合理的股权量化及收益分配方案,让尽可能多的贫困户入社受益,在账务上要保持公平公正公开,使群众的利益得到最大化保证、保证集体资产不流失。从而在一定程度上确保集体资产的保值增值。

第三,要继续强化金融部门的信贷资金支持。将村党支部领办的合作社和其他农村集体经济组织纳入银行机构的授信对象。通过与农行总行派出的驻村第一书记进行实地调研,对邹村开发推出一批因地制宜的新型信贷产品、并对资产收益率较高、符合市场预期的产业继续加大投资力度。

案例 18　河北省饶阳县西支沃村案例报告[①]

饶阳县西支沃村位于河北省中部，全村有 377 户 1148 人，主导产业为西瓜。近年来，西支沃村响应大力发展村集体经济号召，发展油莎豆种植事业，预计为村集体年增收 15 万元。

一、西支沃村集体经济发展基本情况

（一）西支沃村基本情况

饶阳县位于河北省中部，全县辖 7 个镇和 1 个省级经济开发区，197 个行政村，总面积 573 平方公里，总人口 30 万，耕地 58 万亩。设施果蔬业是饶阳县最大的特色，全县有设施蔬菜播种面积 34 万亩，年产各类蔬菜 240 万吨。西支沃村隶属于饶阳县饶阳镇，距离饶阳县县城 7.5 公里，全村户籍人口共有 377 户 1148 人，常住人口 368 户 1106 人。全村"两委"班子健全，党支部 3 人，村委会 2 人，党员 40 名，村民代表 14 人。

西支沃村基本地理环境为平原，全村共有耕地 1795 亩，人均承包地 1.7 亩。村主导产业为西瓜、露地西瓜和蔬菜。西支沃村现有建档立卡人员 12 户 12 人，其中 2016 年度以前脱贫 3 户 3 人，2018 年脱贫 9 户 9 人，目前已全部脱贫出列。该村共有基本医疗保险参保 12 人，基本养老保险参保 12 人，最低生活保障 3 户 3 人，特困供养 9 户 9 人，持有残疾人证 4 人。

（二）西支沃村集体资产基本情况

村集体收入来源为集体土地承包和政府外拨，2022 年村预计总收入 20.5 万元，其中土地承包：109 亩地，每亩租金 505 元，年收入 5.5 万元；今年正在推进支部领办合作社，种植油莎豆 700 亩地，同时实施旱作雨养项目，预计增收 15 万元。

西支沃村集体经济组织（股份经济合作社）注册于 2021 年 6 月，有注册资产 370 万元，2021 年底估值 280 万元，缩水的部分是用于偿还历年的债务和计提资产减值。截至 2021 年底，全村共有集体经营性资产规模 18 万元，无公益性集体资产和资源性集体资产。

---

① 执笔人：赵静禹。

二、西支沃村集体资产运营管理情况

2022年初，河北省委农办、省委组织部、农业厅印发《2022年河北省发展壮大农村集体经济工作方案》，饶阳县进一步加大工作力度，组织部、农业农村局、乡村振兴局协同作战，强力推进。在具体工作中，饶阳县探索了五种工作模式，即集体流转土地规模经营型、盘活集体资产经营管理型、吸引第三方合作经营型、设施农产品精深加工型、特色产业生产服务型。其中，西支沃村采取吸引第三方合作经营型和集体流转土地规模经营型模式，大力发展油莎豆种植。

油莎豆是莎草科莎草属植物，也称油莎草。原产地为非洲和地中海沿岸国家。一般在5月底种植，10月开始收获，具有耐寒、耐贫瘠的优良特性，在当地的气候条件下，可以完全依靠自然降水，无须人工浇水。油莎豆地下块茎可以食用或酿酒，富含油脂，我国栽培的油莎豆含油率综合在20%~30%，油脂质量高，可作食用油或润滑油用。淀粉含量亦较高，榨油过后的豆饼渣每百斤可制面粉40~50斤，可以出白酒25斤，饴糖60斤。除地下部分具有较高的价值外，油莎豆地上茎叶部分也具有较高的营养价值，是优秀的牧草。总体而言，油莎豆种植具有较高的经济效益。

西支沃村土地较为蓬松，渗水性好，适合油莎豆生长。自2022年以来，饶阳镇立足镇情实际，紧紧围绕党支部这一战斗堡垒，结合巩固脱贫攻坚成果同乡村振兴有效衔接，充分利用"党建+信用+金融"模式、"政银企户保"模式等现金技术经验，盘活党建、产业、土地、信用金融等发展要素，探索推行"一统四保多收益"的模式，即支部统领整合流转村内土地，托管公司托管经营保障，金融资金保障，保险兜底保障，政府调控保障，促进集体经济增收，农户地租，务工创收，第三方公司盈利。

西支沃村通过由集体经济合作社牵头整合社员地块，利用地块与托管公司合作，由托管公司支付社员地租，并以每亩每年100元的土地推广服务费用给予集体经济合作社。一方面，可以帮助农户流转土地，使希望进城打工的农民可以从土地的束缚中解脱出来；另一方面，对集中连片的土地进行统一作业可以发挥规模效应，提高经营效率。土地由托管公司统一耕种、供料、管理、灌溉、收割、销售。同时，流转地块申请农业支持项目。2022年预计每亩可收获湿豆4000斤，按收购价1.3元/斤计算，可获得销售收入每亩5000元以上，除去地租、物料、人工等成本，纯收益在2000元以上。按照700亩流转规模，2022年村集体可实现年增收15万元，2022年村集体收入可达20.5万元。

传统油莎豆产业的主要劣势在于收割困难,人力需求高,全生产过程中的人力成本可达到全部成本的70%左右。与西支沃村合作的托管企业拥有完善的收割机械,未来还将引进烘干设备,可以进一步节省人工,提高机械化效率。另外,将湿豆烘干成干豆还可将单位价格从1.3元/斤提高到3.3元/斤,大幅度增加效益。

西支沃村油莎豆产业还处于示范阶段,种植规模有进一步提升空间。2022年产业效益较高,可以推动农户将周边耕地改种油莎豆。

西支沃村集体资产收益分配情况如下,西支沃村集体资产由西支沃村股份合作社运营,股份合作社成立于2021年6月,配置集体股占比20%,村集体公积金公益金提取比例15%。2021年全村集体资产运营月总收入14万元,全部为租金收入。2021年租金收入全部用于公益性服务开支(绿化、亮化、美化、水利工程、墙体改造等),未分红。未来的集体资产收益分配方案为:10%的收益用来发展村集体公益事业,10%留存,10%对脱贫户额外分红,剩余70%对集体经济组织成员户分红。

三、西支沃村集体经济发展面临的问题

现阶段西支沃村发展集体经济面临的主要问题为党支部管理不规范、存在"等、靠、要"思想等。

第一,集体经济组织运营不规范问题。和大多数村集体经济组织一样,西支沃村股份合作社的实际运营者为党支部。由党支部领办合作社,一方面可以增加集体收入,提高党组织服务群众的水平;另一方面增加了村"两委"的工作负担。当村"两委"工作本就较为繁重时,还要参与村集体资产的运营管理,反而会使村"两委"分散精力,不利于集体经济的发展和基层治理的深化。例如,在调研组成员对西支沃村相关人员就村集体经济发展情况做问卷调查时,发现村支书对本村集体资产情况不甚了解,特别是对清产核资工作的完成情况以及村集体经济组织资产总额缩水情况语焉不详,这或许说明本村在集体资产管理方面还有不规范的方面。特别地,当问及本村集体经济组织的折股量化方案和收益分配方案时,相关人员给出的折股量化方案与收益分配方案不能匹配,对本村各类集体资产的分类情况也不清楚。这说明由村"两委"运营集体资产时,可能会存在对集体经济组织认识不到位、管理不规范的情况。若此问题长期存在,可能会导致村集体经济组织逐渐失去存在意义,形同虚设,村集体经营性资产从集体资产逐渐转化为一般的产业项目的后果。

第二,本村在发展集体经济上存在"等、靠、要"思想。在问卷访谈过程中，调研员发现西支沃村"两委"将集体经营性资产项目视为外界（即合作企业）的单方面施予，消极地等待合作项目找上门来，对于本村集体事业发展完全依靠国家补贴。特别地，当被问及对本村集体经济发展有何建议时，相关负责人的回答是希望一直得到外部"输血"。虽然本村或许在产业发展方面存在一些困难，但这一回答显然是不合适的。

四、壮大西支沃村集体经济的建议

对西支沃村集体经济发展的主要建议有：

第一，西支沃村集体经济组织运营水平需要提升。特别地，作为实际运营者的党支部应该增进对发展壮大集体经济工作的基本认识，对股份合作社折股量化方案、收益分配等有较为清晰的认知，并认真核对西支沃村各类集体资产情况。

第二，西支沃村村"两委"应进一步解放思想，更新观念，用积极主动的思想对待集体经济发展事业，尤其是应放弃"等、靠、要"等思想，在未来的发展中降低对外界支援（即"输血"）的依赖。

案例19　河北省广平市南吴村案例报告[①]

河北省广平市平固店镇南吴村位于河北省广平市云溪大道北段东侧，紧邻309国道，全村共有208户988人，"两委"干部5人，党员32名，村民代表19名。耕地面积1530亩，南吴村是抗日战争时期广平县委所在地，也是八路军给养埋藏地，地委专员宋任穷、杨秀峰曾经在这里工作、生活过。南吴村的传统版画剪纸也具有深厚的历史。2016年南吴村被评为河北省"美丽乡村"，2019年被评为省级"森林村庄"，2020年被评为国家"森林村庄"。近年来，南吴村积极响应广平市号召，创新"三变三化"，积极谋划农村集体经济发展，通过规模化土地流转等手段，采取"村集体经济合作社+公司+农户"模式，发展壮大农村集体经济，取得了重大成就。

---

① 执笔人：何欣玮。

一、南吴村集体经济基本情况

截至 2021 年底,南吴村集体经营性资产约为 300 万元,2021 年实现村集体收入 19.6 万元。村集体经济收入具体情况如附表 19-1 所示。

附表 19-1 南吴村村集体经济收入明细　　　　　单位:元

序号	收入类型	项目明细	收益金额
建成项目 2021 年收入			
1	土地集体流转收入	南吴村村集体将从农户手中流转来的 350 亩土地转包给农业公司,种植皂角等作物,农户可获得每亩 1000 元的租金,村集体可获取每亩 100 元的管理费以及 20% 的种植利润分成,2021 年此项目为村集体带来收入约 80000 元	80000
2	光伏发电项目收入	利用 5 万元扶贫项目资金(南吴村为非贫困村)投资建设光伏发电设备,与国家电网签订了销售合同,每年收入 6000 元	6000
3	烧烤广场租赁收入	2017 年,南吴村利用广平市帮扶资金 80 万元建了党建林,2021 年进一步在党建林中规划建设了一个烧烤广场,目前吸引一家餐饮主体入驻,建成初期收取租金每年 20000 元	20000
4	村集体自有土地租赁收入	29 亩村集体自有土地对外承包,每年租金 30000 元	30000
5	平固店镇农产品供销总社经营收入	南吴村以土地和厂房占股 50%,利用 2020 年省市专项扶持资金各 150 万元,各占股 10%,县供销社提供供货和销售渠道占股 20%,建设了平固店镇农产品供销总社,目前处于建成初期,2021 年为村集体带来收入 6 万元	60000
在建项目			
6	乡村休闲旅游项目	村北有废弃坑塘 20 亩,目前正在引水、改造中,计划打造成集垂钓、莲藕种植、旅游观光为一体的综合性休闲中心,建成后预计年收入 12 万元	120000
7	面粉加工项目	村集体整合了 9 片 11 亩宅基地,正建造一家面粉加工厂,建成后预计年收入 5 万元	50000

资料来源:根据南吴村访谈资料统计。

二、南吴村集体资产运营管理情况

(一)抓党建,增强凝聚力

2020 年,南吴村积极争取上级资金 150 万元,建成集办公、党员活动、农民技术培训、读书阅览、产品展销等功能为一体的南吴党群服务中心，活动中心占地6.5亩，建筑面积510平方米，生态停车场占地约3300平方米。高标准打造成团结引领党群的政治中心、宣传教育党群的文化中心、联系服务党群的便民中心。2021年，南吴村培养入党积极分子4名，发展党员2名。

（二）抓产业，促进乡村振兴

在脱贫攻坚成果巩固与乡村振兴有效衔接方面，村委会利用土地流转政策，采取"村集体经济合作社+公司+农户"模式，发展农村集体经济。2019年，南吴村流转土地350亩，实现农业产业化经营、集约化发展，与安徽中药材厂合作采取订单式模式，种植白术、丹参、防风、生地、黄芩等中药材。2020年，南吴村继续在土地上做文章，与汇鹏园林公司合作，抢抓广平县承办第五届旅发大会的机遇，开发植物园项目，流转土地400余亩，种植皂角、女贞、栾树等特色苗木经济林，村经济合作社土地入股、公司负责管护经营、村民变身工人到基地务工，苗木销售利润按比例分配。

（三）抓教育，倡树文明新风

制定村规民约，定期进行农民科技培训及各种惠农政策宣讲，增强群众文化素养。南吴村召开全体村民大会，成立红白理事会，建立红白理事会章程，对村里的红白喜事操办提出了新要求，杜绝大操大办、讲排场、比阔气，倡导婚事新办、白事简办，要厚养薄葬，党员干部要带头。积极开展好媳妇好婆婆、道德模范、敬老标兵、星级文明户等评选活动。通过评选典型，让身边的鲜活事迹带动更多的人，促进家庭和睦、邻里和谐、村风文明。

（四）抓发展，提升群众幸福感

改善基础设施，村"两委"积极争取资金，翻修主街、巷道11000平方米。累计治理村内坑塘2个。积极推进"双代"工作，使全村175户用上清洁能源。在美丽乡村打造过程中，南吴村突出"洁、净、美"三大特点，对主街道两侧采用乔灌搭配进行绿化，种植槐树500棵、红叶女贞200棵、大叶黄杨球200棵、大叶女贞200棵、冬青50000棵、蔷薇20000棵，构建优美的乡村环境。村内主街道两侧安装LED节能路灯，方便村民夜间出行。对临街墙面进行改造。主街道两侧修建雨水边沟800米。建设污水处理设施1座。对村内130户厕所进行改厕，改厕率达63%。同时，全村清理空闲宅基、危旧房屋7户，复垦为菜园地，种植上应季果蔬。翻修村内年久失修及影响村容的房屋，为村民营造舒适、优美的居住环境。开拓农家乐等体现村风民俗的特色饮食、住宿模式，街道墙体绘画以"南吴祥云"为主色调，搭配剪纸、版画、铁艺等传统工艺，农村文化氛围浓厚，村内建设了风车巷等街心游园。集中开展环境卫生整治，配备专职保洁员，制定环境整治长效工作机制，村内实现了硬化、亮化、绿化、美化，村容村貌焕然一新，有效地改变了脏、乱、差现象。

三、南吴村集体经济发展面临的问题

（一）村民素质需要进一步提高

村民各方面的素质是影响农村集体经济发展的重要因素，村民公共卫生素质、社会道德素质的提高有利于降低村公共设施维护、卫生维护等公共事业开支成本；村民文化素质的提升能够为村集体经济进一步发展壮大注入长久动能。南吴村虽然为非贫困村，但仍有70%的劳动力常年外出务工，南吴村居民多为老年人和儿童，各方面素质有待提升，需要进一步加大对村民素质的培育。

（二）村集体经济扩展的空间有限

南吴村属于平原村，不同于具备充足的后备自然资源的山地丘陵村，南吴村集体经济发展可用的自然资源——耕地已经得到了饱和利用，未来可供盘活利用的村后备资源缺乏，加上近年来对粮食安全的重视，耕地红线的约束，南吴村进一步扩展村集体经济的空间进一步受到限制。需要充分地在现有规模的土地上"做文章"，将有限的土地进行无限利用，才能实现南吴村村集体经济的进一步振兴。

四、壮大南吴村集体经济的建议

（一）巩固改善基础条件

争取在2025年前，完成全村电网改造升级，为特色产业发展提供可靠电能。同时新修及硬化村内产业路1.5公里，新建路灯75盏、垃圾收集点2个。建设标准化农家乐和特色民宿2家，建设标准化康养模式。发展特色旅游景点3处。规划建设标准化养殖基地4处。

（二）抓好乡风文明建设

一是结合"主题党日"活动，促进支部聚力，村支部每月开展"主题党日"活动，全体村"两委"成员、党员、群众代表和村民骨干都积极参与到活动中，不定时开展走访帮助孤寡老人、援助困难群众等活动，增强组织的号召力、支委的凝聚力。二是组织"警示"活动，保证班子清廉，通过支部集中学习、组织专题活动等不同方式方法，加强示范教育、警示教育，积极找出自身的不足，通过批评与自我批评，让村"两委"的成员绷紧一根弦，手里把握一个度，保持在为群众服务上高效、清廉、干净的作风。

（三）建立乡村振兴人才队伍

建立农村实用人才培训基地，围绕种植业、养殖业、产品加工、电子商务等，培育一批爱农业、懂技术、善经营的本土新型职业农民。优化人才发展环境，解决返乡创业过程中面临的融资、用地、服务、风险应对等难题，鼓励引导有能力、有技术、有资本、懂经营、会管理的人才回乡创业，吸引社会各界投身乡村发展。

（四）强化农村集体经济发展内生动力

从南吴村实际情况出发，围绕乡村旅游、特色种养、民宿开发、农产品加工、观光农业等业态拓宽集体经济发展渠道，通过相互观摩、外出考察等方式，提高南吴村适应市场、发展集体经济的能力，探索资源开发型、股份合作型等加快发展农村集体经济的新路子，支持农村新产业新业态，提高村集体资产收益。积极以提供服务创收的方式来发展壮大农村集体经济。围绕农业产业化，提供产前、产中、产后有偿社会化服务，为农户提供生产资料、农业机械、病虫害防治等技术咨询服务。

案例 20　河北省广平县后南阳堡村案例报告[①]

南阳堡镇后南阳堡村，位于广平县城东北方向 6.5 公里处，是南阳堡镇人民政府驻地村，现有人口 583 户 2794 人，其中群众代表 50 名，党员 57 名，村"两委"干部 7 人。该村曾是省级建档立卡贫困村，村集体经济长期无积累，最多时负债 70 万元。2018 年之前，后南阳堡村产业结构单一，村民大多外出打工，村内 80% 的街巷未硬化，群众出行不便，村庄环境脏乱差，群众意见大，但由于村集体经济基本是"空壳""无钱办事""无能力办事"，村内的环境、交通、基础设施等短板问题长期存在，难以得到有效治理和解决。2018 年，新一届村"两委"班子到任后，针对村集体经济薄弱、村民收入低、思想观念陈旧的实际，提出了"党建引领、产业支撑、集体发展、乡村振兴"的战略定位，确定了"聚焦一个目标、发挥一大统领、围绕一套模式、落实三项机制"的发展思路，村"两委"一班人凝神聚力抓发展、实干担当兴产业、拼搏竞进促振兴。2018 年至今，后南阳堡村先后获得中国美丽休闲乡村、全省发展壮大农村

[①] 执笔人：李愿。

集体经济"先进基层党组织"荣誉称号、省级森林村庄、省级乡村治理示范村、河北省巾帼现代农业科技示范基地等荣誉称号。支部书记王建广荣获"河北省脱贫攻坚先进个人""河北省乡村振兴领头羊""河北省千名好支书""河北省劳动模范""全国农村青年致富带头人""美丽河北最美创业者"等荣誉。

一、后南阳堡村集体经济基本情况

后南阳堡村地处平原，省道公路穿村而过，交通便利，具有较强的区位优势。全村辖8个村民小组，583户共3048人，均承包地1亩，于2020年11月脱贫，其易返贫致贫检测户数为2户。村内集体经济组织注册于2019年3月，并与次年8月完成清产核资工作，注册资产86.05万元。截至2021年底，村内集体经营性资产5000万元，其中扶贫项目资产1200万元，主要包括农旅、种植等八大产业。

八大产业基本情况如下：一是垂钓园，园区由村北一个废弃坑塘改建，在支部的带领和群众的共同努力下，因地制宜，将其就地改造为一个集休闲娱乐、垂钓于一体的垂钓池塘生态园，属于大地农业项目重要功能区。园区总占地7.5亩，年收益30万元，为全村提供38个就业岗位。二是美食广场，广场由村北一片废弃林地改建，隶属"林下经济"。项目投资200万元，于2019年实现对外营业，总占地5亩，年收益48万元，为全村提供56个就业岗位。三是耕种园，隶属旅游体验服务。游客可以在这里体验农耕乐趣，体味"耕读"，总占地30亩、年收益60万元、提供60个就业岗位。四是童话世界，该区域投资500万元，和北侧的城市农夫耕种园内部互通，实施一票通行制度。总占地5.25亩，年收益20万元，提供12个就业岗位。五是冠宇服装，该厂房于2022年2月建成服装加工生产厂区，另有三家分厂，可常年加工欧美外贸订单，新增就业岗位500~600个，占地10.5亩，投资300万元，提供360个就业岗位。六是智能温室，温室于2020年8月建成，投资600余万元，现有30多种蔬菜，20多种水果，发展高效设施农业种植。它是设施农业中的高级类型，拥有综合环境控制系统，利用该系统可以直接调节室内温、光、水、肥、气等诸多因素，增加温室产品产量，提高劳动生产率，实现全年高产、稳步精细蔬菜、花卉等，经济效益好，产品直接供给高端市场，产值翻倍。占地3亩、年收益45万元，提供16个就业岗位。七是蛋鸡养殖场，村"两委"引进社会投资500万元，与北京中国农科院合作，在阚博士指导下建成该"靶向蛋鸡养殖园区"。养殖总量15万只，年产靶向鸡蛋500万枚以上，年产值突破400余万元。占地20亩、年收益100万元、提供50个就业岗位。八是菌菇产业，云溪谷菌菇特供基地建设有20个大棚，年出菇40多万斤，占地70亩、年收益70万元，提供86个就业岗位。

二、后南阳堡村集体资产运营管理情况

后南阳堡村根据自身资源禀赋、区位特点、产业优势，深入探索"三变三化"措施，积极探索多元化的集体经济发展管理路径。总的来说，资产管理以"三化"破围，加强组织化推进。建强"1+10+N"组织体系，即党支部领导下的10个集体经济项目推进小组，全民动员、全民参与、全民共享的推进体系。加大集团化运营。建立"1+8"集体经济市场运营主体组织架构，"1"即村集体经济合作总社，"8"即建立8家集体经济实体（广平县后南堡鹅城菌菇产业扶贫专业合作社、广平县满秋蔬菜种植专业合作社、邯郸市秋赋种植有限公司、邯郸市聚信房地产开发有限公司、邯郸市聚信物业服务有限公司、邯郸市叶雨贸易有限公司、邯郸市稼沃种植有限公司、邯郸市三农生态有限公司）。

"三变三化"管理具体情况如下：一是组织村民入股，实现资金变股金。2019年成立村集体经济合作总社，支部书记带头注入资金300万元，组织村民以资金、土地入股，推进股权设置、折股量化，聚力兴业、抱团发展。自2019年以来，村多方筹措资金，先后投资4000余万元发展集体经济，创建"网红"美食广场、云溪谷菌菇特供基地、靶向蛋鸡养殖园区、城市农夫耕种园、垂钓园、智能温室大棚、儿童游乐场、现代农业示范区、冠宇服装厂共9个项目，坚持独立核算、自主经营，自负盈亏、民主管理，风险共担、按股分红。二是开展清产核资，实现资源变资产。将集体资产登记造册，摸清产权关系。先后将村内闲置林地建成美食广场，把废弃坑塘打造成5000平方米的垂钓鱼塘，激活"沉睡资源"，仅此一项实现集体增收30万元，村集体经营性收入实现了从无到有的突破。凭此经验和良好开端，又先后建设起垂钓园、菌菇基地等一批集体产业。三是每年按股分红，实现村民变股民。坚持多元化发展，积极探索"资金跟着穷人走，穷人跟着能人走，能人跟着产业走，产业跟着市场走"的产业精准扶贫新路子。先后建设靶向蛋鸡养殖园区，年产靶向鸡蛋500万枚，带动就业36人；建成面积5000平方米鱼塘、2000平方米智能温室，大力发展高效农业。建设20亩靶向蛋鸡养殖园区，集体增收15万元；建成70亩菌菇产业基地，年产菇40万斤，集体收入12万元；依托云溪谷国际文旅度假区，推动农旅融合，建设儿童游乐场、城市农夫耕种园，打造以体验田园生活为核心的云溪小镇。每逢假日，游人如织，老百姓吃上了"旅游饭"。

三、后南阳堡村集体经济发展面临的问题

从实际发展情况来看，制约村庄全面乡村振兴的问题主要有两个方面：一方面是产品市场不够开阔，依赖性较强，持续性不足。以耕种园为例，建成后年收益虽达 60 万元，但主要收益来自前几年的一次性定金，且顾客皆为支书个人社会资本，来源单一，不确定性较强，抗风险能力弱。另一方面人才依然缺乏，尽管全村招聘了一批有专业素养的人才，但仍存在"留不住"的现实问题。同时，村"两委"兼任各个产业负责人，事情繁多，分身乏术，与未来规划不相适应。

四、壮大后南阳堡村集体经济的建议

（一）党支部是发展的总引擎

"农村富不富，关键靠支部"，乡村振兴，选好"带头人"是关键。后南阳堡村选择了年轻有为的青年企业家作为党支书，思路活、有担当、懂经营、善管理。当选村支部书记和村委主任以来，带领村"两委"一班人迅速厘清了发展思路和战略定位，以"党建+网格"管理服务新机制为切入点，把村内党员、村民代表、热心群众等凝聚团结在一起，形成同心同向、同频共振推动乡村振兴之势，为集体经济发展做足了人力保障。

（二）总模式是发展的推力器

"三变三化"发展模式中"三变"是基础，"三化"是路径。后南阳堡村在发展壮大集体经济过程中，以"三变三化"模式为总抓手，村"两委"一班人担当作为、敢为人先，以"三变"破镜、以"三化"破围，强化项目布局、产业打造、链条培育，打好了"组合拳"和"连环招"，在党支部的带领下，实现产业多体培育、群众多方增收、集体多元发展。

（三）产业是发展的硬支撑

后南阳堡村以走好"三变"三步棋、唱响"三化"三部曲为强举，以"七大产业"为支撑，立足做大、做优、做强强村项目、富民产业，在发展一批好产业上下功夫、在培育一批强项目上用气力，精准施策、靶向发力、聚智突破，真正把农民组织起来、资源整合起来、产业发展起来，使支部更有凝聚力、号召力，村庄更有精气神、活力劲，村民更有归属感、幸福感。

案例 21 甘肃省渭源县干乍村案例报告[①]

近年来,渭源县会川镇干乍村以开展集体经济收益分配试点工作为契机,把好集体经济收益"基本盘",用好生态文明银行"软载体",探索总结出用农村集体资产收益分配做好改善人居环境、提升基础设施,促进就近就业,提升基层治理等乡村建设"硬任务"的 1×1=4 "干乍模式",为深入推进乡村振兴,建设新型乡村贡献干乍智慧。

一、干乍村集体经济发展基本情况

渭源县会川镇干乍村位于会川镇南部,距渭源县城 31 公里,距会川镇政府 5 公里,全村辖 10 个村民小组 455 户 1909 人,全村有脱贫户 186 户 804 人,于 2019 年底实现整村脱贫退出,现有"三类户"26 户 96 人。2017 年,随着 300 千瓦农村光伏扶贫电站在干乍村旁建设成功,同时路园光伏园区也增加建设了 1 座 200 千瓦农村光伏扶贫电站,农村电站成为村集体经济收入不断的造血干细胞。

二、干乍村集体经济发展主要举措

渭源县会川镇干乍村在总结运用"道德集美积分超市"建设成功经验的基础上,率先探索建设并挂牌成立干乍村"生态文明银行",制定了《干乍村"生态文明银行"创建实施方案》和印发了《干乍村"生态文明银行"积分管理办法》。"生态文明银行"引进实名储蓄卡系统,推行积分"储蓄"兑换和积分排行表彰制度。积分制以"嘉德善行"为核心内容,设置人居环境、孝老敬亲、志愿服务、移风易俗 4 大类 45 个小项,另设家庭增收、个人素养、政策知晓、积极参保 4 项,每月由村民小组评议员对农户行为习惯进行量化评分,引导人们改变行为习惯、激发内生动力。按照"一定、一评、一公示、一兑换"的管理运营制度,每月的积分评定结果在村务公示栏内进行公示公开,接受党员群众监督。群众持本人储蓄卡积分可随时在银行办公点兑换各类日常用品,把自身的"嘉德善行"变为"真金白银"。在积分兑换基础上,实施"兑换+表

[①] 执笔人:谢东东。

彰+典型"的正向激励机制。

村"两委"每季度对积分排名榜前十名的农户授予"文明之星"荣誉称号，优先推荐申报"道德模范"和"文明家庭"，以点带面激发群众向上向好合力。截至目前，开展争先创星评优活动12场次，已对320户农户在"生态文明银行"兑换了物品，评选文明家庭20户，道德模范20人，对表现突出的260户农户进行了表彰奖励，对50户五星级文明户、80余名先进工作者和优秀共产党员颁发荣誉证书，鼓励了先进，激励了后进，弘扬了正能量，提振了全村全力建设新乡村的精气神。

同时，当地积极做好美丽乡村建设"硬任务"。改善村内外人居环境，为进一步提升全村人居环境，干乍村合理利用村集体经济收益，结合全县"三清三建三提升"行动，紧紧围绕柴草堆放、乱搭乱建、庭院卫生、庄前屋后、河道堤坝等突出问题和重点区域，大力开展人居环境整治行动，制定出台了《干乍村人居环境整治方案及奖惩办法》。整治行动开展以来，共清理杂草4公里、粪堆40处、柴草垛80堆、河道清理1.2公里、拆除乱搭乱建21处、道路两旁覆土3公里、修建小公园小菜园18处。定期为全村特困供养户、一二类低保户及卫生清理不彻底的一般户组织公益性岗位人员上门进行入户整治。通过整治活动，干乍村村容村貌发生了显著变化，群众环境卫生意识得到明显提升。同时，当地积极设置农村公益性岗位。采取"四议两公开"的方式，在全村脱贫人口中聘用无法外出务工的富余劳动力为乡村保洁员、公共设施维护员、交通安全劝导员等农村公益性岗位人员，不仅拓宽了富余劳动力的就近就业渠道，而且保证了劳动力就业稳定性。村公益性岗位实行设岗定责，绩效考勤，划片包干，责任到人制度，由驻村帮扶工作队、乡镇驻村干部和村委会成员对公益性岗位进行考核。

三、干乍村集体经济发展的主要成效

2018年，渭源县会川镇干乍村将国务院扶贫办、省财政厅帮扶资金共计230万元作为发展壮大村集体经济收益入股本金投入荣丰农民专业合作社，每年分红19万元。形成了双源合流，共同增加村集体经济的良好局面。如今，干乍村每年增加农村集体经济收入59万元左右，村集体经济收益从2017年的不足1万元增加到目前的80余万元，成了远近闻名的"富汉村"。

集体经济发展壮大有力地提升村基层治理水平。村集体经济收入的不断壮大，科学分配收益，使得农村党组织实现了"有钱办事"，提高了农村基层组织的"办事"能力，有力提升了农村自治善治的能力。全村推行网格化管理机制，

将10个村民小组划分为42个网格,把各级网格打造为社情民意的收集点、返贫风险的监测点、群众内生动力的激发点、群众信访的受理点、矛盾纠纷的化解点、为民服务的代办点,并建立健全网格指导员、网格长、网格员三级管理体系,明确从村集体经济收益中列支报酬,明确职责,细化考核,规范管理,确保农村事务"片区有人管、事事有人理",最终实现管理服务"一张网",初步形成固本筑堡垒、聚力促振兴的良好工作局面。

目前,干乍村设有农村公益岗位43个,带动参与群众户增收6000元以上。村"两委"根据下沉责任"5446"和"1+4"网格化走访所收集到的意见和建议,严格运用"四议两公开"工作法和"一事一议"议事决策程序,组织群众讨论村内社内基础设施、公共服务等方面存在的困难和问题,形成了农村项目清单和项目库,利用村集体经济收益,有效解决基础设施和公共服务方面的短板。先后投资村集体经济收益10万余元落实主巷道沙化,1.5万元修建板涵桥一座,10余万元落实改厕补贴,12万元整修提升农路,8万元新建小花园、小菜园、小公园,这些项目实施有效解决了群众急难愁盼的突出问题,得到群众高度拥护,群众自愿积极投劳投工,村内基础设施得到大幅提升,村容村貌得到了极大改观,村民认可度得到大幅提高。

案例22 四川省青川县青坪村案例报告[①]

新一轮东西部协作工作启动以来,西湖区青川县两地坚决贯彻落实习近平总书记重要指示精神,坚持把"白叶一号"项目作为东西部协作工作的先导工程、示范工程和重点工程,聚焦聚力将"白叶一号"茶苗种活、种好、种出效益,助力农村集体经济发展。

一、青坪村集体经济发展基本情况

青川县沙州镇青坪村位于沙州镇西北部,距离沙州镇政府8公里,是2014年省定贫困村,东与江边、三堆村相连,西南与三堆村接壤,北与寺沟村、甘肃省文县中庙镇孔家山村相邻,平均海拔850米。所辖6个村民小组,全村总户数343户,总人口1041人,总劳动力565人。有中共党员47人,建档立卡

---

① 执笔人:谢东东。

户 69 户 214 人。自 2014 年全国全面进入脱贫攻坚以来，该村因地制宜地陆续发展"一村一品"的脱贫致富产业，主要以茶叶种植为主导，2017 年种植龙井 43 号绿茶 3100 亩，2018 年和 2019 年种植"白叶一号"白茶 1226 亩，现已形成采摘、加工、销售为一体的成熟体系。

二、青坪村集体经济发展主要举措

首先，建强一套班子，给村集体经济"保驾护航"。当地积极构建组织大格局，青川县沙州镇把发展壮大青坪村集体经济作为"书记工程"与中心工作同步部署、同步督导，建立了镇党委书记担任"大村长"牵头负责，分管领导、联村领导常态跟进，村"两委"具体落实的机制，推动青坪村集体经济发展。青坪村成功创建为省级"5A 先进村党组织"。在此基础上强化分析研判。将集体经济政策及相关法律法规纳入村"两委"会议、镇党委会学习内容，定期召开村"两委"会议、镇党委会议听取"白叶一号"项目推动、资金使用、风险把控等情况，分析研判村集体经济发展形势，召开专题会议 21 次，查找解决问题 40 余个。同时，当地积极筑起人才小高地。聘请著名茶叶专家、中国茶叶研究所研究员白堃元为"白叶一号"驻园专家，定期到基地指导技术。市、县、镇茶叶产业专技人员常驻基地"全天候""零距离"开展技术服务，全县 12 名涉农领域高层次人才积极献智献策。

其次，积极发展茶产业这一主导产业，给村集体经济"换挡加速"。当地把茶产业作为主导增收产业，目前已发展到 4326 亩，其中，"白叶一号"茶叶 1226 亩、绿茶 3100 亩。一是坚持"支部主导、党员主动"。将白茶基地划块编号，党员干部一人一块"责任田"，对责任区内茶苗栽植、管护、采摘、销售等"一条龙"大包干，彻底扭转了"白叶一号"管护粗放的局面。二是创新利益联结机制。建立"土地流转收租金、务工就业挣薪金、入股分红得股金、委托经营拿酬金、村集体分红得现金"的"五金"收益分配机制，让各方经营主体尝到了产业甜头。

再次，积极探索创新管理模式，给村集体经济"强肌健体"。当地积极专业化做好源头管控。在种植基地设立观察点、试验地，不断加强不同条件下"白叶一号"生长发育跟踪观察和对比试验，形成符合青坪村实际的茶园精细化管护"施工图"和要素投入的"配置单"，有效推动传统除草方式向科学控草方式"技术革新"，实现茶园病虫害绿色防控覆盖率达 100%，逐步构建起青坪村本土化的"白叶一号"栽培加工技术体系。同时，精准化打造"数字驾驶舱"。发挥杭州数字化改革先发优势，率先成功打造"白叶一号"数字驾驶舱。依托物联网、5G、人工智能以及大数据等现代技术，实时监测采集茶叶生长环境数据，靶向生成"白叶一号"定制化管护方案，通过监测预警系统，线上"自动派单"给基地网格员和种植户。

最后，标准化培育青川白茶。邀请杭州市供销联社、西湖区农业局、西湖龙井茶叶集团等茶学专家，全程指导采摘、摊放、杀青等6道工艺，推动白茶产品品质逐步优化。大力推进茶叶质量安全溯源管理，将种植、采摘、加工等信息录入农产品质量安全追溯管理信息平台，实现"码"上溯源保质量。农业农村部茶叶质量监督检验测试中心最新检测显示，青坪村白茶成品茶"汤色清澈明亮，香气高鲜、有栗香，滋味清鲜甘醇"，其游离态氨基酸高达7.5%，是普通绿茶的2倍以上。

三、青坪村集体经济发展的主要成效

2022年青坪村集体经济发展取得初步成效，实现村集体经济收入5万余元，人均实现增收3500余元。2021年，"白叶一号"基地共支出土地流转金36.78万元、务工工资120万元，新增集体经济发展基金4.5万元。

案例23 山东省栖霞市衣家村案例报告[①]

自2017年以来，栖霞市亭口镇衣家村党支部领办成立"村社一体"合作社，发动群众以劳动力入股，发扬新时代愚公精神，坚持靠山吃山、依山活山，带领群众战天斗地，将荒山岭变成了"金疙瘩"，闯出了一条组织群众、依靠群众、共同致富的富民强村之路。先后被《人民日报》《大众日报》《支部生活》等多家省级以上媒体报道，衣家村先后入选中国美丽乡村百佳范例、山东省乡村振兴"十百千"工程，村党支部书记衣元良先后被评为山东省"齐鲁之星""优秀党务工作者"。

一、衣家村集体经济发展基本情况

栖霞市亭口镇衣家村共52户113人，党员15名，"两委"成员6人，耕地面积420亩，果园面积350亩。衣家村地处偏远，村庄缺路缺水、环境恶劣，

---

① 执笔人：谢东东。

集体增收无门无力、后劲不足；村庄劳动力匮乏，人均纯收入长期低于8000元，人心涣散。面对村集体发展的残酷现实，2017年村党支部组织带领全村党员干部到先进村庄观摩学习，感受发展差距，观摩结束后趁热打铁召开交流座谈会，经过反复讨论，村党支部决定积极响应烟台市大力推行的村党支部领办合作社模式，通过领办合作社把仅有的群众组织起来，在山沟里下力气干一番事业。2017年9月，村党支部书记衣元良代表村集体注册成立了"一点园"合作社并担任理事长，积极做大产业。

二、衣家村集体经济发展的主要举措

第一，针对当地的发展基础薄弱问题，村集体积极开展群众动员投入。衣家村作为一个典型的山区村，山高坡陡、土地贫瘠、可用耕地少，村集体无资金，既不具备土地规模化经营、机械化运作的条件，也没有短时间筹集大量资金流转土地的能力，为此，村党支部立足现实条件和调动村民积极性，动员群众以劳动力入股，从最紧缺的"路"和"水"上做文章，将劳动力量化为股份，创新推行"工票"制度，凡是本村村民自愿入社的每人1个原始股，只要入社村民参加集体劳动的，按照男性120元/天、女性80元/天的标准发放"工票"，满2000元可转1个创业股，村集体按股分红。同时社员可用"工票"在合作社购买生产物资和灌溉用水、管线、樱桃苗等，工票使用完后可以继续留在账上按照股份参与分红。为确保公平，"工票"由村里统一印制，每张"工票"都必须经村党支部书记、合作社理事和监事三人同时签字、当众发放。这种体现社会主义按劳分配原则的"工票制"，一举激发了群众干事创业的内生动力。

第二，在动员广大集体成员的基础上，当地积极投入基础设施建设。合作社成立后，当地积极投入修山路，以便水能引上山、树能不遭旱、果能运下来，在资金投入不足的条件下，由党支部带领全体村民用最原始的工具肩扛手抬，打深井、通山路、建水塘，仅用7个月就修出了一条长5.5公里、宽5.5米的环山路，平整开阔直通果园。2019年9月，村党支部多方协调资金，党员群众义务投工投劳，仅用1周时间，完成了环山路硬化，上山更加安全迅捷。同时，当地积极挖渠铺管打井，解决了村民吃水难题；在生产用水上面，修缮3个废弃水塘，建设2个800立方米的高位蓄水池、1个上万立方米的小型塘坝、3个泵房，铺设微喷滴灌管路56公里，实现了全村350亩耕地智能微喷滴灌全覆盖。

第三，在基础设施建设改善的基础上，当地积极开发"荒山"资源发展产业。依托山地多、适宜种果树的优势，村党支部数经过深入考察后，在环山路沿线栽种2500棵"晚红脆"桃树、1000棵"荷兰香"杏树，相当于增加集体果园50亩，预计每年可增收20余万元。针对社员现有300多亩土地种植樱桃多、苹果少，品种老、树龄长的实际，由合作社统一负责，逐步减少老品种，种植新品种，保障合作社和群众收益最大化。同时，凭借完备的水利设施，村党支部领办合作社加入一滴水水利联合社，按照5元/立方米的标准实现全村刷卡浇水并向外村供水，村集体年可收益30多万元。当地山林天然纯净、保护良好，满山遍野的果园，新修的环山道路，都为发展乡村旅游创造了基础条件。村党支部聘请上海设计公司对环山路、果园、闲置房屋等资源进行整体规划，结合投资150万元、占地1150平方米、建筑面积280平方米的衣家村史馆，同步打造党员干部"三同"教育基地，发展集生态养殖、采摘体验、休闲观光、党性教育等为一体的特色乡村旅游；建立衣家村电子商务平台，借助现代技术手段，实现旅游信息线上发布、农家果品线上销售，多渠道增加集体、群众收入。

三、衣家村集体经济发展的主要成效

第一，壮大了集体积累。为进一步挖掘生态资源，当地村支部决定发展藏香猪生态立体养殖，猪舍上覆土种植桃树，购买藏香猪102头，猪肉市场价格是普通白毛猪的5倍以上，仅此一项每年可增收30万元，目前已顺利产崽50窝、300余头，市场供不应求。2022年新增投资白木耳项目，建设白木耳大棚21个，每个棚年收入12万元左右，年可增加集体收入200余万元。

第二，创新股份收益分配模式，壮大集体经济发展活力。在产业发展收益分配上，收益的70%面向社员进行分红，30%作为集体收入，预计社员年人均增收7000元，集体可收入70多万元。截至2022年，衣家村累计投工投劳折合300多万元，明确规定全村老幼病残凡自愿加入合作社的，除享受原始股外，还可参加基础设施建设出工入股，与正常社员共享发展红利，最大程度照顾到因年龄和伤残而失去劳动能力的村民；同时，为加快村庄发展，合作社还计划按照一定比例，设立"技术股"以吸引人才返乡创业，真正把有劳动能力的"用起来"，劳动能力差的"带起来"，无劳动能力的"保起来"，让全村村民变股民，确保"致富路上不落下一个人"。

案例 24　陕西省合阳县方寨社区案例报告[①]

陕西省合阳县金峪镇方寨社区积极利用获得西北农林科技大学帮扶的历史机遇，当地因地制宜，结合地方特色加快发展樱桃产业，全力以赴推动产业转型升级。社区不仅提前两年整体脱贫，还从昔日的"贫困村"蜕变为如今的"亿元村"，开启了全面推进乡村振兴的新局面。

一、方寨社区集体经济发展主要情况

方寨社区地处合阳县西北，位于典型的渭北台塬地区，长年干旱少雨，昼夜温差平均12℃，共有19个村民小组，962户3310人，辖区面积21平方公里，耕地面积14928亩。贫困发生率曾经高达36%，建档立卡351户，脱贫人口1100余人。

长期以来，方寨社区主要种植小麦、玉米等农作物，经济作物较少。在西北农林科技大学对方寨社区特殊的水热和土壤条件多次考察论证基础上，方寨社区试点种植了50亩樱桃。2013年6月，在专家规范化种植技术指导下，50亩樱桃总产值达到30万元，亩均收益达到6000元，是种植传统农作物的5倍。沉甸甸的收入点燃了村民们种植樱桃脱贫致富的热情，方寨社区开始了规模化发展樱桃产业的探索。在校地的共同努力下，方寨社区的樱桃产业从2013年的50亩发展到如今集中连片9050余亩，962户村民中，760户参与了樱桃种植，占比80%。2022年，方寨社区樱桃产值达1.05亿元，突破亿元大关，带动本地和周边1139户果农致富。

二、方寨社区集体经济发展的主要举措

第一，积极接受西农的帮扶指导，强化技术支撑。2014年，方寨党支部、农业技术骨干赴西北农林科技大学铜川樱桃试验示范站考察学习，了解樱桃产业的市场前景。社区内建设了樱桃产学研一体化示范基地，由西农组建了一支涵盖植保、土肥、设施、储藏保鲜等方面的多学科技术团队，围绕樱桃产业发展的关键技术难题开展科学研究和新品种新技术推广示范。在学校的帮助下，

[①] 执笔人：谢东东。

方寨引入了 21 万株优质种苗，4200 亩集中连片樱桃拔地而起，同时加强规范化的经营管理，在园艺学院、经管学院专家指导下，方寨社区党支部牵头成立了金雨果蔬专业合作社，系统开展技术培训指导和品牌营销服务。到 2018 年，社区樱桃种植面积达 6300 余亩，4200 亩樱桃首次挂果上市，年产值超 2000 万元，方寨樱桃产业得到稳步发展。

第二，积极引进推广名优品种，创新技术应用。由西农技术专家团队结合方寨社区干旱缺水、土壤中性偏碱的特性，针对性地推广了抗癌、抗旱性强，具有自主知识产权的马哈利 CDR-1、CDR-2 优良矮化砧木，先后推广了多项早熟、中熟、晚熟优良品种，优化砧穗组合和品种结构。在实践中，当地积极探索规范标准推广技术，由西农牵头制定了樱桃园管理周年历，建立了一套从果园建园到树体管护、整形修剪、病虫防治、采前采后管理的标准化技术流程，进一步规范樱桃果园管理。当地积极应用先进技术，推动省力化管理；推广设施栽培技术，设施大棚樱桃收入可达 8 万元/亩，提高了生产效益。

第三，当地培育骨干队伍，推动人才振兴。当地积极争取西农帮扶下成立樱桃协会，由每个村民小组选派 1 名技术骨干参加协会，定期开展技术培训，由 13 名协会成员服务带动方寨社区 3 个自然村 760 户果农的樱桃种植，构建起"专家+骨干+农户"的技术培训体系和服务网络。同时，积极组织产业发展技能专项培训；组织技术骨干到西农樱桃试验站和外省参观学习先进管理技术，提高果农业务素质。

第四，立足当地特色，积极推动营销创新发展。当地积极建立追溯体系，打造地方品牌，由西农指导推行大田作物，不催熟，不膨果，开展无公害农产品、有机产品认证，打造原生态有机时令水果标签。2017 年，当地注册了"方寨红"商标，从品牌证书到产品包装一应俱全，走上品牌化发展道路。当地积极搭建电商平台，在淘宝、京东等平台铺货，每年通过电商销售 1000 万元以上。为提升产品知名度，当地与多部门连续 5 年共同主办合阳"方寨红"樱桃推介会，吸引了大量各地客商洽谈合作、大宗采购。推介会期间，对市民游客开放采摘，通过现场体验采摘，更好地展示果园的生态、安全及品质。

三、方寨社区集体经济发展的主要成效

（一）实现了"贫困村"到"亿元村"的蝶变

方寨社区得到了园区规划、品种选育、苗木种植、园区管理、产品销售的全链条产业帮扶，助力了集体经济壮大。2018 年开始，方寨社区樱桃产值以平均每年 2000 万元的幅度增加，2022 年达 1.05 亿元。2022 年，挂果樱桃亩收入

1.5万元以上,总产值达1.05亿元。760户果农中,樱桃收入5万~10万元的有37户,占比为5.0%;收入10万~20万元的有608户,占比为80.0%;收入20万~30万元的有104户,占比为13.6%;收入30万元以上的有11户,占比为1.4%。方寨樱桃产业园获批2018年省级现代农业园区,连续3年获合阳县十佳示范产业园,方寨社区连续6年获金峪镇产业发展、乡村振兴先进集体。

(二) 带动了产业蓬勃发展

得益于西农的科技研发和推广示范,当地能够优化了砧木品种,攻克了根瘤病、早期冻害等难题,提高了果品品质,实现了樱桃分期上市,把"小樱桃"变成了群众的"摇钱树"。万亩樱园绽放致富希望,带动了整个金峪镇以及合阳县百良镇伊尹社区、黑池镇五丰社区、同家庄镇西同醍村等周边村镇的樱桃产业大发展,实现全县栽培面积3万亩,让樱桃成为合阳特色产业之一。

(三) 培育了本土技术人才

当地通过组织专项产业培训、田间地头指导等多种方式为地方培养本土人才,实现了"输血"式帮扶到"造血"式赋能的转变,近五年累计举办各类培训100余场次,面对面指导果农15000余人次,培养了一批引领一方、带动一片、留得下、能致富的本土人才。

案例 25　四川省巴中市枣林镇灵山村案例报告[①]

枣林镇灵山村地处四川省巴中市巴州区西北部,距巴城24公里,距枣林14公里,与南江接壤,平均海拔1200米,辖区面积8.5平方公里,下辖3个村民小组,共315户1085人。系2014年脱贫村,有脱贫户137户400人,监测户2户6人,2017年整村脱贫。现有主导产业东西部协作"灵山云雾茶园"500亩;"灵山畜禽养殖带"养殖生猪4000余头;"灵山酒店""灵山烤全羊""灵山柴火鸡"等产业链。从2021年至今,灵山村被评为全省"四好村""乡村旅游示范村""全省最美古村落""四川省生猪监测点""四川省乡村振兴示范村""全市4A级先进党组织"。

---

① 执笔人:谢可。

一、本村集体经济基本情况

灵山村围绕灵山场镇"做文章",入股配套建设景区游客接待中心和灵山茶叶展示体验中心,自主建设场镇旅游车位,闲置村部办公室及原粮站等村集体资产投入到灵山柴火鸡、烤全羊两家特色美食店,灵山农贸市场摊位租赁、东西部协作产业项目灵山云雾有机茶园等,站位准、路劲优、可持续。

在2020年村级建制调整过程中,原灵云居委会并入灵山村。因历史原因,原灵山游客接待中心、闲置村部、粮库等集体资产长期闲置,未产生相应效益,且存在一定安全隐患。自村领导换届以来,枣林镇党政领导班子把发展壮大集体经济作为乡村振兴的重要抓手,多次带领镇农业服务中心、财政所等镇级部门实地指导灵山村"两委"做好清产核资等工作。对隶属灵山村"两委"及区粮食和物资储备中心的集体资产进行分类造册,让"沉睡的资源"变成了"活资产",有力破解了集体经济发展难题。

针对灵山景区旅游无特色餐饮、旅游元素单一的现状,自2021年以来,镇党委政府多方招引投资商,累计投入资金1200余万元,有效盘活原灵山游客接待中心、闲置村部、粮库等集体资产3000余平方米,建成了集住宿、会议、特色餐饮为一体的灵山文旅康养中心,集中经营灵山酒店、灵山柴火鸡庄和烤全羊馆。该中心通过"定向发展""定单销售"等形式,帮助本地农户销售土鸡、土猪、黄羊、果蔬等优质农产品,解决厨师、保洁、客房服务、景区管理等各类就业岗位30多个,实现人均增收500元以上,让群众在产业发展中得到了真金白银。

二、灵山村集体经济发展模式

(一)选准发展路径

灵山村根据自身禀赋选准发展路径,深化"1+1+N"发展模式,壮大集体经济。灵山村抢抓全市上下突破发展文旅康养首位产业重大战略机遇,不断创新文旅康养产业发展思路,进一步培育壮大村级集体经济。该村立足自身资源禀赋和区位优势,探索实施政策红利型、文旅康养型、入股分红型、生产经营型、服务创收型等多种集体经济发展道路,以"五园一带二中心"为支撑,辐射带动全村集体经济蓬勃发展。

(二)探索N种增收模式

灵山村制定出台了《灵山村集体经济资金监管和使用方法》,明确规定本村集体经济发展收益,除按规定为相关农户分红外,还将部分集体经济收入用于农村人居环境改善和公共服务配套建设。东西部协作产业项目灵山云雾有机茶园每年固定分红10万元。灵山村还将80万元集体经济扶持项目资金投入到阴灵山景区游客接待中心和灵山茶叶展示体验中心等项目,每年实现分红近4.8万元。随着灵山片区文旅康养产业的提档升级,场镇旅游车位停车收费每年约1.2万元。灵山村通过灵山农贸市场摊位租赁给相关业主,每年收取管理费0.5万元,促进本村集体经济项目经济效益和社会效益的最大化。

采取固定资产入股和现金入股的方式,将原灵山游客接待中心、闲置村部、粮库等集体资产和中央、省级集体经济扶持项目资金40万元分别投入到灵山文旅康养中心等项目,每年累计为村集体分红10万元,人均集体经济收入增加近100元。2021年,灵山村被评为"四川省乡村振兴示范村"。灵山村正以崭新面貌绘就"农村美、农业强、农民富"的美丽乡村蓝图。灵山村在党支部书记同志的带领下,多方招引投资商,累计投入资金1200余万元,建设了集住宿、会议、特色餐饮等为一体的灵山文旅康养中心。中心的建设,有效盘活了村级闲置资产,解决了灵山景区旅游无特色餐饮、旅游元素单一的短板,还通过"定向发展""定单销售"等形式,帮助本地农户销售土鸡、土猪、黄羊、果蔬等优质农产品,解决厨师、保洁、客房服务、景区管理等各类就业岗位30多个。

案例26 四川省巴中市天马山镇狮子寨村案例报告[①]

狮子寨村是四川省巴中市巴州区天马山镇下辖村,距巴城30公里,离天马山镇政府驻地5公里,毗邻天马山国家森林公园。辖区面积2.8平方公里,其中耕地1272亩、林地2158亩,海拔在700~1200米。全村户籍人口243户783人,下辖2个村民小组,有党员48人;系2014年脱贫村,有脱贫人口20户79人。2020年至今,狮子寨村先后被评为2020年四川省卫生村、四川省"六无"平安村、2021年度四川省乡村振兴重点帮扶优秀村、巴中市重点帮扶优秀村、省级乡村旅游重点村、四川省第三批乡村治理示范村等。

一、本村集体经济基本情况

天马山镇狮子寨村党支部抢抓天马山旅游景区开发政策机遇,创新成立集

---

① 执笔人:谢可。

体经济经营平台公司,通过提供生产生活型服务,找到了一条高寒山村集体经济发展的新路子。该村创新"联盟+公司"集体经济发展模式,引入龙头企业,与邻近的5个村建立"共同体",成立了全市第一个村级基层党组织党建联盟,由联盟各成员单位整合农村资本、土地、劳动力和技术等要素,盘活村级集体资产,联合发展茶旅产业,入股镇级国企"寺南柳公司",注册"天马味道"农产品品牌,不断拓宽集体经济增收渠道,2022年实现了产值超100万元,实现村集体经济增收30万元,农民人均增收2000元。

二、狮子寨村集体经济发展模式

(一)党建联盟激活力

早在2021年换届期间,天马山镇打破"村内选人"的传统,选出全市第一位外省籍村党支部书记,该书记曾从事过多个茶叶项目,对如何通过茶叶产业振兴农村集体经济颇有见解。这有力提升了基层党组织引领发展、服务群众、化解矛盾的能力和水平。此外,区乡村振兴局、中石化四川分公司等联合派出多名驻村工作队员,为巩固脱贫攻坚成果、实施乡村振兴战略提供坚强组织保障。自2020年以来,新发展党员3名,培养入党积极分子4人、村后备力量3人,鼓励和动员在外优秀人才6人回乡创业、就业参与村级事务,组织开展"发展集体经济怎么干"大讨论,让党员群众议项目、谋产业。以上措施充分发挥了党组织在聚焦人才、资源、资本等要素的政治优势,构建了村党组织牵头、党员干部带头、村民群众参与的发展"生力军"。

狮子寨村依托紧邻国家森林公园的区位优势和良好的生态条件,组建了以本村为核心,寺岭村、天南村、茶园村为辐射区域的茶旅产业党建联盟,成立集体经济平台公司"巴中市寺南柳农业发展有限公司",村党支部书记兼任总经理,将党建工作延伸到产业链上,党建联盟首先为集体经济的发展"搭台子"。

(二)创新整合资源,铺就发展"快车道"

由狮子寨村主导与寺岭村等周边4个村抱团发展村集体经济成立村集体经济组织"巴中市寺南柳农业发展有限公司",带领天马山旅游环线沿途的4个村建设乡村振兴示范片,对农村资本、土地、劳动力等科学整合与配置,产业化、规模化壮大村级集体经济,2022年度寺南柳公司营业收入194.6万元,利润59万元,4个村集体经济收入均超10万元。

狮子寨村紧抓市政府主要领导挂联、"义乌—巴州东西部协作帮扶"等机遇,探索"互联网+订单农业"发展模式,发展林下养殖、农产品加工等项目,广泛收购农家腊肉、蜂蜜、木耳等本地土特产,进行品牌化包装,提升产品附加值，采取"线上+线下"多渠道订单销售模式，让山货成为线上"品牌菜"、"爆品"、餐桌"新宠"，助力群众增收致富。此外，该村依托万亩林、千亩茶、百亩李子园等现有产业，整合闲置农房、宅基地不断深化乡村一二三产业融合发展，发展农家乐、民宿、农耕研学等乡村旅游，开发垂钓、采摘、露营等体验项目若干，借乡村旅游发展集体经济，带动李子、茶叶、土鸡、腊肉等农产品销售增收32万元。

（三）共享集体红利，凝聚内生"原动力"

狮子寨村以党群服务中心、扶贫车间等建设为支撑，打造了集休闲交流、专业培训、电商孵化等为一体的"订单农业创业基地"，吸纳产业业主和技能人才共同创业，兼顾了项目企业、能人大户、脱贫户和村集体的利益，实现相互融合、利益叠加。

狮子寨村探索构建了"项目投资+村集体+村民"利益联结机制，签订入股分红协议。每年年底，产业联盟的4个村（狮子寨村、寺岭村、天南村、茶园村）按照入股比例和项目贡献进行分红，其中收入的50%用于集体经济组织成员分红，剩余50%用于村集体开支和集体经济再发展。狮子寨村通过对接企业需求、承担协调功能、实施劳务派遣等，每年可为村集体带来约1.5万元管理服务分红收入，务工村民每天可以获得60～300元工资收入。

狮子寨村全面推动村务监督委员会实体化运行，严格执行党务、村务、财务公开，召开"阳光问廉坝坝会"等接收群众监督，通过改造、出租等方式盘活闲置资产，制定相应财务制度和分红规则，实现集体资产的保值增值。4个村的茶旅联盟成立了公司监事会，成员由4个村的纪检干部和党员干部代表担任，每季度对公司财务的运行情况、董事会重大决策程序进行监督。镇纪委会同财政所每半年对集体经济平台公司运行情况进行提级监督，重点监督项目实施、资金使用，利益分配等情况，以促进联盟公司持续健康发展。以上保障规范经营的措施为集体经济的发展"稳步子"。

后　记

　　本书是国家乡村振兴局2022年度课题"培育壮大脱贫地区农村集体经济研究"的成果汇编。受国家乡村振兴局委托，2022年6～11月，我承担了"培育壮大脱贫地区村集体经济研究"课题。2022年8月，课题组一行先后赴贵州镇宁、关岭、盘州，云南富源、楚雄、禄丰，河北饶阳、广平8县市开展调研。受新冠肺炎疫情影响，没有按照原计划完成10个县的调研任务。自2018年以来，我们每年都应农业农村部之邀参加农村集体产权制度改革试点地区的评估工作，其中相当一部分为国家级或者省级贫困县，因此，对贫困地区如何发展农村集体经济有一定的了解。本书附录中的后6个案例就是前期研究的部分成果。本书是在此次调研的基础上，结合前期成果撰写而成，现汇编在一起，以期能够对同类研究起到参考作用。

　　课题研究得到了国家乡村振兴局社会帮扶司的大力支持和指导，李富君司长两次听取汇报并提出具体修改意见。国家乡村振兴局刘焕鑫局长、洪天云副局长专门听取课题组汇报并提出修改意见，在此一并表示衷心的感谢。我的学生靳兴初在四川省巴中市巴州区挂职，为课题组提供了该区农村集体经济发展的资料，对此我们不仅要感谢他，还要感谢巴州区乡村振兴局的同志，感谢提供案例材料的村"两委"负责同志。

孔祥智
2023年3月21日，时值春分